1

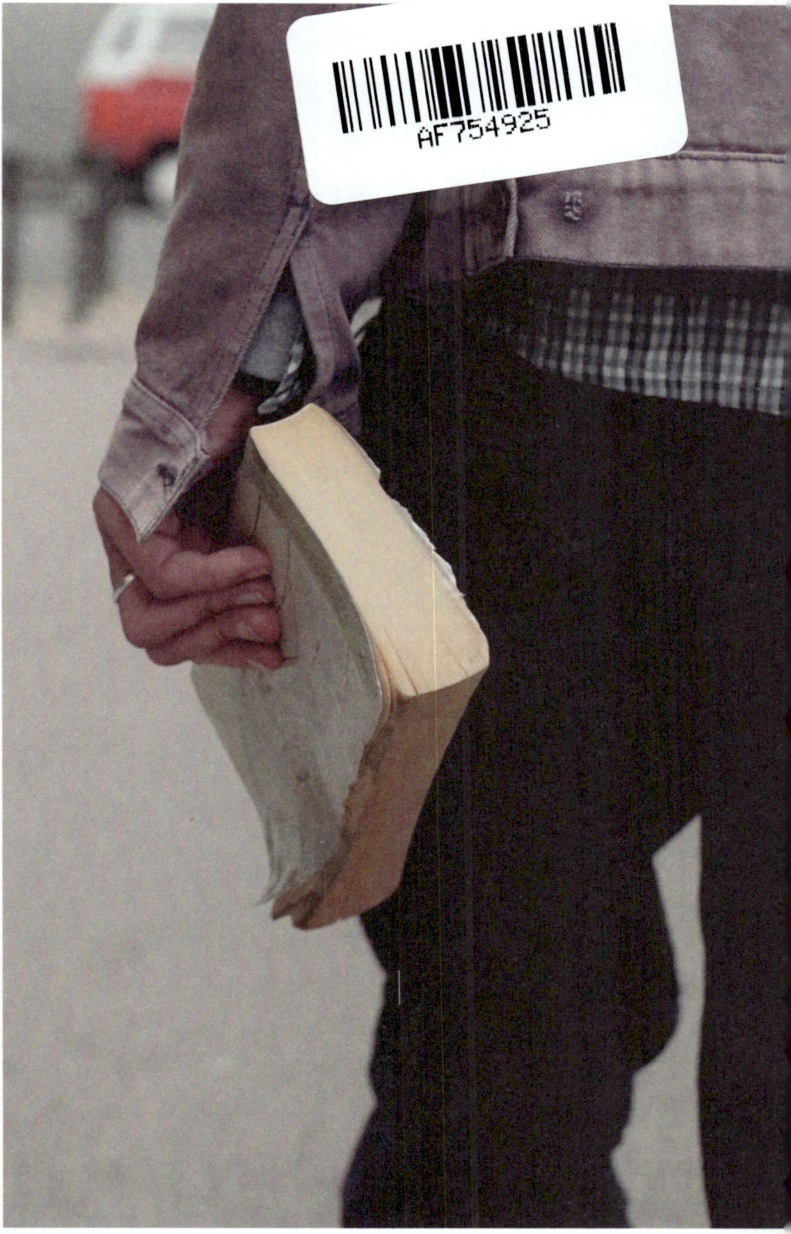



Brouhaha

J.C. Norman

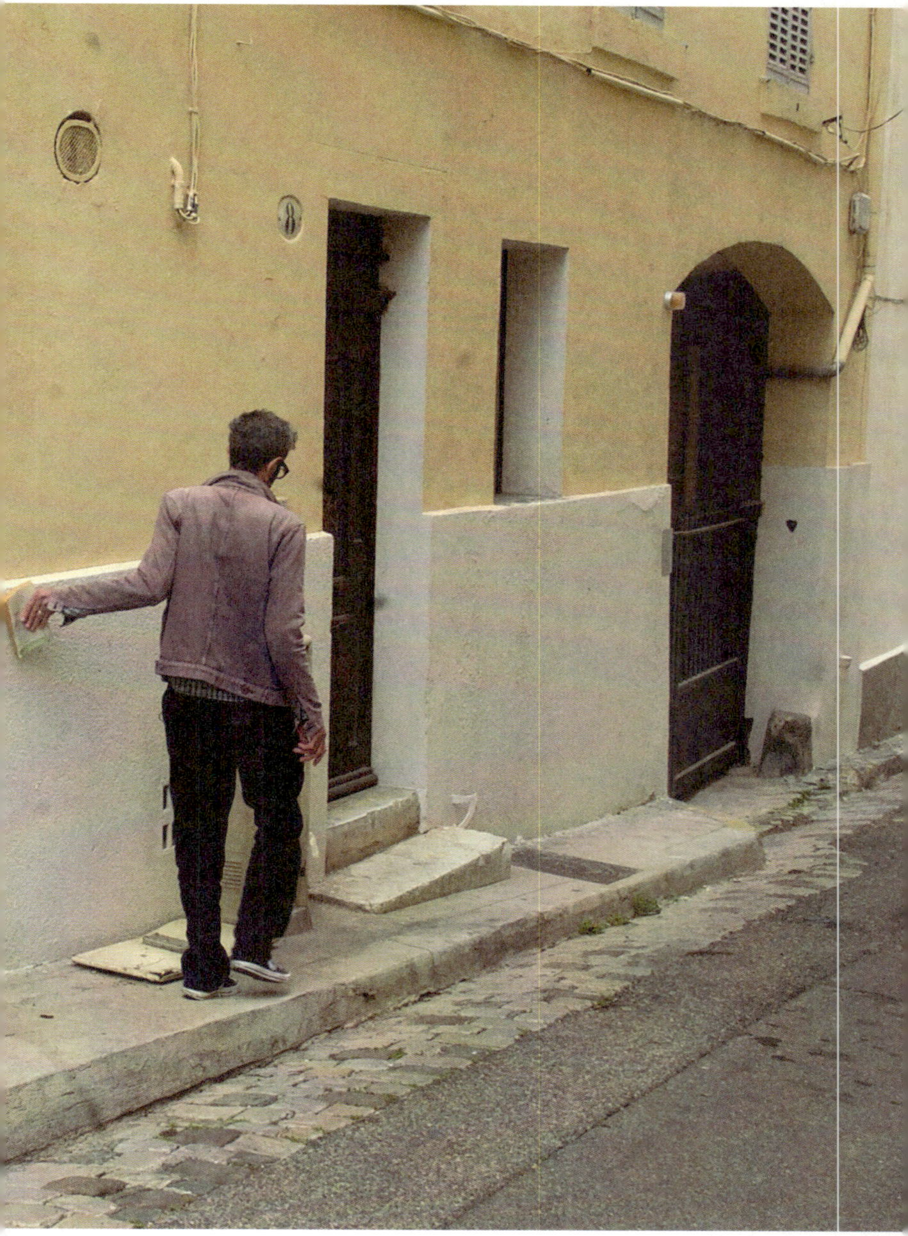
8

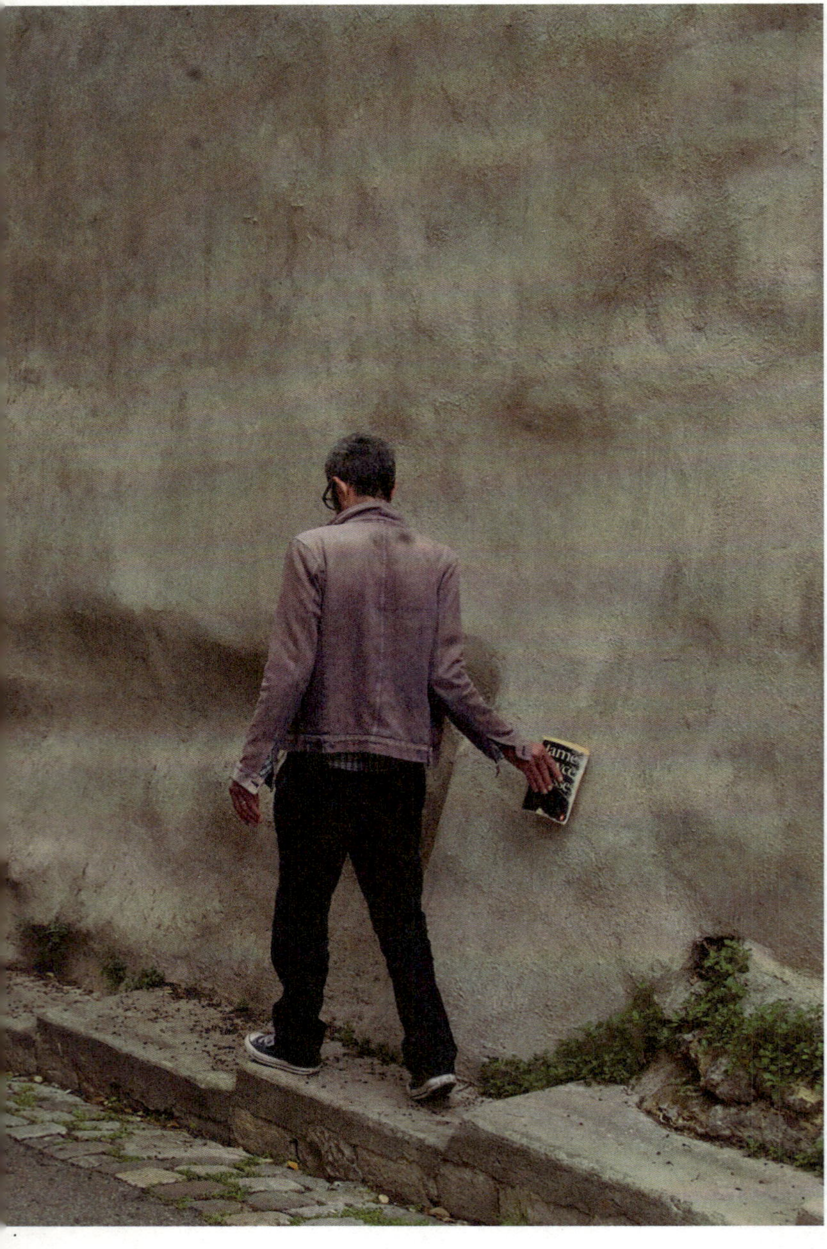

J.C. Norman

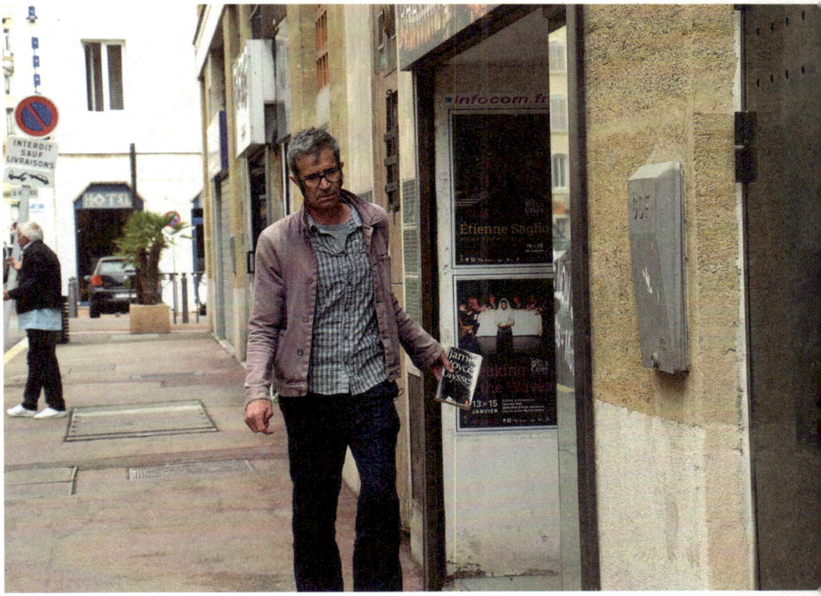
INTERDIT
SAUF
LIVRAISONS
HOTEL
infocom.fr
Étienne Saglio
13 > 15
JANVIER
GDF

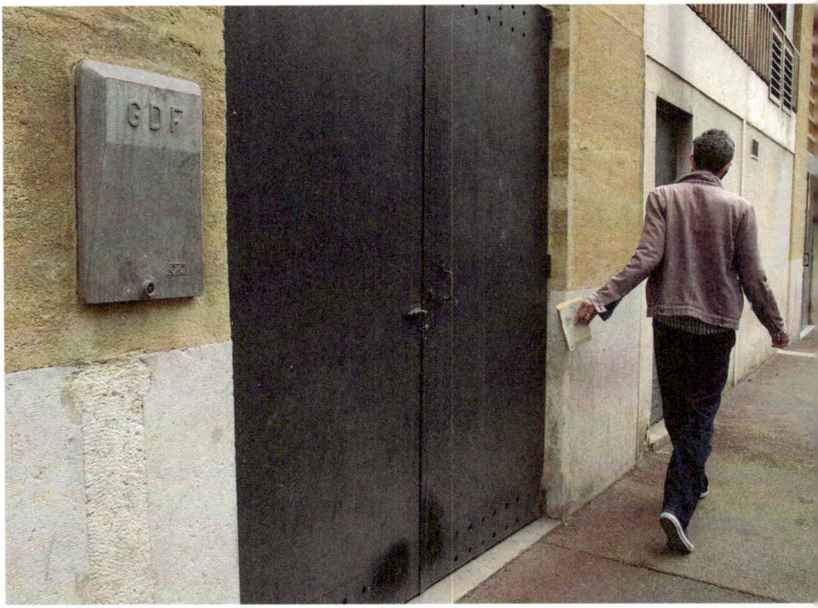
GDF

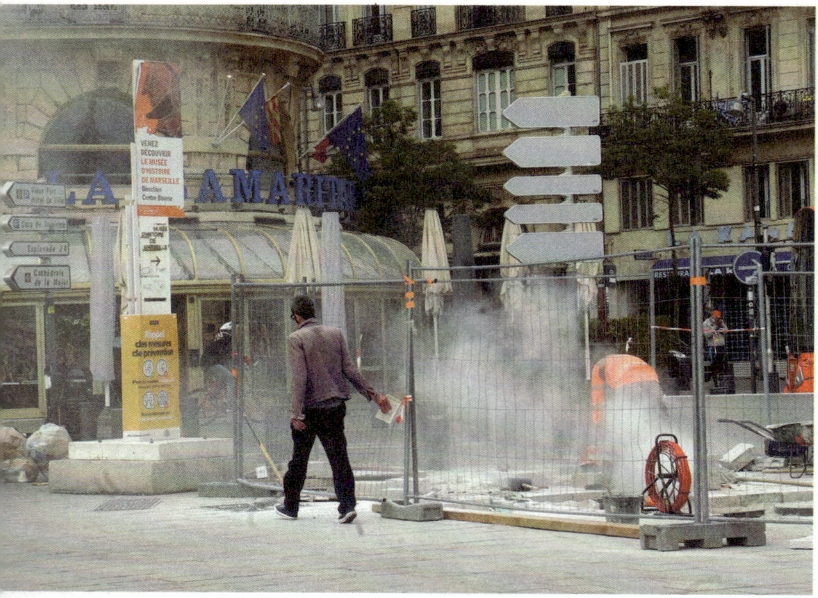
VENEZ
DÉCOUVRIR
LE MUSÉE
D'HISTOIRE
DE MARSEILLE
Direction
Centre Bourse
Esplanade J4
Cathédrale
de la Major
Rappel
des mesures
de prévention

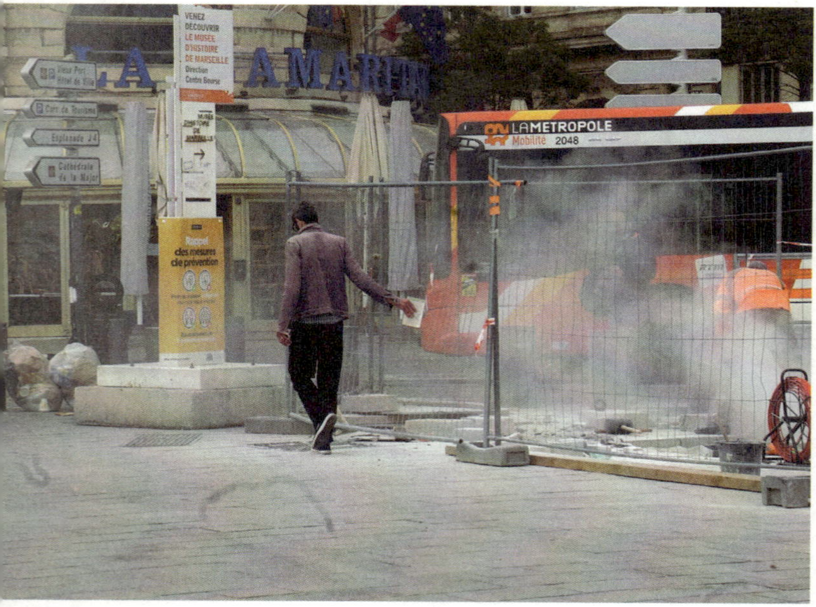
VENEZ
DÉCOUVRIR
LE MUSÉE
D'HISTOIRE
DE MARSEILLE
Direction
Centre Bourse
Vieux Port
Hôtel de Ville
Esplanade J4
Cathédrale
de la Major
Rappel
des mesures
de prévention
LAMETROPOLE
Mobilité 2048

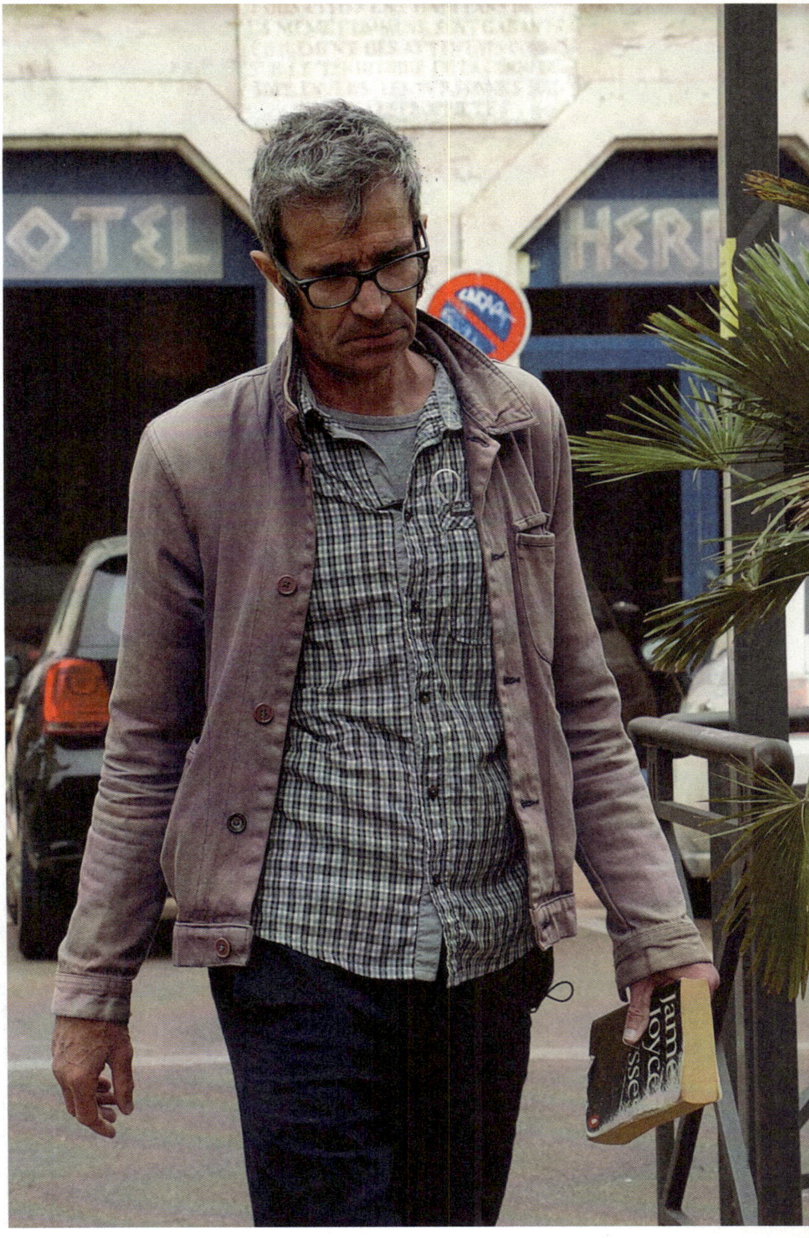

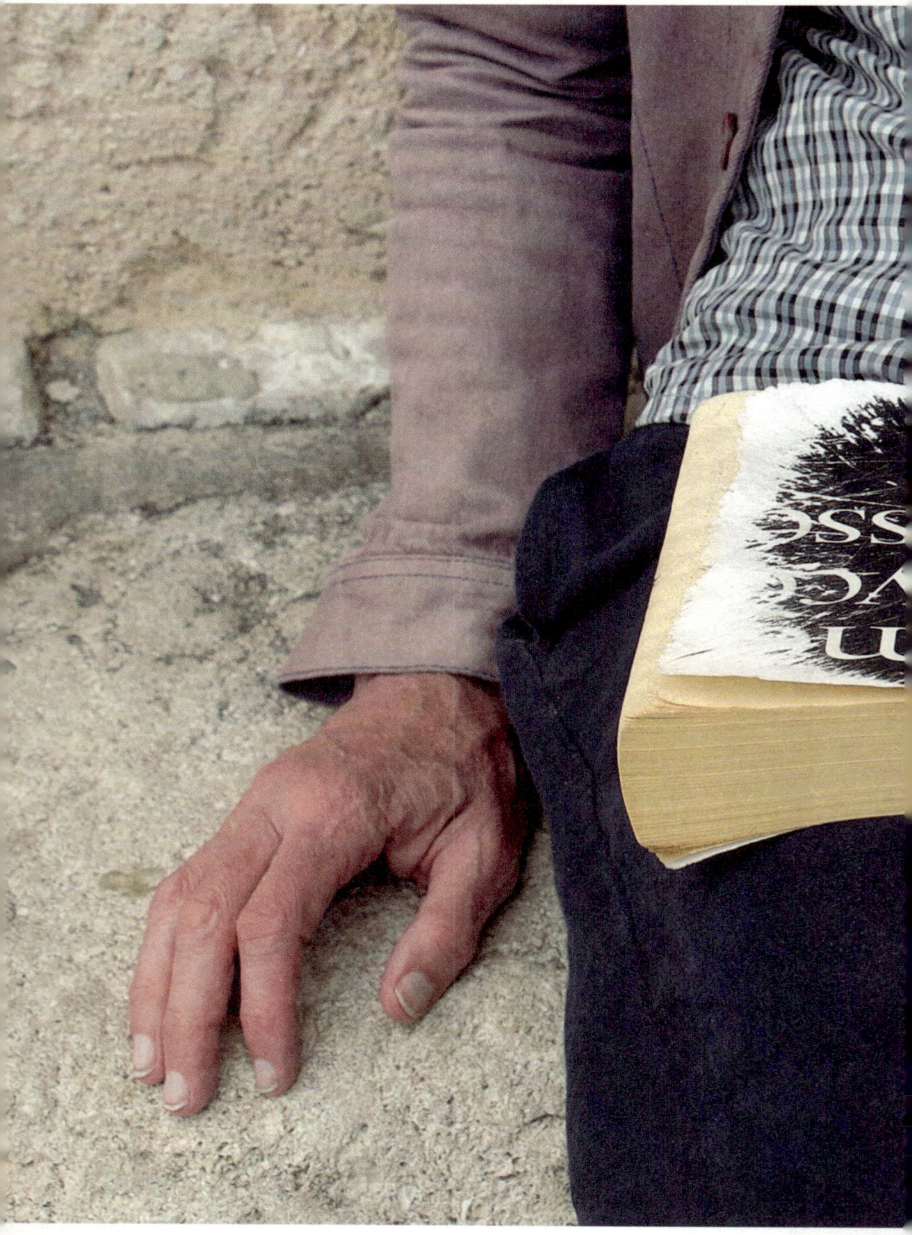

J.C. Norman

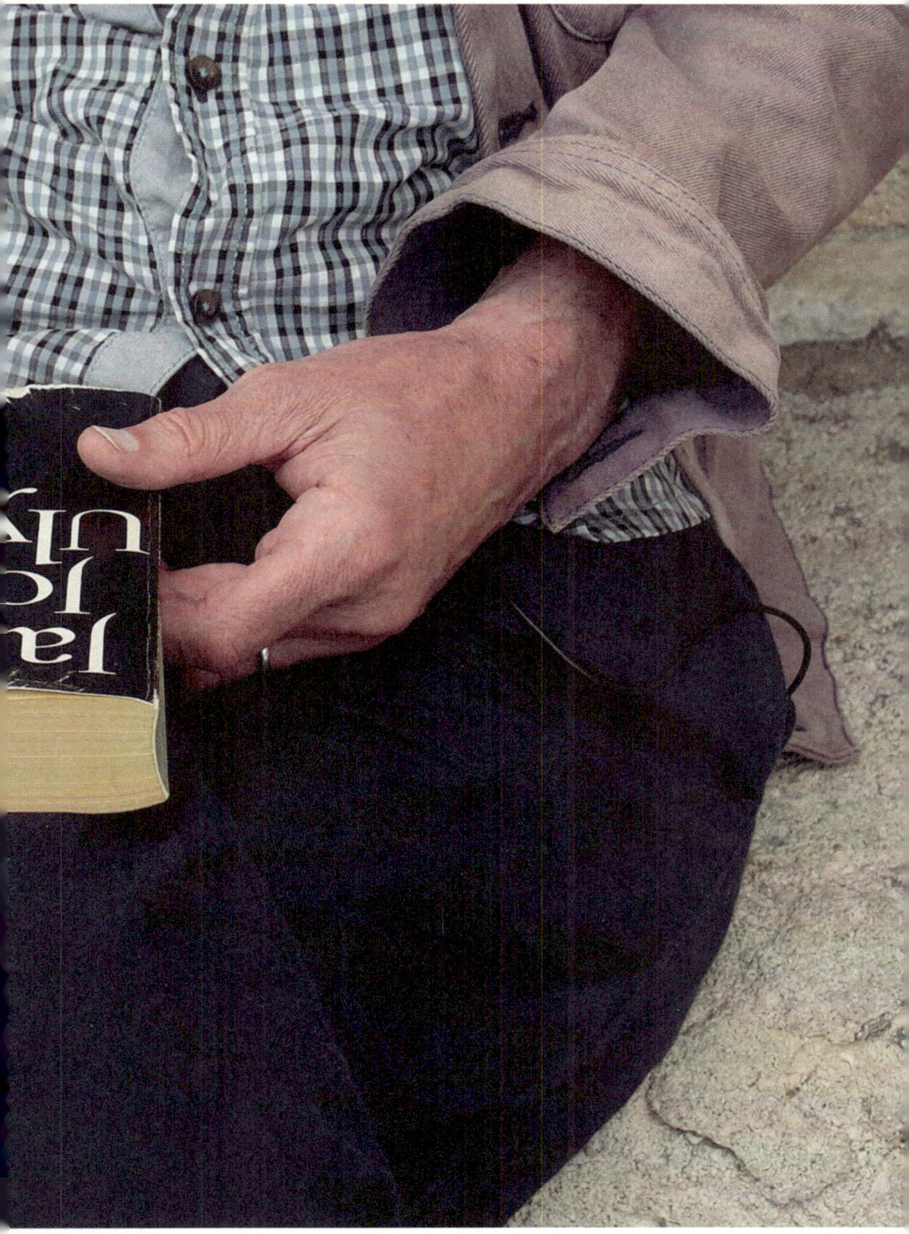

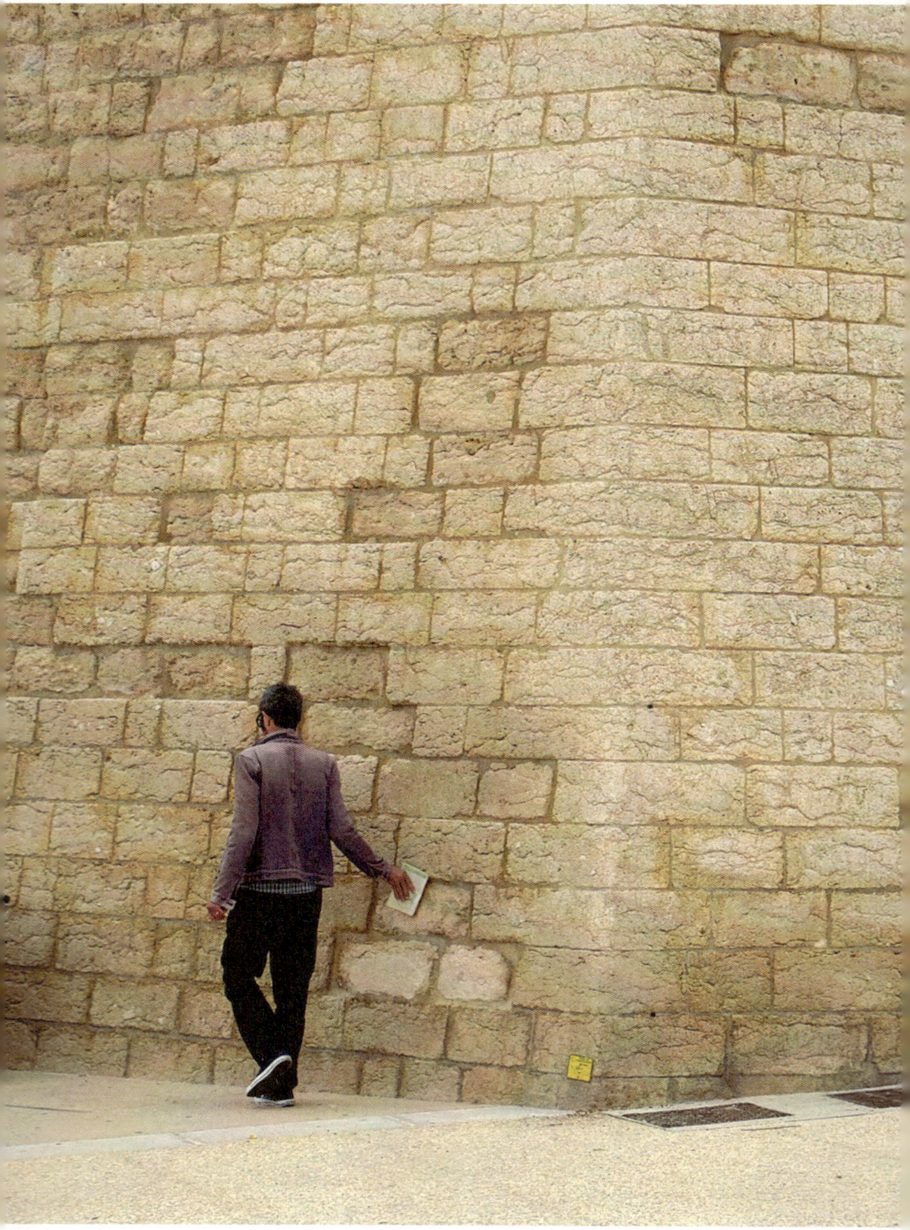

J.C. Norman

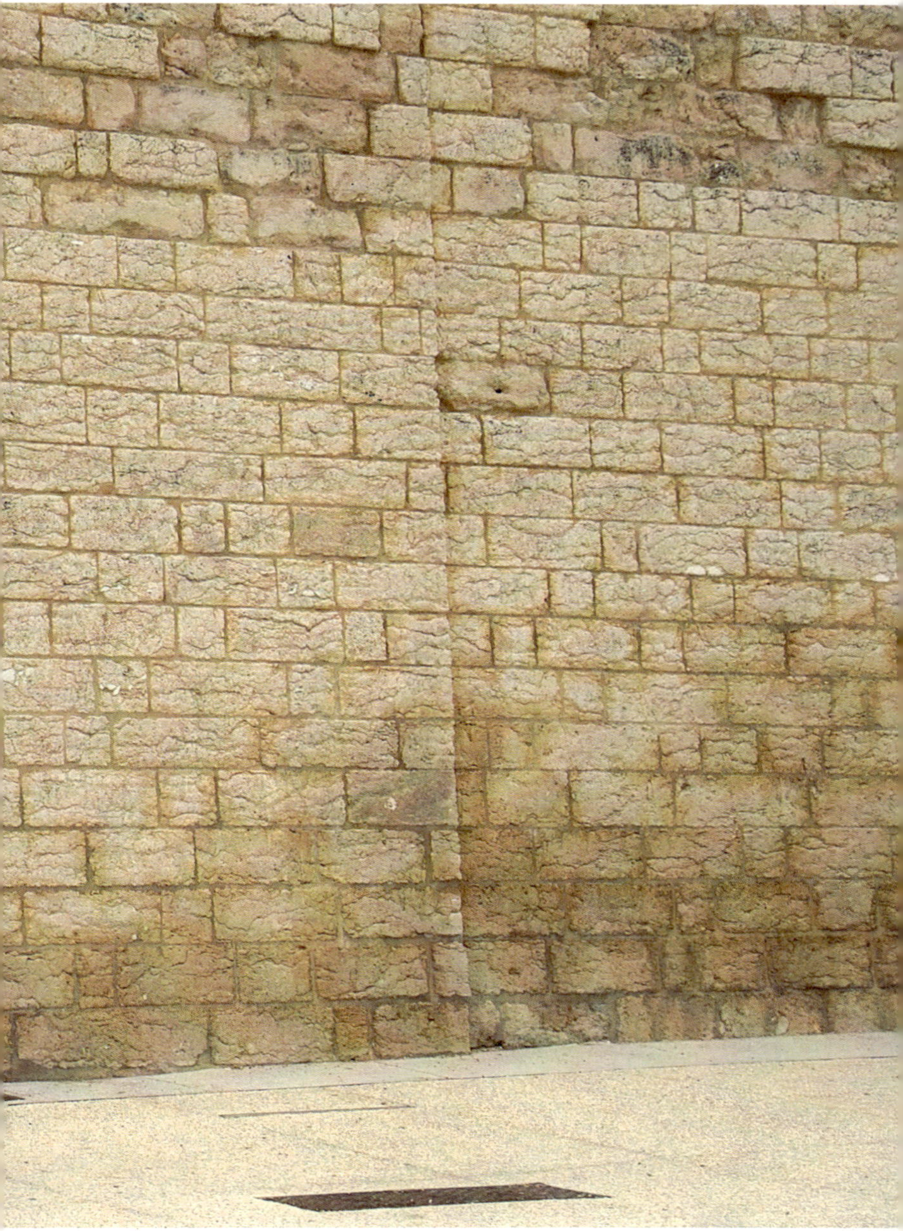

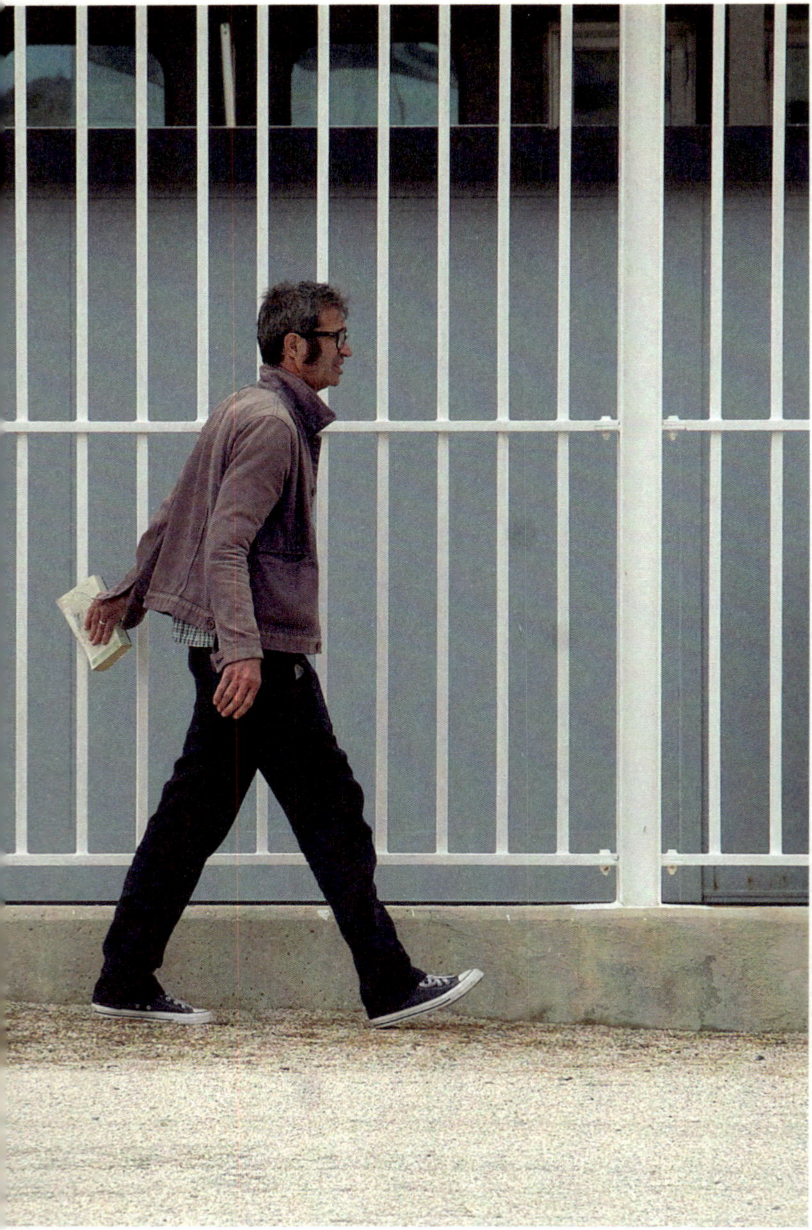

J.C. Norman

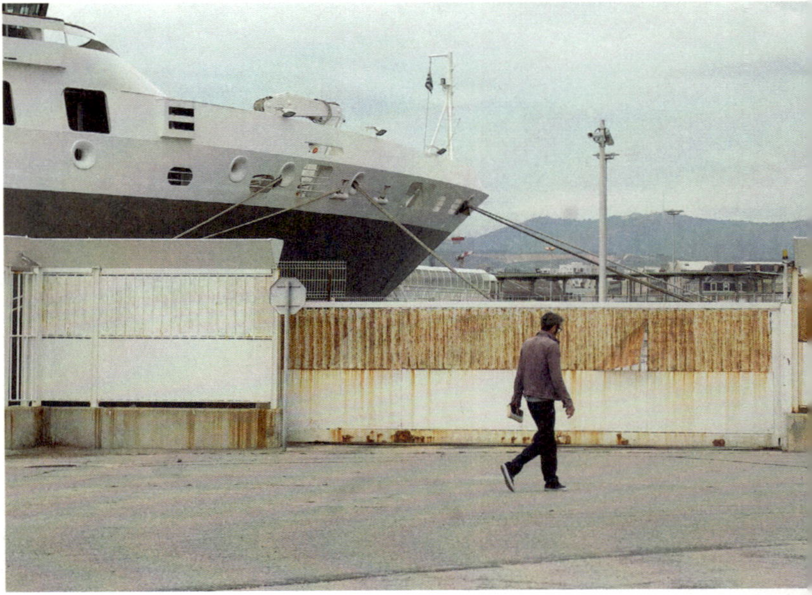

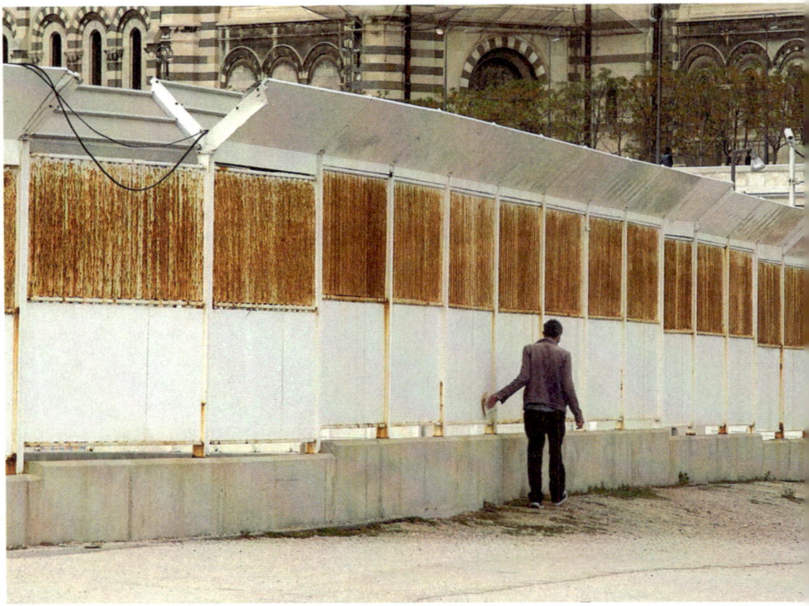

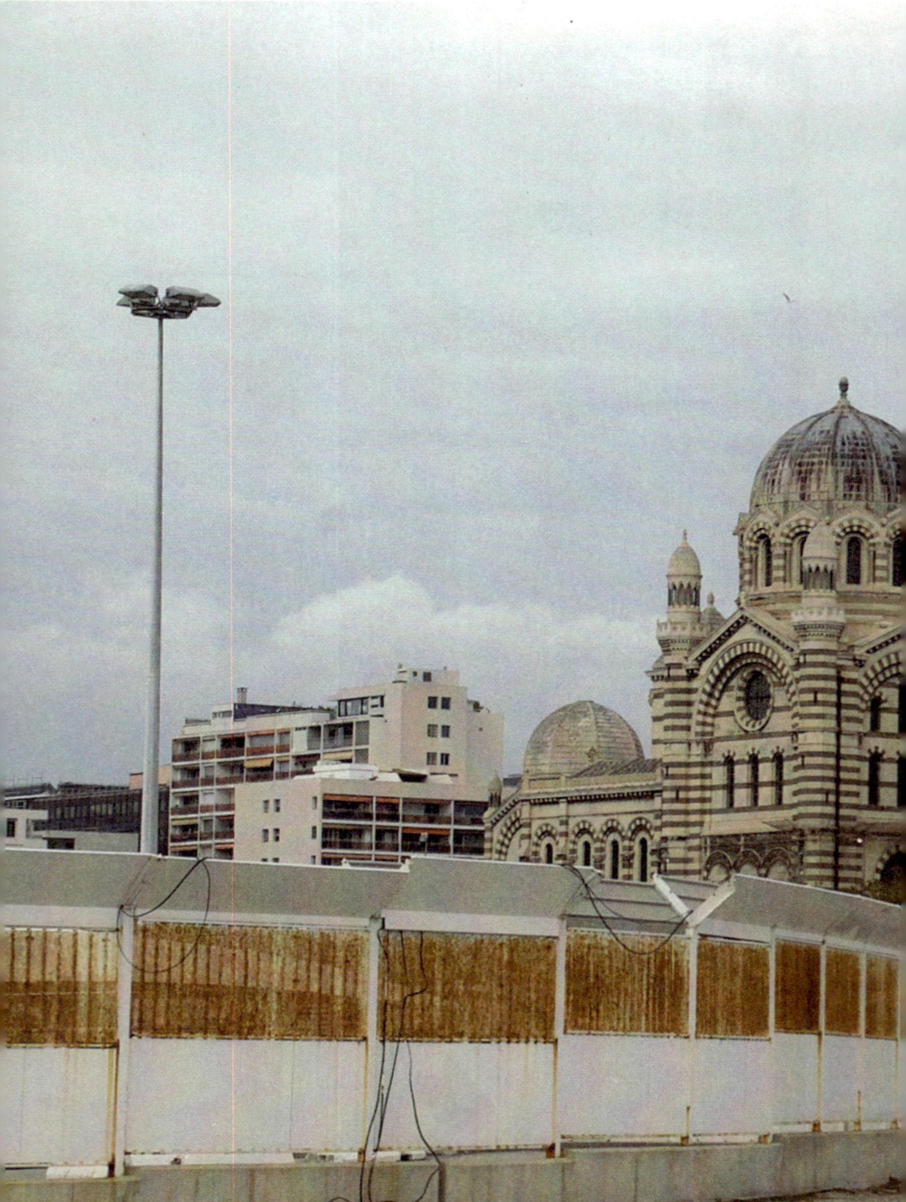

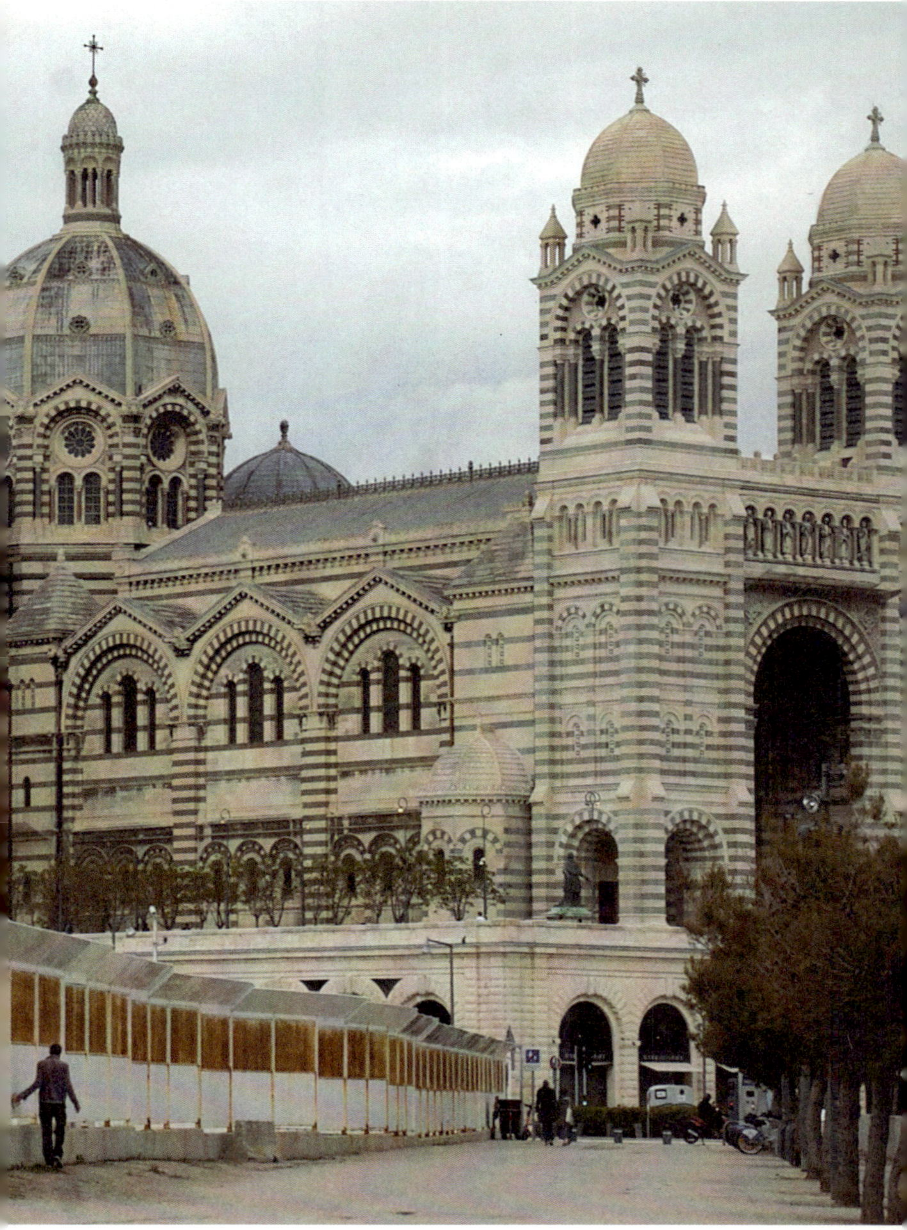

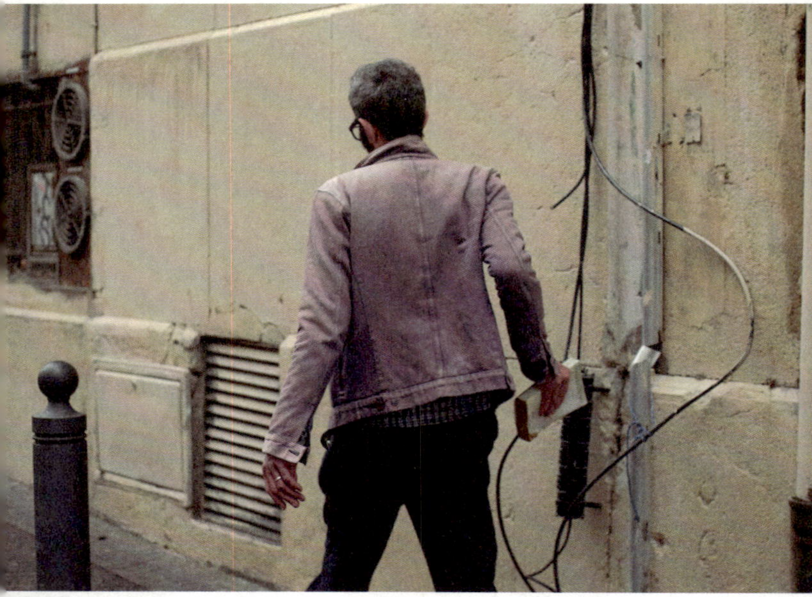

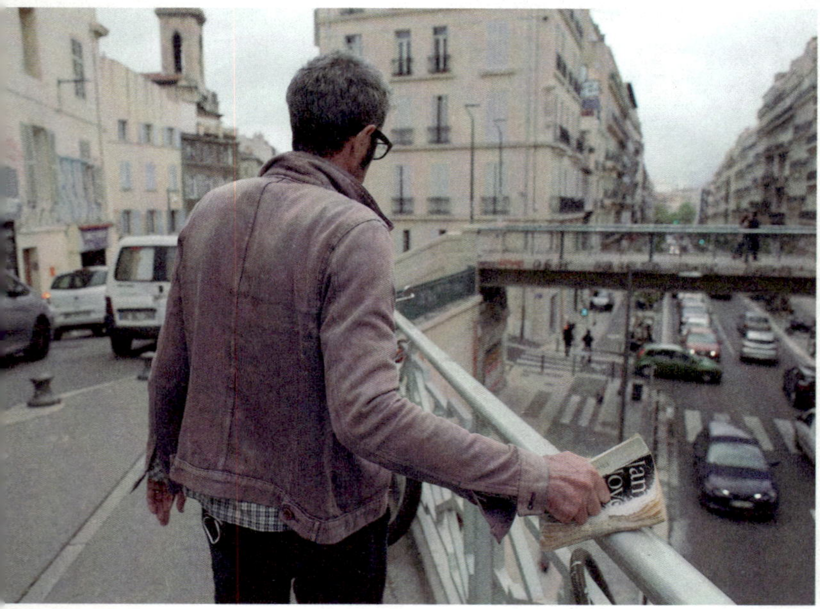

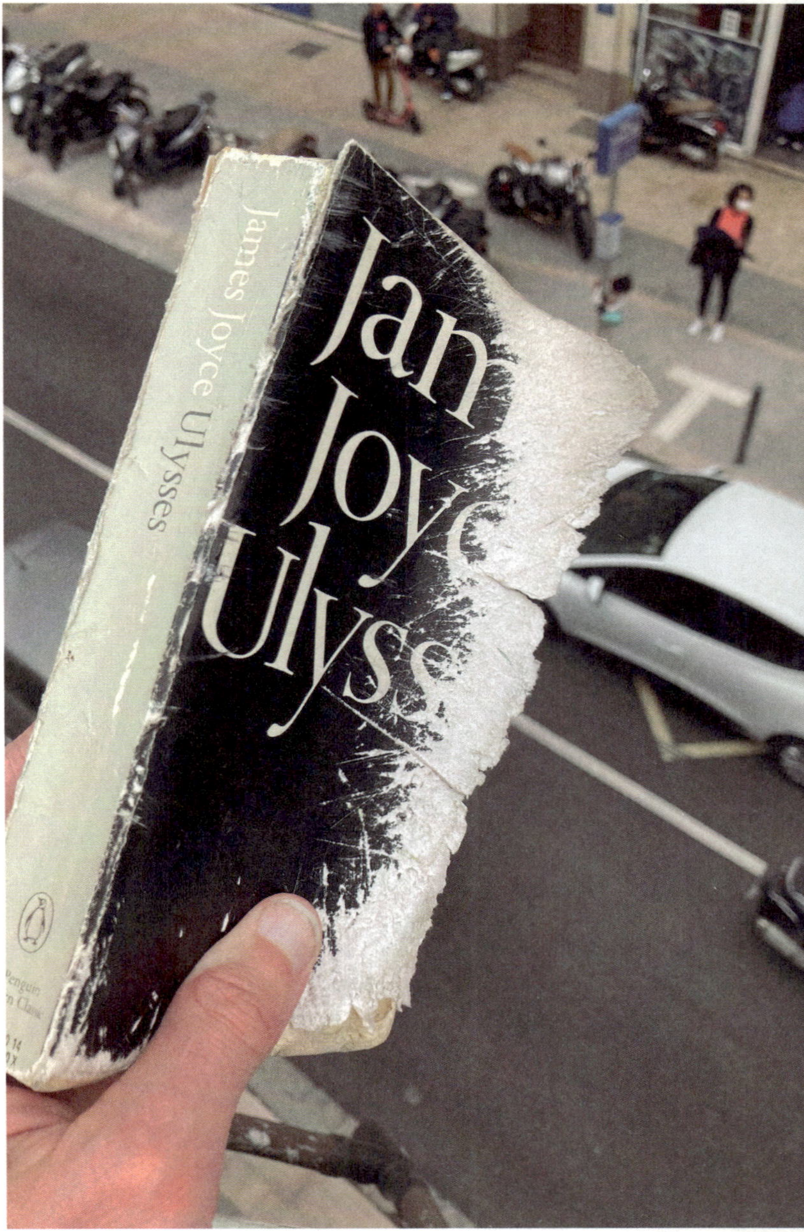
James Joyce Ulysses

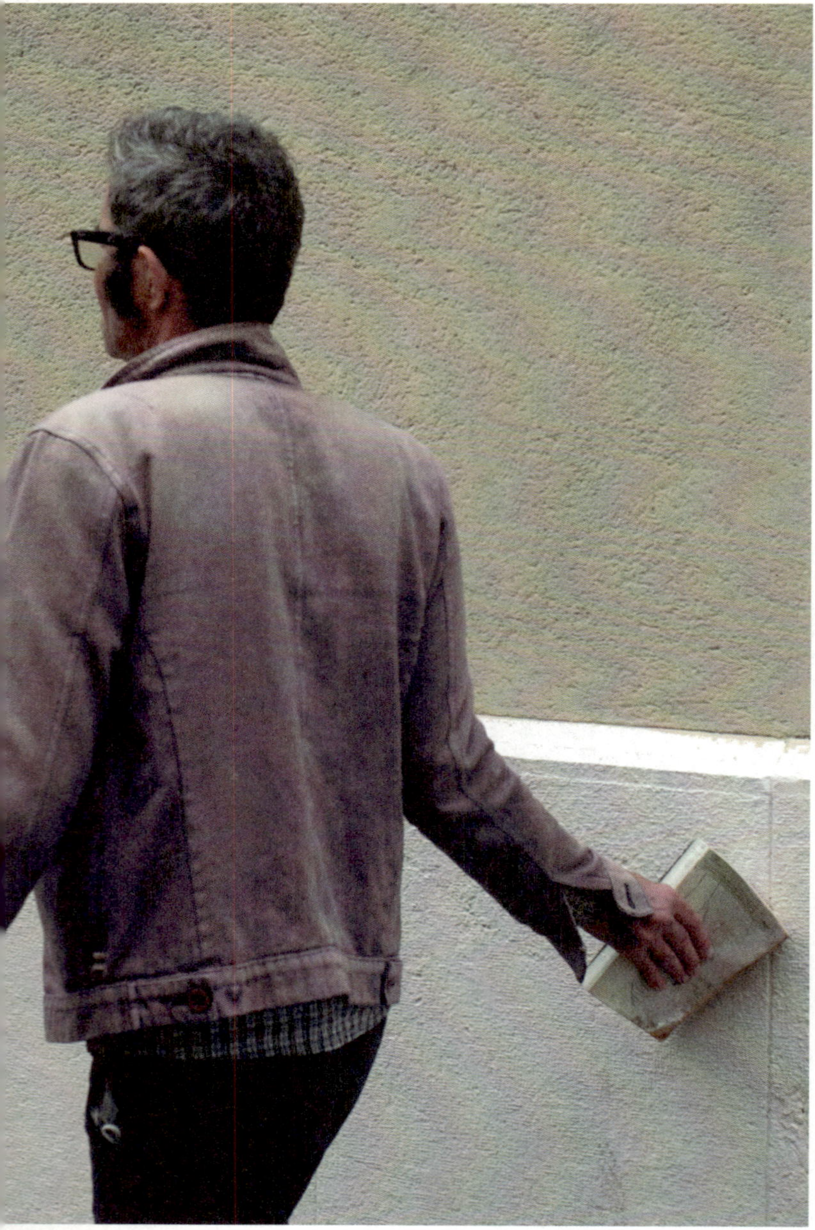

J.C. Norman

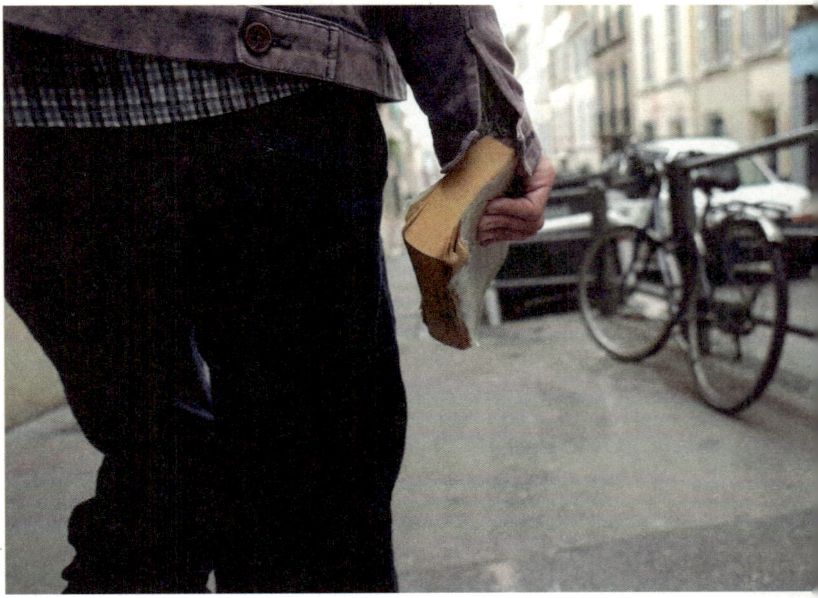

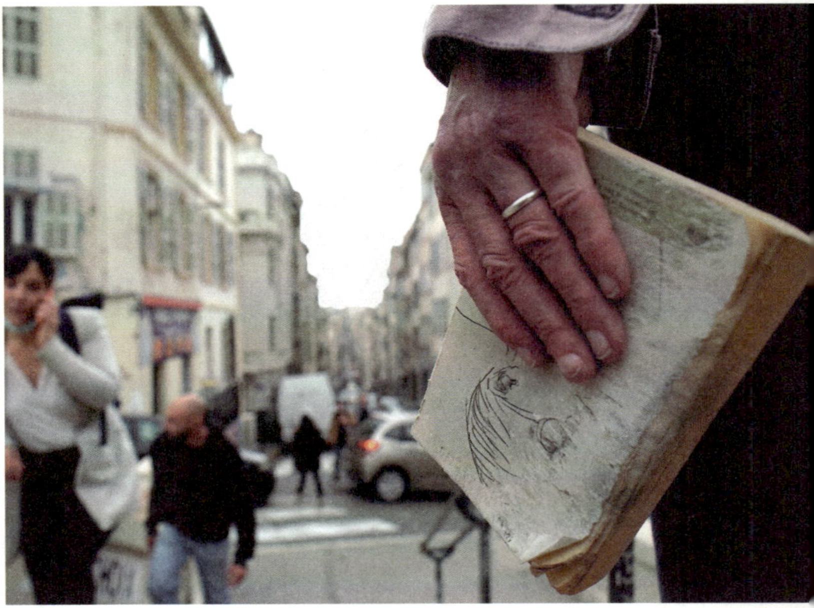

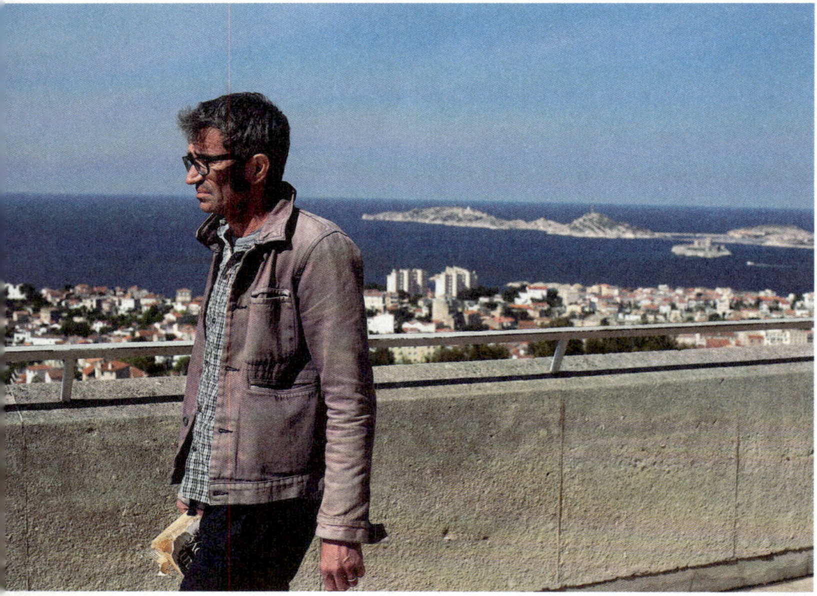

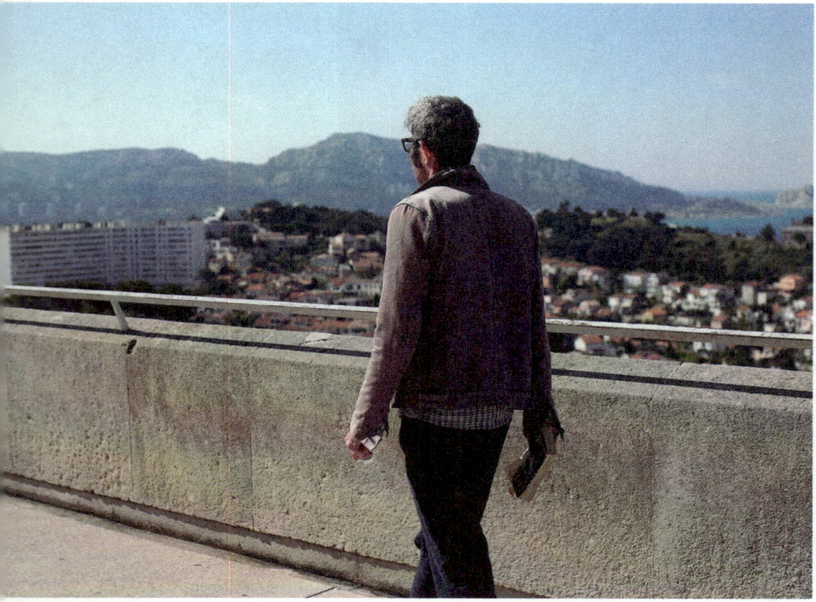

J.C. Norman

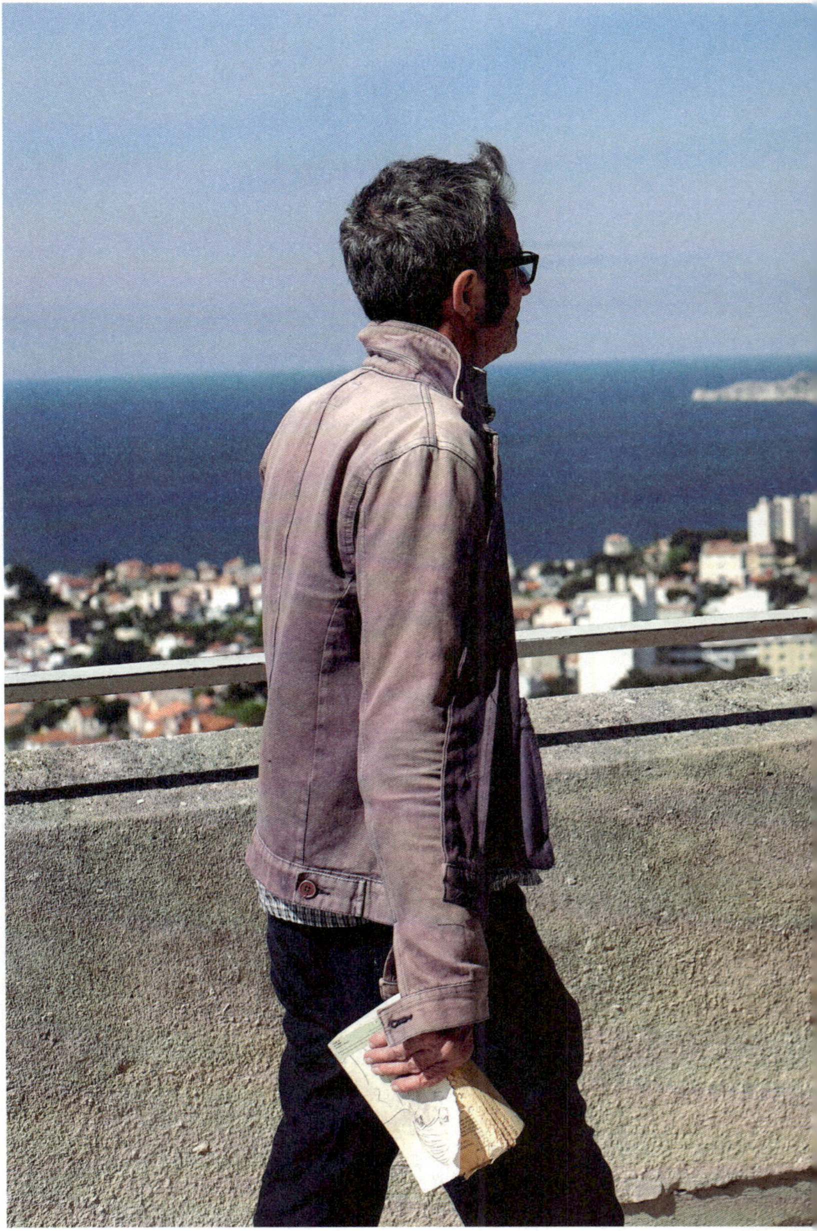

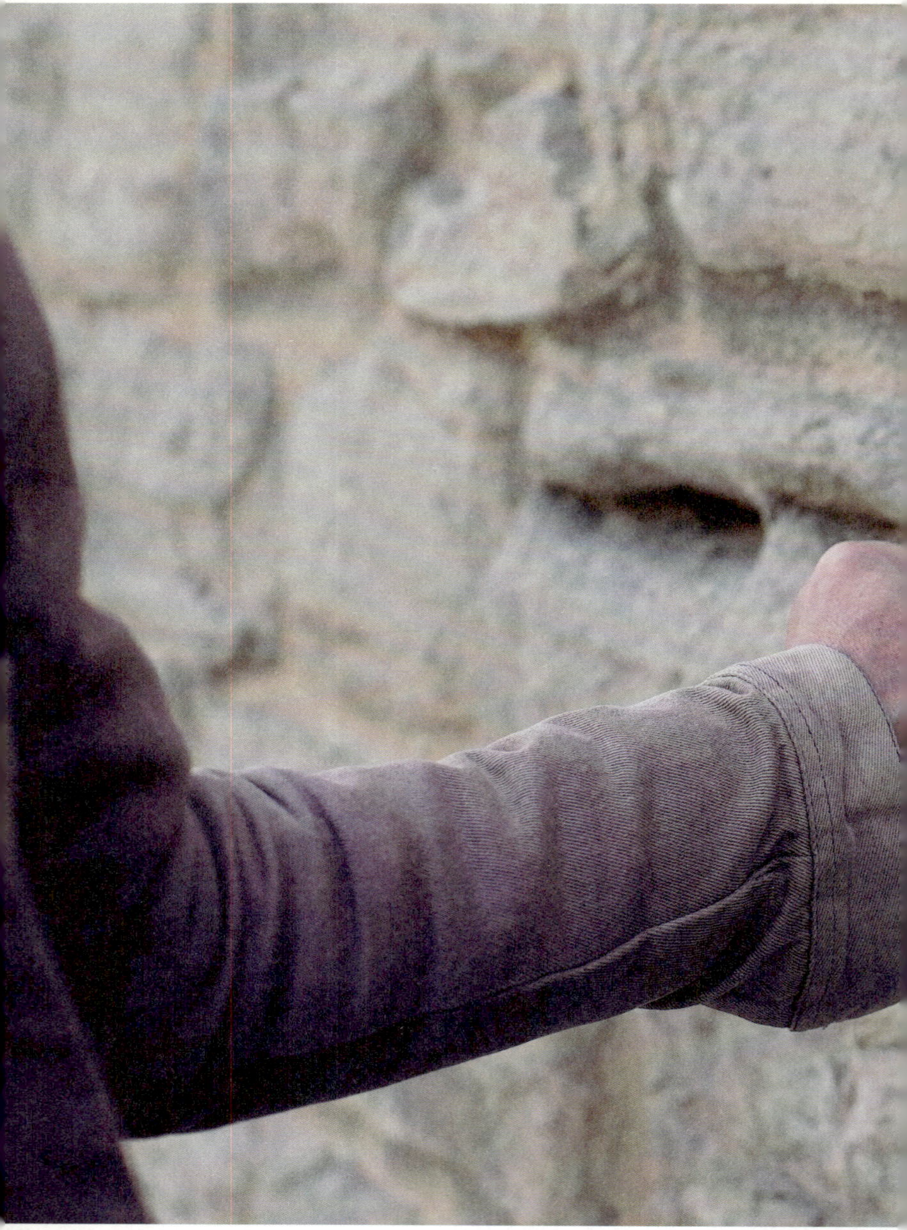

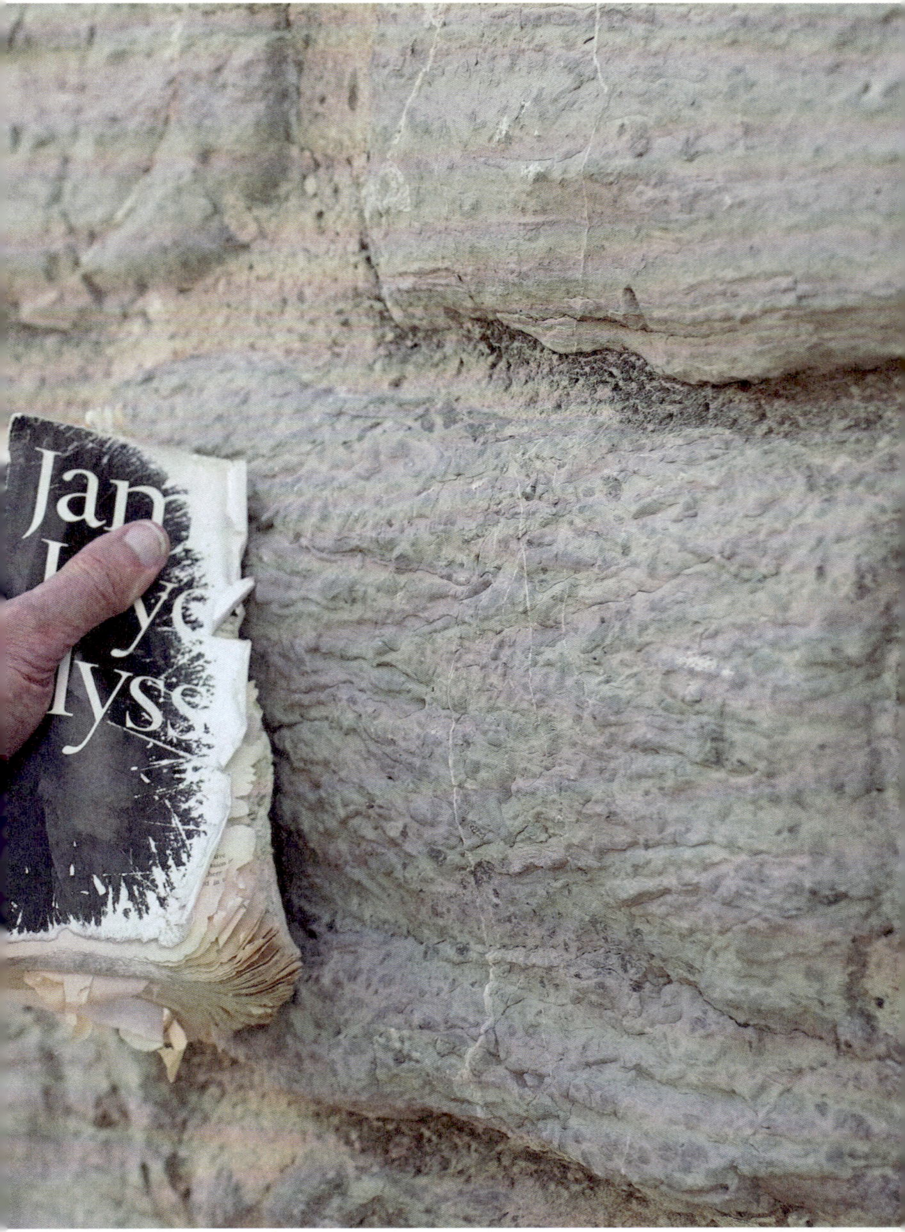

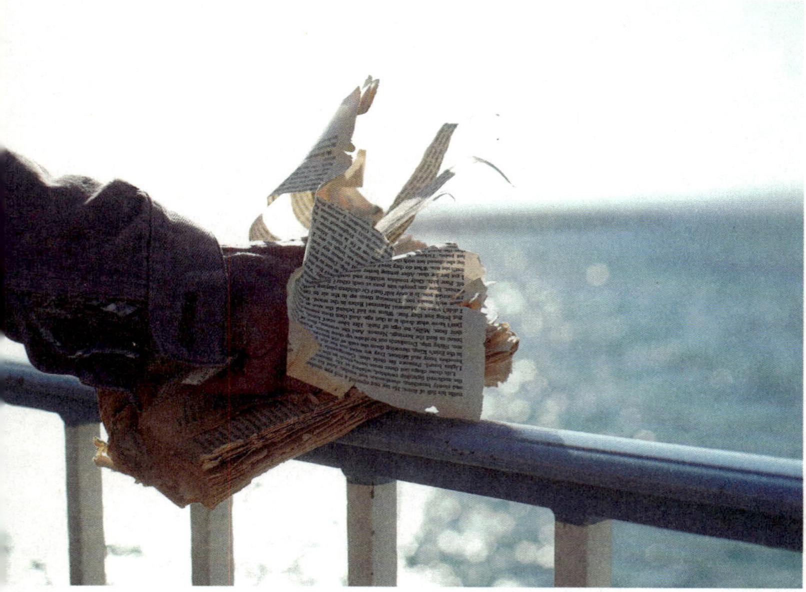

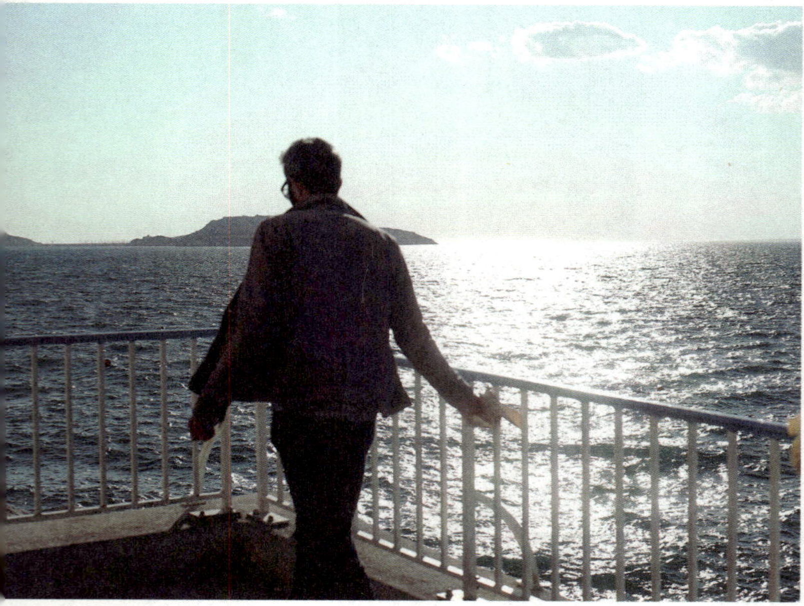

J.C. Norman

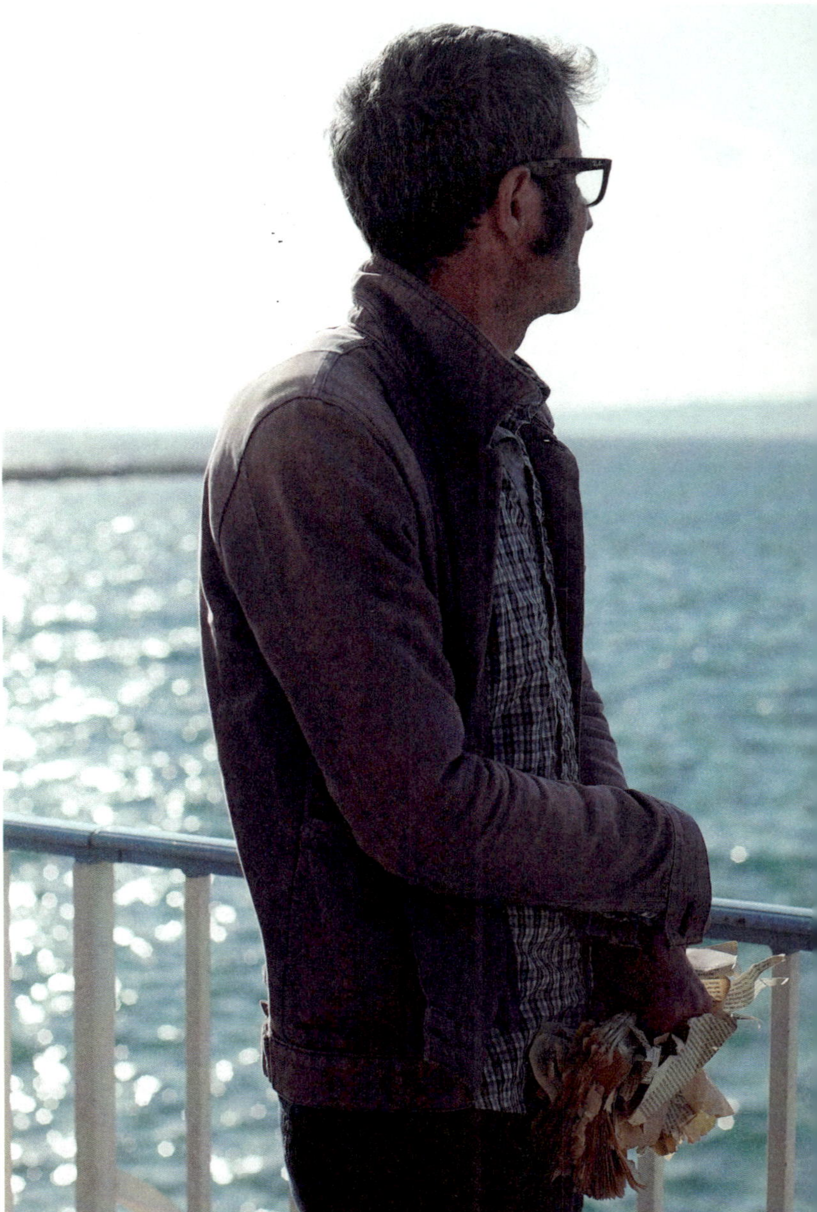

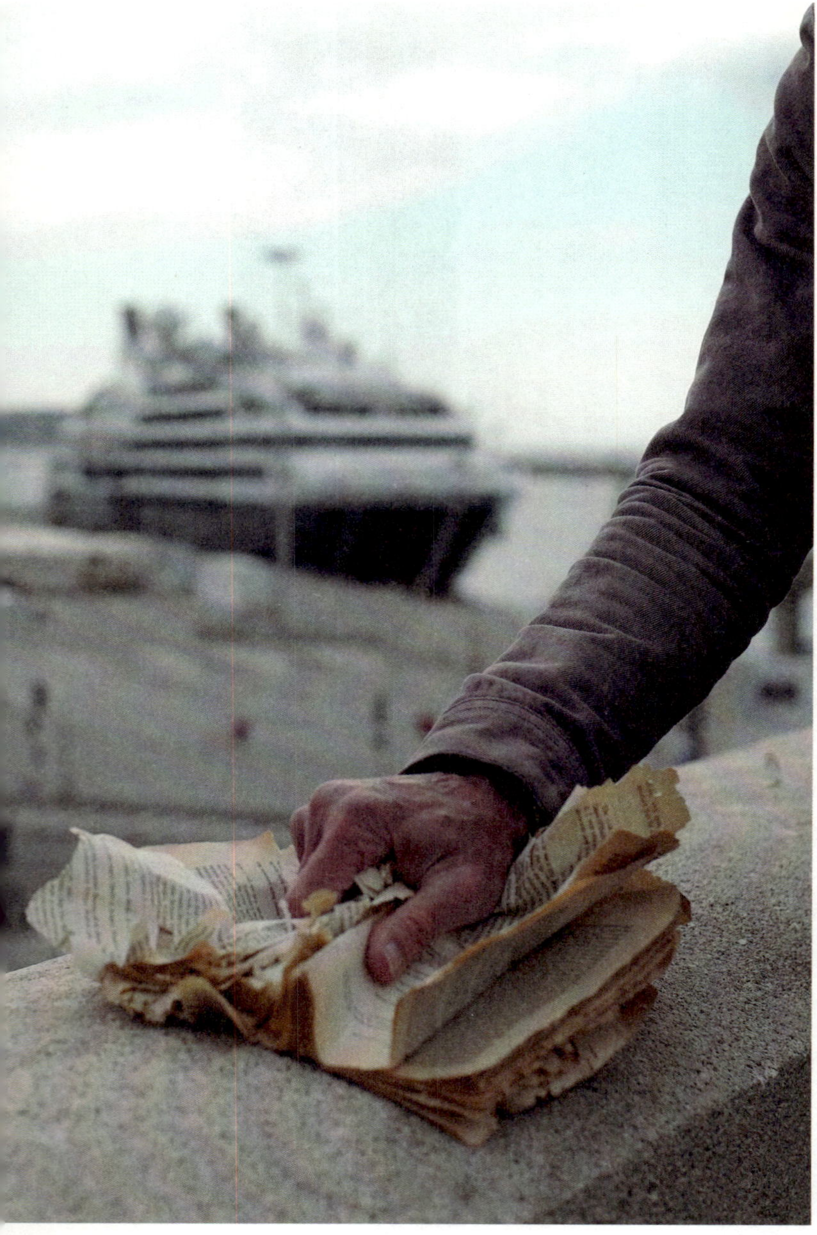

J.C. Norman

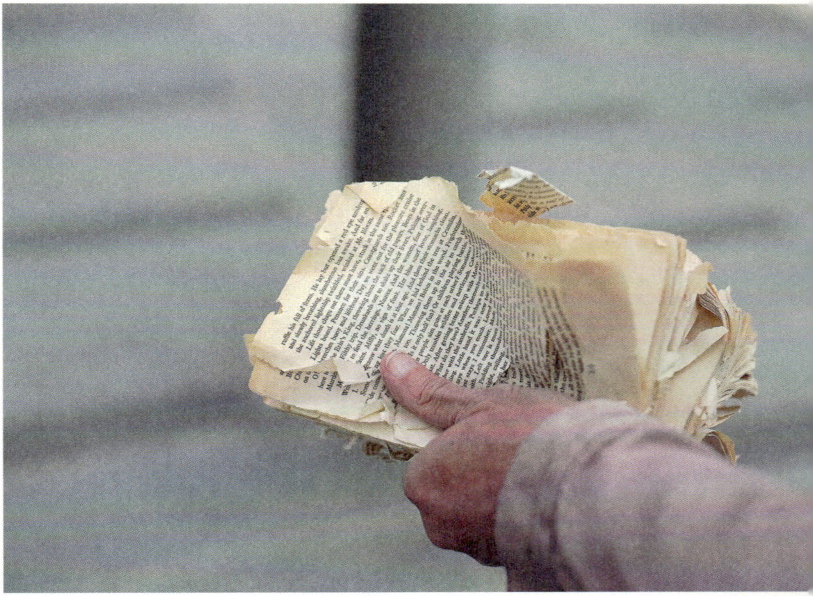

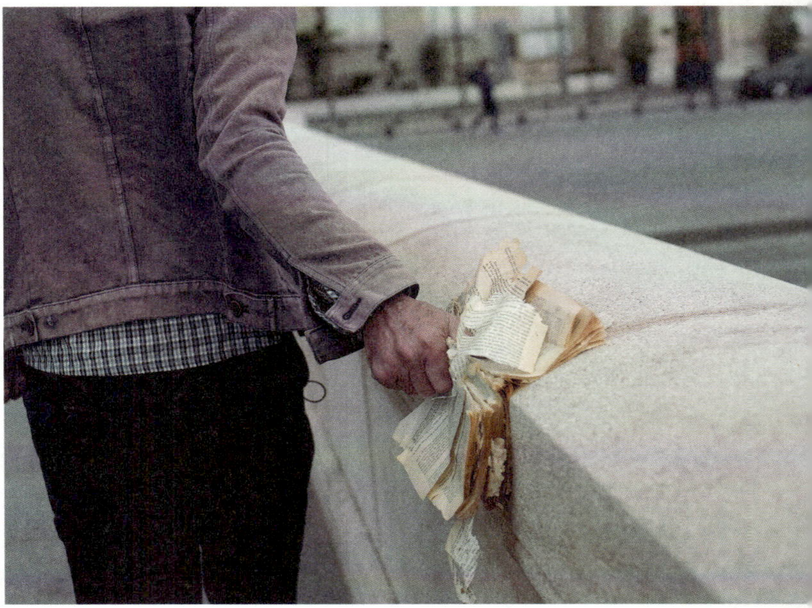

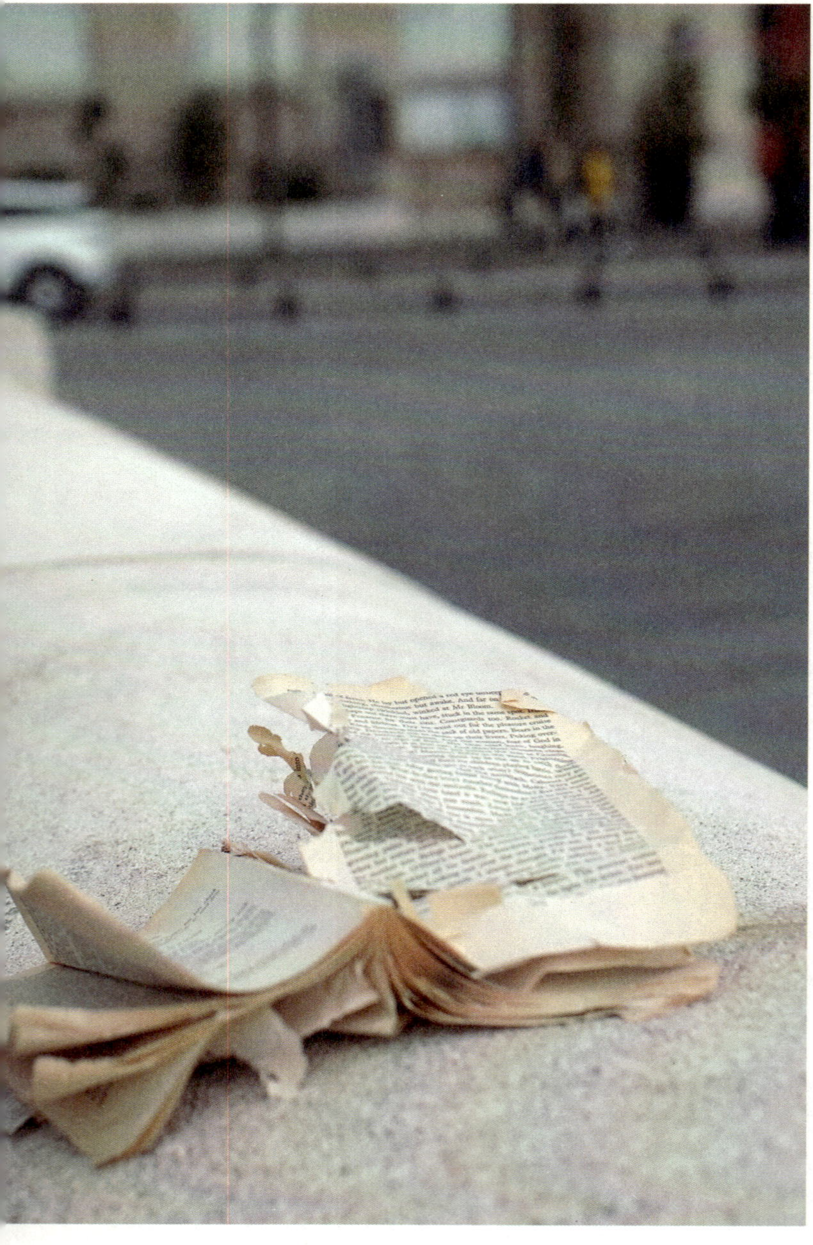

# DEMAIN EST-IL AILLEURS ?

PASCAL NEVEUX

**« Où sommes-nous ? Au cœur du réel, mais aussi dans la fable. Dans la matière, mais aussi dans la pensée. Dans le passé, mais aussi dans le futur. Dehors et dedans tout ensemble, dans le plus intime et le plus extérieur. »**

**Jean Starobinski**

Toute démarche artistique a une histoire, mais qu'est-ce que l'histoire d'une démarche artistique ? Dans quelle histoire, dans quel devenir, mais aussi dans quel savoir discursif une démarche artistique parvient-elle à s'inscrire, à se reconnaître, à se développer ? Entrer dans une œuvre, y voyager puissamment, en sentir la dimension supplémentaire de désir, de mémoire, de conscience, tout cela s'observe aussi et s'effectue jusque dans le détail et l'intimité des gestes techniques propres à l'artiste aussi bien que dans la chronique de l'atelier.

Le quotidien d'un artiste comme Jean-Christophe Norman nous entraîne vers des étendues prodigieusement vertigineuses. Il pourrait ressembler à un compagnonnage initiatique à travers l'univers des livres, des écrivains et des récits qui ont façonné l'histoire de la littérature et des arts du XXe siècle. Il y a dans son rapport à l'écriture une façon passionnante de proposer de nouvelles formes de récits, d'établir une autre relation aux textes et aux auteurs, qu'il révèle comme autant de territoires à réinvestir, réinterpréter et arpenter.

Il existe des livres dont nous sommes véritablement épris, émus, et dont la lecture nous ouvre à des horizons inconnus et à de sublimes pérégrinations. Tout pourrait commencer par l'évocation d'un livre, pas n'importe lequel, un ouvrage qui pourrait aussi relever de l'enquête sur les grandes montagnes mythiques de l'humanité, l'Olympe, le Sinaï, l'Himalaya, le mont Fuji, et bien d'autres encore. Autant de sommets légendaires, dont les alpinistes au fil du temps ont fini par triompher, contribuant malgré eux à en estomper un peu la magie, le fameux «*genius loci*», mais dont l'aura demeure cependant source d'un imaginaire collectif et individuel puissant. Quelques personnes font aujourd'hui l'hypothèse qu'il doit encore exister quelque part un «Mont Analogue», archétype de toutes ces montagnes fabuleuses. La lecture du roman posthume et inachevé de René Daumal, ce Rimbaud du XX^e^ siècle, contemporain d'Antonin Artaud et d'André Breton, demeure une expérience fascinante et initiatique à la fois. «Roman d'aventures alpines, non euclidiennes et symboliquement authentiques», ainsi se définit dans son sous-titre cet ovni littéraire, écrit entre 1939 et 1944, date à laquelle l'écriture du roman s'arrêta avec la disparition de son auteur. Cette expérience littéraire s'interrompit donc brutalement, et pourtant, loin du simple suspens, cet inachèvement entre en résonance avec l'œuvre, comme si l'écriture avait atteint un état limite et se laissait déborder par une histoire qui n'a d'autre choix que de dépasser son propre cadre physique et d'ouvrir d'autres possibles, d'offrir d'autres perspectives narratives. Au cœur de ce récit d'aventures aux relents mystiques s'immisce un symbolisme puissant, écho de la pensée d'un auteur fou d'alpinisme se sachant condamné par la maladie et décidant certainement d'entamer avec ce roman une ultime ascension, intérieure cette fois-ci. Ce très grand livre, qui aura laissé une empreinte forte sur le monde artistique, inspirant de nombreux artistes et musiciens au fil des décennies qui suivront, fait partie de ces mythes de la grande littérature. Poète aux inspirations surréalistes, René Daumal chercha, sa courte vie durant, à répondre aux questions existentielles en pratiquant l'alpinisme tout en étudiant le sanskrit et la mystique hindoue. La montagne comme centre du monde devint la quête d'une vie, son « grand jeu ». C'est d'ailleurs cette coïncidence tragique entre l'inaccessibilité du sommet et l'inachèvement du texte, entre l'aventure racontée et la vie de l'auteur, qui fera et fait encore toute la force de ce roman, dont la lecture ne laisse pas indemne. « On n'invente qu'en approfondissant ce qui a été fait, en lui trouvant de nouvelles certitudes », disait Michel Seuphor. L'œuvre de Jean-Christophe Norman n'est pas sans trouver d'échos ou de résonnances avec cette expérience littéraire insolite, nous invitant à poursuivre la quête de quelque « Mont Analogue », d'horizons invisibles en devenir. Sa philosophie artistique – plus que sa démarche artistique, pourrions-nous dire – ouvre des questions, elle ouvre le champ des possibles en donnant à l'artiste, au fil du temps, des outils et des modes d'intervention de plus en plus variés, à la recherche d'un nouveau souffle, d'autres géographies, d'autres pratiques d'écriture comme de dessin, d'autres promesses d'ascensions.

Ce « Mont Analogue » dont il est ici question a ceci de particulier qu'il est resté invisible jusqu'à ce qu'une expédition d'intrépides alpinistes se lance à sa recherche. René Daumal en profite pour poser cette définition : « L'alpinisme est l'art de parcourir les montagnes en affrontant les plus grands dangers avec la plus grande prudence. On appelle ici art l'accomplissement d'un savoir dans une action. » Cette définition, qui n'est pas sans interpeller l'amateur d'art contemporain, tant elle pourrait s'apparenter à l'énoncé d'un protocole performatif et conceptuel, trouve de nombreuses correspondances avec l'homme et l'œuvre de Jean-Christophe Norman.

Bien des lecteurs en ont fait l'expérience quand ils ont eu la chance de s'entretenir avec un artiste, un écrivain dont ils aiment les œuvres. Souvent l'artiste détonne par rapport à l'image qu'ils ont pu se faire de lui à travers celles-ci. Sa voix et son attitude ne sont pas conformes à ce qu'ils s'étaient représenté lorsque, dans le secret de la lecture, ils étaient entrés en dialogue avec le texte et avaient cru que le roman leur était directement adressé. Rarement un artiste, au contraire, n'aura autant que Jean-Christophe Norman semblé coïncider avec ses œuvres. Empathique et à l'écoute, il s'exprime d'une voix douce, posée, qui n'exclut pas l'intensité du propos. Aussi discret que solaire, l'artiste porte sur le monde qui l'entoure un regard dénué de jugement hâtif mais d'une lucide acuité, qui fait de lui l'une des figures les plus charismatiques de sa génération.

Au fil d'une aventure artistique singulière et solitaire patiemment élaborée depuis plus de quinze ans, Jean-Christophe Norman a convoqué les grands récits universels comme matrice et même matériau de ses œuvres. Son travail est une succession d'instants décisifs, de moments de révélation qui, dans une économie de moyens et de médiums assumée, réussissent à attraper quelque chose du sentiment de la vie et du temps de l'écriture, comme autant de méditations abstraites à la beauté noire, magnétique et vibratoire. C'est avec une grande humilité et un profond respect que Jean-Christophe Norman s'attaque à ces monuments de la littérature universelle, devenus entre ses mains des objets vivants, animés, chargés d'une vie intérieure intense, qu'il chérit, met à l'abri d'un geste non dénué de dimension spirituelle, opérant par recouvrement méticuleux, donnant aux mots une présence physique que l'encre et le graphite accentuent avec une densité et une profondeur étonnantes.

Recouvrir n'est pas effacer, pour Jean-Christophe Norman. Il s'agit plutôt pour lui d'un geste protecteur envers ces paysages littéraires fertiles devenus des icônes monochromes dont il souhaite prendre soin avec un infini respect. Le monde, ces temps-ci, met à rude épreuve notre rapport à la réalité et, malgré tout, l'artiste réussit à se frayer un chemin, à ouvrir des voies nouvelles, même, où les phrases se donnent à voir et à lire dans l'espace public comme un long parchemin dont les mots se seraient libérés de la page, hors marge, hors champ dans un geste d'écriture parfaitement chorégraphié.

« En littérature, toute description est chemin », disait Julien Gracq. En marchant, en écrivant à la craie sur les trottoirs des grandes capitales mondiales, Jean-Christophe Norman transforme le geste d'écriture en geste artistique, en une performance silencieuse et discrètement physique qui ne laisse pas indifférent le passant habitué au rythme frénétique et mécanique de la ville. Cette partition bien rodée entre le geste de recopie, tant face à la verticalité du mur d'un musée que devant l'horizontalité d'une route ou d'un trottoir, est incarnée par la présence de l'artiste au travail, dans ce moment éphémère où le récit apparaît et se retrouve confronté immédiatement à sa propre disparition, à son effacement annoncé.

De cheminement il en fut question en 2013 à l'occasion d'une première proposition artistique, qui mit en dialogue deux villes, Besançon et Marseille, deux nouveaux Frac conçus par l'architecte japonais Kengo Kuma. Le mont Fuji, si important pour Jean-Christophe Norman, devint le trait d'union entre deux villes que l'artiste relia à pied, se livrant durant cette longue marche à un protocole épistolaire consistant à adresser à ces deux institutions des cartes postales du mont Fuji rapportées du Japon, aujourd'hui conservées précieusement dans les collections respectives des deux institutions. Peu de temps après ce premier projet, aux accents en quelque sorte prémonitoires, Marseille la méditerranéenne deviendra le lieu de vie, ou camp de base, pour Jean-Christophe Norman, quittant Besançon pour le Vieux-Port et son effervescence, à l'image de cette ville-monde, véritable laboratoire social et artistique ouvert à tous les métissages. Ville refuge pour de nombreux artistes et écrivains tout au long du xxe siècle, Marseille a été désignée capitale européenne de la culture en 2013. Ce fut pour le Frac Provence-Alpes-Côte d'Azur l'occasion d'assurer le commissariat d'un vaste projet autour de la figure d'Ulysse, intitulé « Ulysses » et convoquant tour à tour Joyce et Homère.

Ce projet au long cours, s'étalant sur plus de huit mois avec plus de cent cinquante artistes invités, fut à l'origine de formidables dialogues et questionnements sur la figure d'Ulysse, héros et anti-héros dont les aventures, les combats, la personnalité sont autant d'invitations à questionner notre société contemporaine. Barthélémy Toguo, Mona Hatoum, Wang Bing, Jean-Jacques Rullier furent parmi les premiers à rejoindre cette aventure singulière, de même que Jean-Christophe Norman, fidèle parmi les fidèles.

Qualifié souvent dans les différentes publications qui lui sont consacrées, d'artiste marcheur et « scribe » au sens étymologique du terme : celui qui dessine les contours, il prit possession à la fois du plateau expérimental et investit l'espace urbain avec une proposition en deux séquences, la recopie du livre éponyme de Joyce et sa traversée manuscrite sur l'asphalte des rues de Marseille.

Marcheur sensible écrivant, dessinant le temps, Jean-Christophe Norman déploya à la fois ses lignes d'écriture au format d'une feuille de format A4 au sommet du Frac et de lignes indéterminées traversant la ville, traçant le chemin d'un paysage horizontal que chacun fut amené à découvrir au rythme de ses propres déambulations et des effacements aléatoires et imprévisibles du temps. Une reprise de l'écriture de Joyce par une autre écriture qui révéla à la fois la force physique des mots et leur fluidité. Une aventure proustienne du temps également qui se donna à voir dans cette sculpture murale manuscrite de 352 pages, nous proposant ainsi un autre *Ulysse* avant de se délier dans le dédale des rues de la cité phocéenne dans une géographie aléatoire et hasardeuse.

Marseille s'est imposée très vite pour Jean-Christophe Norman comme la ville de tous les possibles, point d'ancrage symbolique de cette épopée, «Ulysses, a long way», qui le conduisit à réécrire l'*Ulysse* de James Joyce à la surface du globe, sous la forme d'une ligne tracée à la craie sur le bitume des villes qu'il a traversées, de Tokyo à Paris, de Buenos Aires à New York, de Phnom Penh à Palerme.
Le texte de Joyce s'est ainsi immiscé dans le rythme du monde, au cœur des villes et dans le brouhaha de leurs habitants. Ce même «Brouhaha» qui donne son titre à cette première exposition monographique marseillaise tant attendue, investissant le grand plateau du Frac et puisant dans le matériau inépuisable du livre, mais en le plaçant du côté de nouvelles aventures esthétiques et plastiques, allant du côté de la picturalité et jouant avec l'architecture de Kengo Kuma pour laisser libre cours à ses lignes d'écriture.
C'est dans la monumentalité de l'espace du Frac que ce voyage littéraire se déploie et se dessine, nous invitant à dialoguer avec l'espace et le temps, à prendre physiquement conscience de la picturalité d'un instant, de la matérialité des mots et de leur pouvoir évocateur.

Le temps, disait Kant, est «l'horizon à travers lequel nous autres humains faisons l'expérience du monde». Jean-Christophe Norman nous invite à dépasser la réalité visible et à nous ouvrir à l'imaginaire, à la littérature qui, pour lui, est le monde. L'artiste est celui qui, tout en consentant à la fascination que le texte suscite, entend pourtant conserver un droit de regard sur lui. Ses œuvres ne sont pas le monde réel ni sa pure représentation. Elles existent d'abord dans leur matérialité, dans cet entre-deux qui leur confère cette densité et cette force si particulières. S'éloigner du monde, s'en rapprocher, sans jamais cesser de regarder et de penser en même temps, offre à Jean-Christophe Norman la possibilité rare d'instaurer une forme de tension entre les œuvres et les mots, entre le langage et l'image, entre l'émotion et le sens. C'est un art de la juste distance qui repose sur un écart et un mouvement d'une infinie précision. «Voyager, c'est traduire, disait Lamartine: traduire à l'œil, à la pensée, à l'âme du lecteur les lieux, les couleurs, les impressions, les sentiments que la nature ou les monuments humains donnent au voyageur.» Il y a chez Jean-Christophe Norman une capacité d'émerveillement et d'écoute qui transforme ses interventions et expositions en autant d'expériences sensibles, ouvrant sur un univers en expansion, avec sa vibration, son souffle, son regard écrit si particulier.

Toutes ces œuvres d'art, qui attirent aujourd'hui notre regard comme la plupart des relations humaines qui valent d'être vécues, reposent sur une étroite et étrange connivence entre présence et distance. En effet, la distance n'est pas seulement ce qui abolit la présence; elle est aussi ce qui la rehausse en la délivrant de ce qu'il peut y avoir en elle d'insistant. De ces jeux, ces chassés-croisés entre présence et distance, la plupart des grandes entreprises humaines et des œuvres de l'esprit se sont nourries. Le corpus des peintures de petit format réunies sous l'intitulé ô combien symbolique de « Biographie » incarne à merveille cet état de veille, d'écoute au monde. Chacune de ces peintures correspondant aux traces visuelles de longues marches réalisées dans des projets aussi différents qu'« Ulysses, a long way » ou « Terre à terre », dans le cadre du projet « Picasso Méditerranée ».

Que ce soit dans la série des « Bookscapes » ou des « Covers », ce sont autant de pas de côté, de chemins de traverse qui nous conduisent très simplement vers l'inexploré, l'ineffacé, et nous permettent de voir autrement, de prendre conscience de la puissance des mots comme autant de monuments de graphite. On aurait pu craindre que le travail de Jean-Christophe Norman ne s'inscrive dans des protocoles finissant par l'enfermer dans une attitude stéréotypée, piégé par le rythme de la répétition et d'une pratique conceptuelle aseptisée. Mais il n'en est rien, et son œuvre est un roman d'une extrême sensibilité ouvert à l'infini. Il reconstruit ses gestes à partir des mots des autres, il reconstruit le temps à partir de la chronologie des autres. Les gestes à l'œuvre chez l'artiste sont éperdument une affaire de corps, en ce sens qu'il s'agit d'incarner le monde, par la marche, le dessin. Ses mains travaillent, ses mains touchent, recouvrent, recopient, disent des choses qui échappent aux mots. Chaque mot est patiemment recopié, chaque page patiemment noircie, le récit demeure intact tout en changeant de nature de même que le livre devenu objet demeure un ouvrage de la Pléiade, tout en changeant de nature. Il n'est pas question ici d'efficacité ni d'automatismes, tout demeure de l'ordre d'un savoir-faire très personnel, incarné, dans un corps-à-corps respectueux et sensible avec le livre et son récit. Être artiste, c'est rechercher l'émerveillement, l'imprévisible. Le rapport de Jean-Christophe Norman au paysage n'est pas de l'ordre du contemplatif, même s'il a développé la contemplation en se promenant, à l'occasion de ses marches, mais relève plus du rapport de situation. L'artiste est dans le paysage, en fait partie. Nul besoin d'en passer par la description, les paysages sont infusés, ils sont là, tout le temps, témoins d'un instant donné, d'une sensation, d'une ombre, d'une lumière, d'une présence. Comment ça sonne, un monde ? Quels rythmes, quels accords, quels instruments pour dire la rage et le tremblement du moment qu'on vit ? C'est à ces questionnements existentiels et philosophiques que Jean-Christophe Norman nous invite, sur eux qu'il ouvre des perspectives. Nulle volonté démonstrative, pas la moindre entreprise de séduction dans ses différentes attitudes, qui ont plus à voir avec une forme de méditation et de bienveillance, de capacité d'être au monde.

Et là, dans ce monde secoué en tous sens comme un château de cartes, on entend chez Jean-Christophe Norman une telle énergie intérieure qu'on ne peut s'empêcher de penser : c'est là que j'entends le son d'une époque, d'un lieu, d'un ailleurs. Il y a là, dans l'usage du graphite, de la craie, de la peinture ou de la vidéo, une radicalité dans le geste qui pourrait sembler ancienne mais qui est neuve chaque matin et qui contribue à créer un monde qui lui est propre, immédiatement reconnaissable. Il y a un potentiel poétique dans ce travail dont chaque œuvre est une petite aventure et où l'ensemble du corpus suit une sorte de ligne mélodique rythmée par la géographie des déplacements de l'artiste. La poésie de ce travail, c'est aussi sa capacité à transmettre une émotion, à explorer le réel et à le restituer en toute simplicité, sans artifices, avec sincérité, humilité et intégrité.

Par-delà les œuvres et travaux d'écriture qu'il accomplit, c'est avec la conscience du contemporain et mû par une farouche recherche de soi-même que Jean-Christophe Norman nous invite à cheminer, nourrissant notre propre imaginaire. Une démarche artistique, quelles que soient la puissance et la détermination de son auteur, est en grande partie un espace de recherche où l'on ignore ce qui peut advenir. Espace de création au quotidien, une telle attitude réclame et cultive soigneusement, méthodiquement, impatiemment, l'attente de l'inattendu. C'est à un tel voyage que nous convie Jean-Christophe Norman. Peut-être est-ce ce qu'il y a de plus fragile, de plus ténu, de plus insaisissable dans une vie d'artiste : l'étincelle du commencement, l'instant où l'énergie qui va porter et produire l'œuvre trouve sur le papier une première inscription et matérialité. Saisir le moment de l'élan plutôt que celui de l'aboutissement, de l'achèvement, s'arrêter à ce qu'il y a d'encore ouvert, tremblant, vibrant, au cœur de ce qui va devenir œuvre, dans sa matière, son épaisseur et sa fragilité, c'est à cela que s'attache avec une attention passionnée et une extrême délicatesse Jean-Christophe Norman, en marge du brouhaha de la vie. Dans le dédale de ses lignes de vie, il nous offre la surprise, le rêve, le cri, le murmure, d'aucuns diraient une forme de beauté, de liberté, à la fois sentinelle et passeur, chemin faisant.

# ÉPAISSIR LE TEMPS

**Interview de Jean-Christophe Norman par Julie Enckell Julliard, novembre 2020**

**JEJ**

Quand tu racontes ta naissance à l'art, tu évoques généralement ce moment clé où, après avoir traversé une période de grande vulnérabilité physique, tu as été forcé de réorienter ta vie et d'abandonner l'alpinisme. Peut-on remonter plus tôt et peux-tu me parler de ton rapport à l'art dans l'enfance ?

**JCN**

L'un de mes premiers souvenirs marquants est une visite au Louvre à l'âge de huit ou dix ans. C'était la première fois que j'allais à Paris. Là, j'ai vu le tableau de sainte Anne de Léonard de Vinci (1503-1519). Ce qui m'a tout spécialement frappé dans cette peinture, c'est l'arrière-plan (ill. 1). Et même, ce qu'il y avait encore derrière cet arrière-plan, qui contenait pour moi beaucoup de mystère, qui nous emmenait dans un «ailleurs». Tout cela m'interrogeait énormément. Plus tard, en 1988, alors que j'étais déjà devenu grimpeur, j'ai vu la première rétrospective consacrée à Cy Twombly au Centre Pompidou. Je pense qu'il s'est joué pas mal de choses à ce moment-là aussi. Mais, plus régulièrement, c'est ensuite à travers la littérature que je me suis créé des images mentales.

JEJ

Tu as encore en tête l'arrière-plan
de la sainte Anne de Léonard, ce massif rocailleux
un peu bleuté?

JCN

Oui, absolument. J'avais été frappé par la perspective aérienne, que l'on retrouve d'ailleurs dans toutes les peintures de Vinci. La question de l'air, selon toutes les acceptions possibles, est pour moi très importante. J'ai ressenti une certaine fluidité dans ce paysage. L'arrière-plan du tableau est presque un hors-champ, ça m'est resté et je m'y réfère constamment, dans ma façon d'appréhender la lumière, dans la nature mais surtout dans le cadre urbain où j'évolue. Cette première vision a gardé en moi une forte résonance.

JEJ

Est-ce la façon
dont Léonard transcrit l'élément de l'air
qui t'a fasciné?

JCN

Oui. Il y a un monde face à nous et, dans ce monde, j'ai le sentiment que tous les possibles du monde contemporain sont réunis. Cette image originelle est toujours active à l'intérieur de moi.

JEJ

Enfant, tu comprends très tôt
que cette représentation biblique peut être associée à un
hors-champ, à quelque chose de bien plus étendu.

JCN

Oui, j'ai l'impression d'entendre l'autre monde qui se trouve derrière ce paysage et qui est en train d'arriver.

**JEJ**

Et
Cy Twombly?

**JCN**

Le travail de Cy Twombly contient lui aussi des formes de respiration, d'air, de fluidité, d'ouverture. Twombly s'est d'ailleurs beaucoup référé à Vinci ! Dans mon travail, je recherche moi aussi cette ouverture, je fais en sorte que les éléments laissent des respirations. Chez Cy Twombly, j'ai été frappé en particulier par l'utilisation du papier et comment l'écriture s'inscrit comme un motif. J'ai vu des toiles noires, plus empâtées au Kunstmuseum de Bâle par la suite. Au Museum für Gestaltung de Bâle, j'ai aussi vu dans les années 1990 une exposition d'Hanne Darboven qui m'a beaucoup marqué.

**JEJ**

Est-ce qu'on peut dire
que l'art contenait ce que tu recherchais
dans la nature?

**JCN**

Oui, sans que je le sache, les choses étaient déjà en place. Mais il a fallu des circonstances particulières pour que la décision se prenne. Cela s'est fait très naturellement, comme si tout était déjà prêt. Quand je suis tombé malade, il est devenu évident que je n'allais plus pouvoir continuer à vivre la vie d'avant, que la question centrale de ma vie allait se déplacer. Je n'avais plus la nécessité de la dépense physique – qui est revenue ensuite dans mon travail de performance. Cette attention au paysage, à la lumière, aux variations propres à la nature, je l'ai aussi trouvée dans la peinture – je pourrais aussi citer ici William Turner, dont j'ai découvert le travail plutôt dans des ouvrages.

**JEJ**

Enfant,
que lisais-tu?

**JCN**

Des récits d'expédition, les livres d'anciens grimpeurs américains. Mes parents faisaient de la randonnée. Ils aimaient être dans le paysage. J'ai rencontré très jeune des Américains qui avaient eux-mêmes connu Allen Ginsberg, Jack Kerouac. Très vite j'ai lu les écrivains de la Beat generation et j'ai tout de suite vu leur attirance pour la montagne. Je me souviens par exemple d'une photo qui montrait Allen Ginsberg regardant l'Himalaya. Après, assez vite, j'ai découvert Joseph Conrad.

**JEJ**

Ensuite tu es venu
à Thomas Bernhard, James Joyce, etc.

**JCN**

Quand j'ai eu cette restriction d'oxygène, j'ai commencé à lire et relire les récits autobiographiques de Thomas Bernhard, puis ses autres écrits. Ça a été pour moi un choc esthétique très fort. Ce qui aurait pu apparaître comme très déprimant m'a au contraire donné une énergie considérable. Dans un récit comme *Le Souffle. Une décision* (1960), j'ai bien perçu de quoi il parlait parce que je vivais une situation similaire. J'ai été marqué par cette évocation de la question de la décision, de sauter le pas. Esthétiquement, le motif de la répétition m'a aussi marqué. Je l'ai retrouvé dans la musique minimaliste de Morton Feldman, par exemple.

**JEJ**

As-tu cherché dans la littérature
ce qui pouvait restituer ce que tu vivais?

**JCN**

Pas directement pour Thomas Bernhard, mais, après coup, cela m'a sauté aux yeux. Il y a l'effet de la maladie qui est en place au moment où je découvre ses livres. À ce moment, j'ai aussi lu les entretiens de Francis Bacon avec Daniel Farson. Je n'étais pas très sensible à son travail, mais j'ai trouvé ces entretiens très drôles, très énergisants. Je retiens ce que Bacon dit en début d'entretien à Farson: «Quand je serai mort, mettez-moi dans un sac poubelle et jetez-moi dans un caniveau!» Ça dédramatisait beaucoup la situation que je vivais, c'était très libérateur.

**JEJ**

Tu as à ce moment-là
un rapport de proximité à la mort…

**JCN**

Dans la pratique que j'avais de l'escalade, la mort était déjà omniprésente, c'était une éventualité. J'ai perdu pas mal d'amis en montagne. Mais c'était consubstantiel, ça allait de soi, même si nous étions tous attirés par la vie. Quand j'ai eu mes soucis de santé, j'ai simplement abordé l'art comme une allégorie de ce que j'avais vécu avant. Sans aucune recherche de morbidité.

**JEJ**

L'univers esthétique
de Thomas Bernhard comme de Francis Bacon
est très sombre. Dans ton travail la noirceur est présente,
l'épuisement du corps est là, mais je ne sens
pas de tristesse.

**JCN**

Quand tu écoutes des entretiens avec Thomas Bernhard, il y a énormément de rires. *Maîtres anciens. Comédie* (1985) est un livre plein d'humour. Les entretiens de Francis Bacon sont pétris d'autodérision. Tout cela est très sérieux, mais je ne le prends pas trop au sérieux, pour que ça respire.

**JEJ**

Tu te charges de ces lectures,
tu gravis des sommets littéraires et tu les transcris
par le geste. Que te reste-t-il du contenu?

**JCN**

Le geste mécanique s'installe. Dans la fresque du MAC/VAL (*Terre à terre*, 2017) que j'ai réalisée en l'espace de trois mois, la répétitivité du geste s'est installée. À cela s'est ajoutée la mémoire de ce que j'avais vécu à Phnom Penh. Le son est aussi très présent dans ma tête. Souvent, quand je connais bien la voix des auteurs, je les entends, ou encore c'est ma propre voix intérieure qui récite le texte. C'est très intimidant de lire Borges par exemple, mais je me suis permis d'y entrer avec une certaine liberté. J'ai tout de suite eu envie de transformer le texte en pratique, en images. C'est une œuvre inépuisable, que j'ai lue, relue. On m'a souvent dit que mon œuvre était assez complexe, labyrinthique. Mais j'essaie de faire en sorte que chaque pièce soit suffisamment claire, autonome, qu'il y ait toujours une voie d'accès.

**JEJ**

Quand tu découvres Borges,
c'est un choc esthétique. Est-ce que les images surgissent
immédiatement à la lecture de ses textes?

**JCN**

Avec Borges, je trouve un lien à ma propre vie, parce que j'ai un père qui est devenu quasiment aveugle. Enfant, il me demandait de tout lui décrire. Il avait perdu un œil et il devait lui rester moins de dix pour cent de vision à l'autre œil. J'essayais de me mettre à sa place, je me bouchais un œil. Au final j'avais un champ de vision extrêmement raccourci mais je voyais très précisément, comme à travers une lunette. Je me rends compte qu'il y avait déjà à ce moment-là une démarche de traduction du réel. Je racontais à mon père le paysage et j'ai toujours eu l'impression qu'il percevait parfaitement les choses. En lisant Borges, j'ai retrouvé la question de la cécité, de la perception entravée du réel.

**JEJ**

Tous ces auteurs développent
une acuité particulière à partir d'une privation.
Quand tu en parles, on dirait que tu les as rencontrés
réellement. Par exemple, le son de la voix de Borges
est très présent dans ton esprit.

**JCN**

Le langage permet d'établir une conversation. C'est ce qui est le plus intéressant, quand cela se produit. Je le vis aussi avec la musique. Il y a ce lien très fort qui peut se créer.

**JEJ**

As-tu dans ces moments le sentiment
que tu te crées une généalogie, que tu t'inscris
dans une filiation d'artistes?

**JCN**

Oui, ce sont des compagnons de voyage, des *compañeros*. Il y a une communauté d'esprit. Souvent, quand je suis très marqué par des artistes, j'ai tendance à les explorer de fond en comble.

**JEJ**

Comment es-tu arrivé
à *Ulysse*?

**JCN**

J'ai d'abord lu Kerouac qui explique comment il est parvenu à lire *Ulysse*. Il décrit cette lecture comme une véritable expérience physique. C'est quelque chose qui m'a parlé. Il faut y aller, plonger, de façon très libre. De même, il m'a fallu beaucoup de liberté pour recouvrir des livres, les tordre, les transcrire. Ce ne sont pas des églises, je peux m'y comporter librement. Pour se sentir autorisé, il faut cette liberté-là, celle des autodidactes. Une image me revient en tête, tirée de *Maîtres anciens* de Thomas Bernhard. Il nous dit que le lecteur devrait fonctionner comme un aigle, foncer sur sa proie et la prendre pour ce qu'elle est.

**JEJ**

Quand tu t'immerges
dans ces textes ardus, comment navigues-tu?
Acceptes-tu d'être perdu, de tâtonner?

**JCN**

Souvent il m'arrive d'ouvrir un livre et qu'une phrase me saute au visage. C'est comme ça que je me suis mis à lire le *Fleuve sans rives* (1949) de Hans Henny Jahnn. L'univers très complexe de cette œuvre s'étend sur plus de 2 000 pages. Je suis tombé sur l'un des tomes dans une librairie et j'ai lu cette phase: «Par mer calme le bateau disparut de la surface de la mer.» Ces mots condensent tellement de mystères. J'y ai vu un moment très cinématographique, un rapport au temps incroyable. Je me suis dit que peu importait s'il fallait lire 2 000 pages avant de tomber sur cette phrase. Je ne pouvais plus contourner cela. Il fallait que j'aille jusqu'à elle. Parfois aussi il m'arrive de lire une phrase d'un livre, dans une librairie, et de ne jamais la retrouver.

**JEJ**

Est-ce que tu dessines
ou que tu écris quand tu lis?

**JCN**

Pas trop.

**JEJ**

Tu as un contact sensuel au livre,
quand tu entres dans une librairie, tu touches l'objet.
Que se passe-t-il quand tu noircis des pages ?

**JCN**

C'est sans doute très lié à Borges. Il pose la question de la noirceur avec la cécité. Il y a alors un effet de disparition mais aussi de conservation et un objet considéré comme un corps. Le principe d'unicité surgit. Le premier livre avec lequel j'ai fait ça, c'est *L'Œuvre d'art à l'ère de sa reproductibilité technique* (1935), de Walter Benjamin. J'ai transformé ce livre en exemplaire unique alors qu'il parlait de la reproductibilité des œuvres ! Ensuite beaucoup de temps a passé avant que je recommence, avec l'*Ulysse* de Joyce. Quand j'opère ces recouvrements, ce n'est pas dans un geste iconoclaste. Il y a chez moi un souci de conservation et des objets qu'il faut réinterroger, réinventer. Borges dit avoir souvent imaginé que les livres discutaient entre eux et créaient d'autres histoires, d'autres récits. En les recouvrant, j'ai l'impression que tout peut s'y rejouer en permanence.

**JEJ**

On pourrait croire à une mise en deuil du livre,
à un ensevelissement, alors que tu parles de ce geste
comme d'une immense ouverture, d'un *reset*,
d'une mise à zéro des compteurs. Tu n'as pas d'attirance
pour la couleur ?

**JCN**

Dans le recouvrement que je suis en train de faire de *Moby Dick*, je n'utilise que le gris de Payne. En général le motif arrive par soustraction. Mais c'est avec cette contrainte que beaucoup de choses surviennent. C'est une sorte d'oxymore, la contrainte me donne beaucoup de liberté.

**JEJ**

Tu es autodidacte.
Tu traverses les représentations des autres,
tu les incarnes, tu es l'incarnation de beaucoup de récits.
Quel est ton rapport à la figuration?

**JCN**

Je n'ai jamais été sensible à la séparation entre figuration et abstraction. Je dirais qu'il y a des images qui tendent davantage vers des choses abstraites. Cela n'est pas guidé par une intention très précise, plutôt au moment où les choses se font. Il s'agit d'un mélange entre ce que j'ai envie d'atteindre et ce qui se passe dans la réalité. Et ce qui advient est généralement assez peu fidèle à l'idée de départ. C'est toute la question de l'accident.

**JEJ**

Le recouvrement du texte
de Hans Henny Jahnn le *Fleuve sans rives*
est celui d'un texte lui-même déjà support de projections.
Tu renforces notre capacité à projeter.

**JCN**

C'est tout sauf l'illustration du texte. Je l'ai lu ce livre il y a longtemps. Il existe aussi un autre texte, beaucoup plus court, qui porte le même titre et se déroule en partie sur le Rio de la Plata, un lieu que j'ai traversé pour aller de Buenos Aires à Montevideo. Cette traversée a beaucoup compté dans mon envie de multiplier les images à partir d'un texte. C'est donc quelque chose qui, sans que je le sache, était déjà en place et qui s'est ensuite précisé. Je pense à ce fragment d'Héraclite qui m'a beaucoup marqué:

«On ne se baigne jamais deux fois dans le même fleuve.» Cela pose la question du temps, de l'impermanence du temps. Au final ce n'est jamais la même chose, mais comme le changement est ininterrompu, il y a une constance dans l'impermanence du temps, dans ce changement perpétuel.

**JEJ**

Dans les règles que tu te poses, on trouve une forme de rituel. Tu fais à la fois preuve de prédisposition à l'inconnu, au hasard, car tu dépends des conditions sur place, et pourtant il y a chez toi la répétition du geste.

**JCN**

Oui, c'est cette tension que je recherche. Par exemple avec *Ulysse*, ce projet titanesque qui est en train de s'achever, le geste est répétitif, et en même temps tout cela se produit dans un espace ouvert au hasard. Je ne sais pas ce qui va advenir dans telle ou telle ville. Je compose avec cette donnée.

**JEJ**

Cela me fait penser au livre de Gilles Deleuze *Différence et répétition* (1968). Tu fais les mêmes gestes, mais ce n'est jamais pareil. Tu t'exposes à beaucoup de fragilité, mais tu n'as pas peur.

**JCN**

Tout cela est guidé par le désir qui advient comme une énergie, une intuition. À partir du moment où la décision est prise, je fais en sorte que la réalisation ait lieu. Je n'ai plus le choix et, en même temps, je me sens très libre. Il y a un mélange d'opiniâtreté et de vulnérabilité. À Phnom Penh, par exemple, il n'y a pas de trottoir, les bords de route sont toujours pris d'assaut par les marchants ambulants. Donc j'écrivais à même la route et c'était très chaotique.

Mais des gens faisaient la circulation, me prévenaient. J'étais tellement concentré que je me disais que rien ne pouvait m'arriver. Ce qui est certainement faux.

**JEJ**

Tu as une forte
capacité de concentration.

**JCN**

Oui, ça rejoint ce que je faisais avant en montagne. Parfois, quand tu y repenses, tu te fais un peu peur, mais sur le moment c'est très naturel. Je suis parti de l'unité de temps d'*Ulysse* et de Borges qui disait de Joyce : « Chez lui, le temps d'une journée, c'est le temps du monde entier. » J'ai pris cette phrase comme une parabole. J'ai marché plusieurs fois dans des villes comme Tokyo, Istanbul, New York. Je n'ai pas réellement la capacité physique de faire ça. Mais chaque fois j'y suis arrivé. Je l'ai aussi fait parfois dans les musées. Chaque fois je passe par les mêmes phases. Au début je marche lentement, c'est la phase normale, puis je m'ennuie, puis il y a l'euphorie parce que j'ai l'impression que rien ne m'est impossible. Cette phase est toujours suivie de son exact contraire, d'une immense déprime où je me dis que je ne vais pas y arriver, que je ne vais plus arriver à rien faire du tout. Puis survient la fin qui est comme une ultime résistance. Quand j'ai fait cette expérience au musée Picasso, sur l'invitation de Laurent Le Bon, il y avait cette idée d'allégorie : une journée complète comme le temps d'une vie ou le temps du monde. Il y avait la volonté d'explorer ça.

**JEJ**

Tu vis alors un vertige.
Est-il vital pour toi de ressentir cela dans ton geste
de performeur ? Tu engages ton corps totalement.
Tu vacilles… Tu es dans un état limite.

**JCN**

Depuis le début, mon rapport au temps a été très spécial. Il était même possible que ce temps soit très court. Dans ma vie, je me suis retrouvé dans une sorte de décompte presque matériel du temps à vivre. C'est alors devenu comme un matériau. Et là encore, la formule de Borges à propos de Joyce me revient: «le temps d'une journée comme le temps du monde». Je dois expérimenter cette durée, cela n'a rien à voir avec l'exploit, le spectaculaire.

**JEJ**

Tu éprouves le temps comme un matériau.
Alors que nous, les critiques, on se focalise sur le trait,
la trace. Mais, pour toi, ce sont avant tout des moteurs
qui te permettent d'éprouver la durée,
l'épaisseur du temps.

**JCN**

Oui, c'est ça. L'effort n'est pas ce que je recherche, comme fait Marina Abramovic par exemple. Il arrive que mon corps soit mis à l'épreuve, mais c'est une contingence. J'ai une idée et je fais en sorte que les faits rejoignent cette idée. Il y a une expérience du temps, de l'espace, de la lumière et de comment tout cela se matérialise. Ensuite il y a la mémoire…

**JEJ**

Quand tu opères un recouvrement,
le récit que tu recouvres déclenche chez toi des images
mentales, des associations d'idées, des connexions.

**JCN**

Oui, car, comme c'est un geste radical, cela rend les choses très ouvertes. Je propose des projections possibles, tout en ayant en tête de faire en sorte que le texte soit inclus, préservé.

**JEJ**

Est-ce un geste d'appropriation
ou un geste protecteur?

**JCN**

Les deux. Ce serait une forme étrange de conservation. Ce qui cache conserve, protège de la lumière et, en même temps, renferme toutes les images possibles. La question de l'appropriation existe, bien sûr. Je me donne la liberté de déplier un texte. Mais je conçois l'immatérialité comme quelque chose de matériel. Je n'oppose pas les deux.

**JEJ**

Tout cela explique que tu n'aies
pas besoin d'un médium très palpable.
J'en reviens au début de l'entretien et à la sainte Anne
de Léonard. Maintenant je comprends différemment
ce que tu m'as dit: les espaces de l'arrière-plan sont comme
des densités successives, des incarnations matérielles,
visuelles de la durée.
Est-ce avec ça que tu vis?

**JCN**

Absolument.

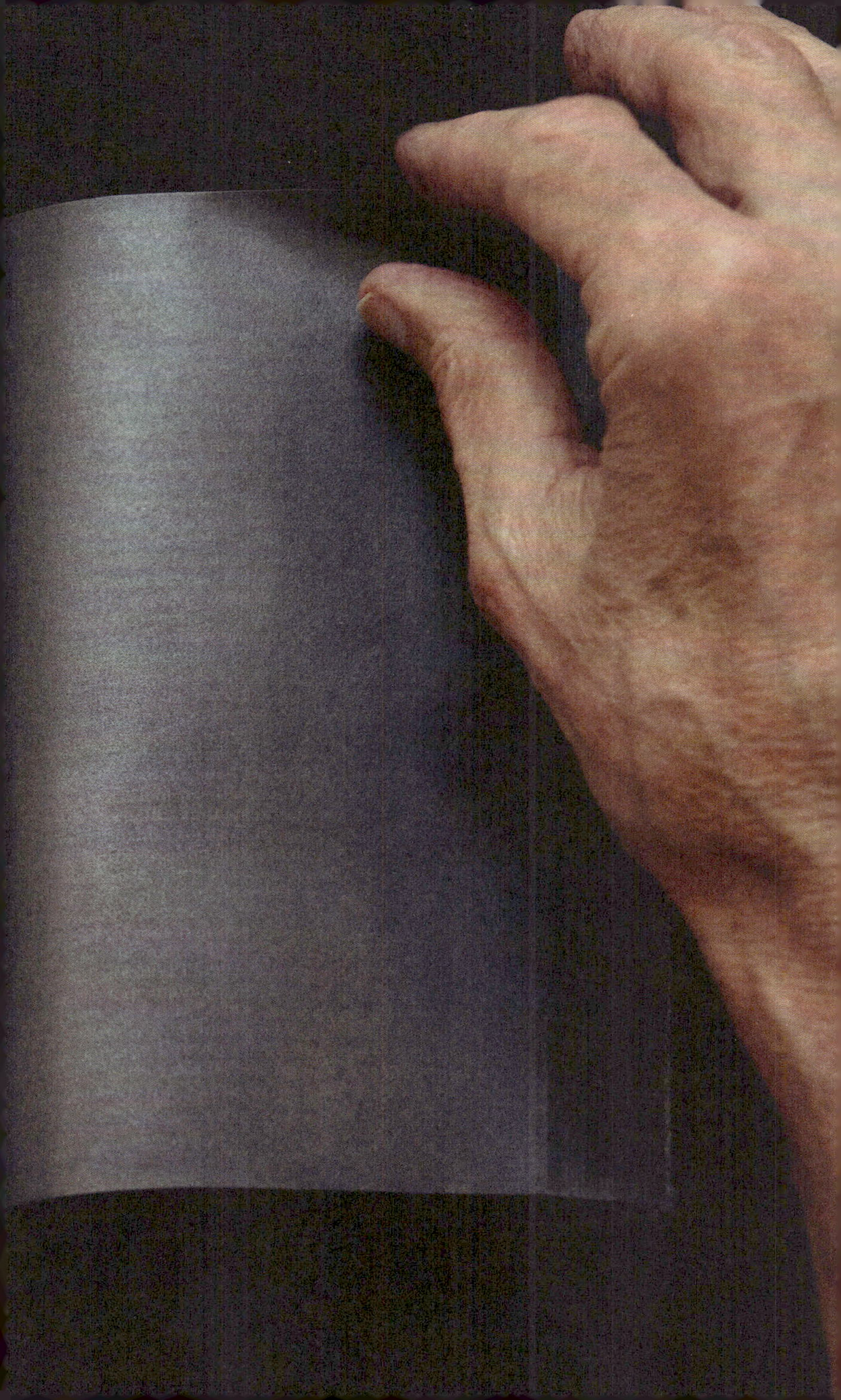

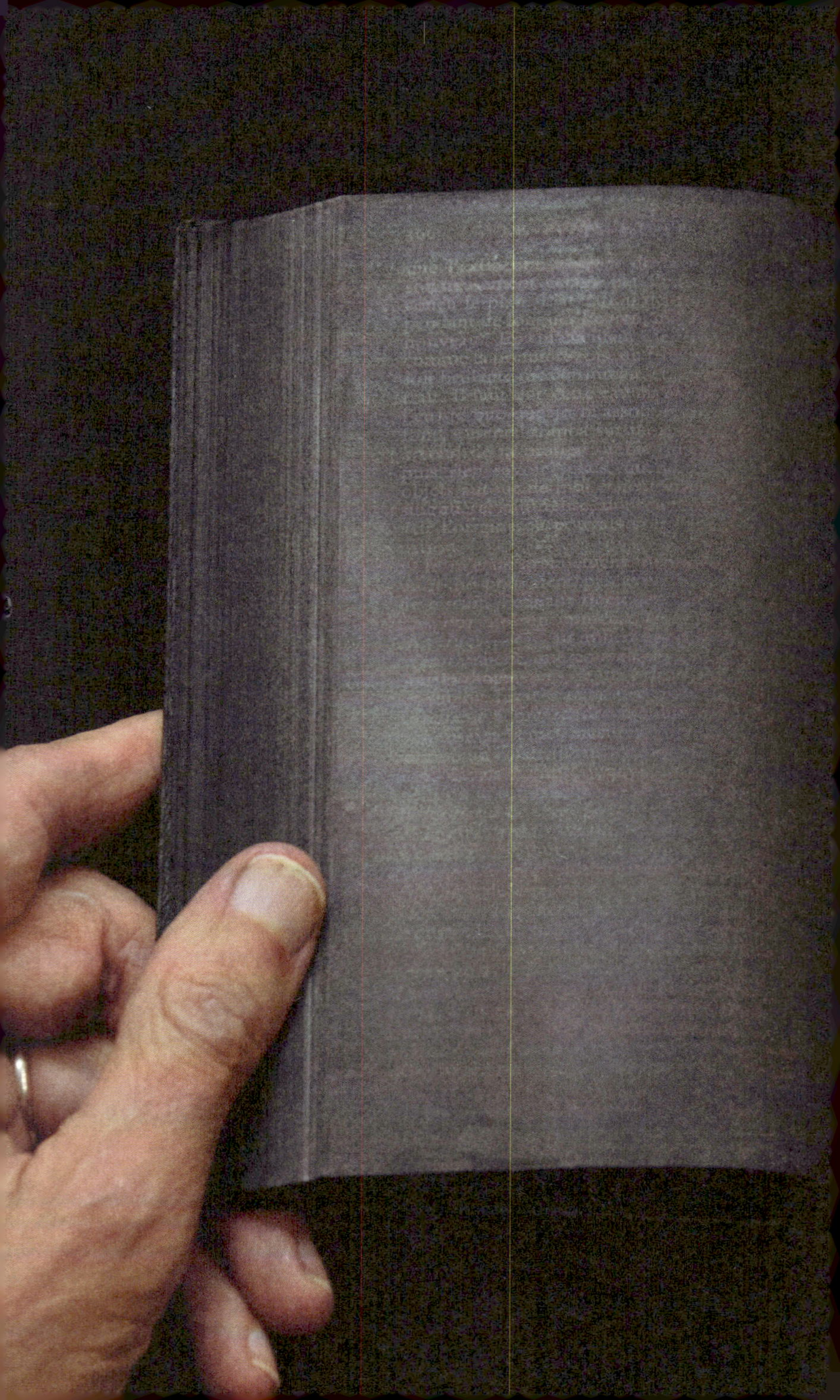

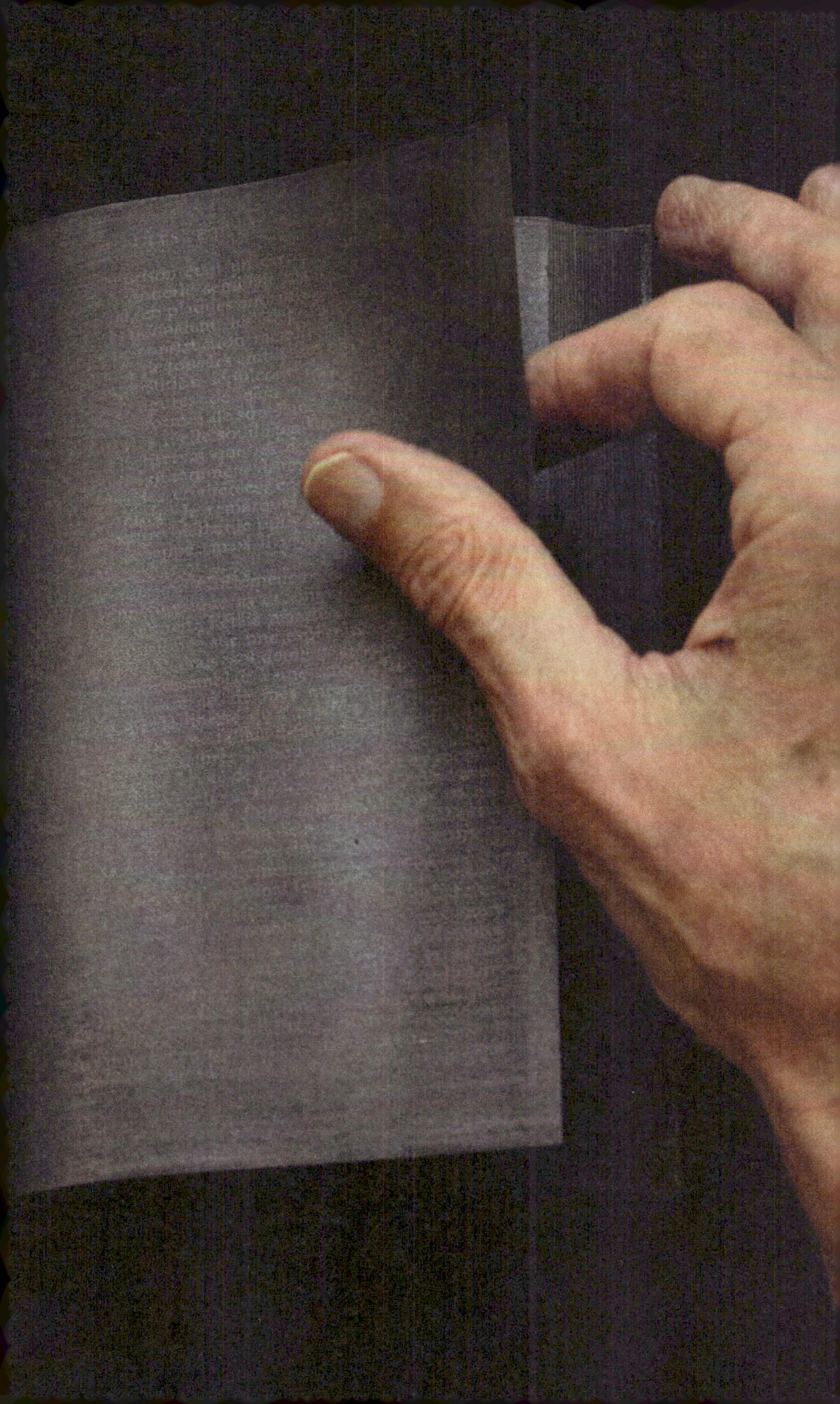

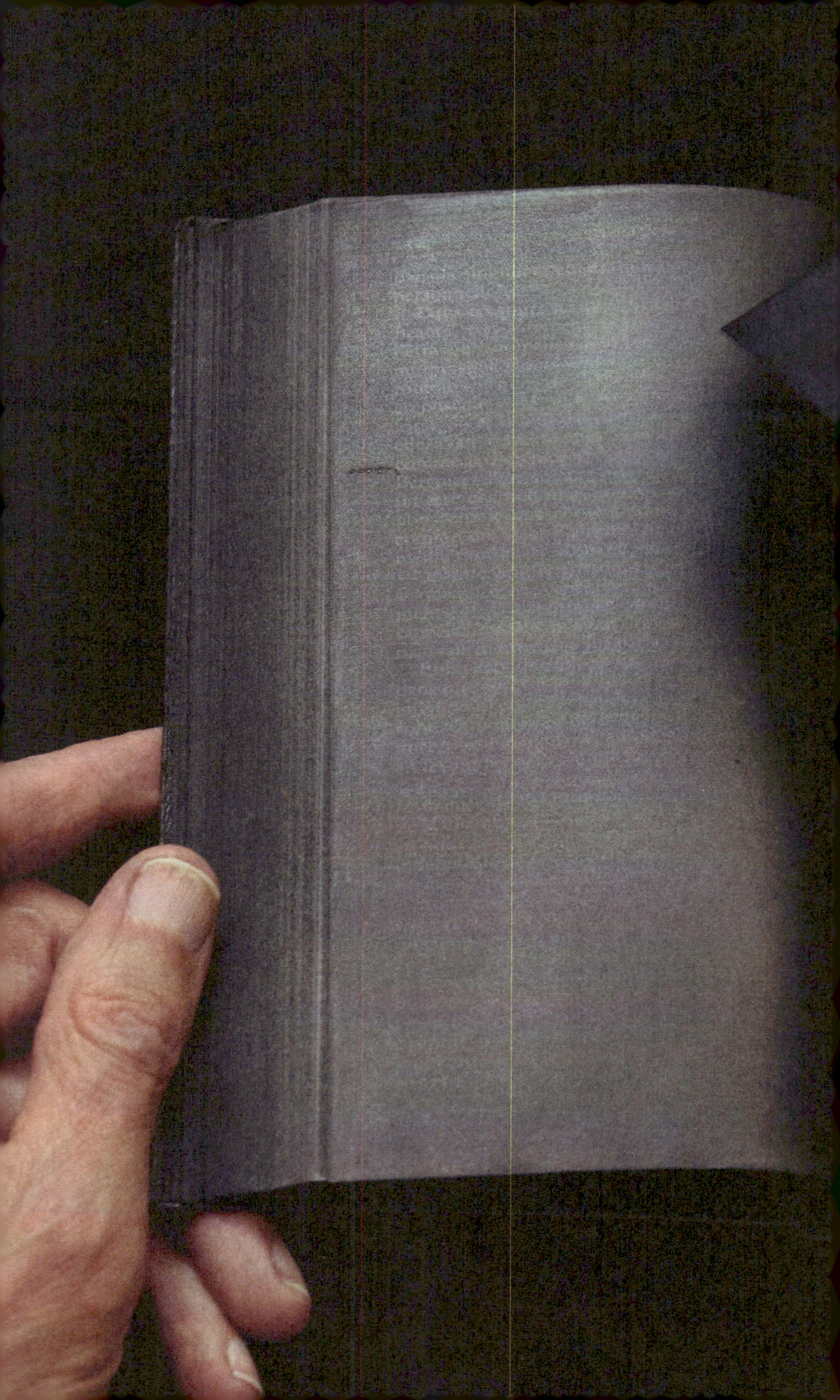

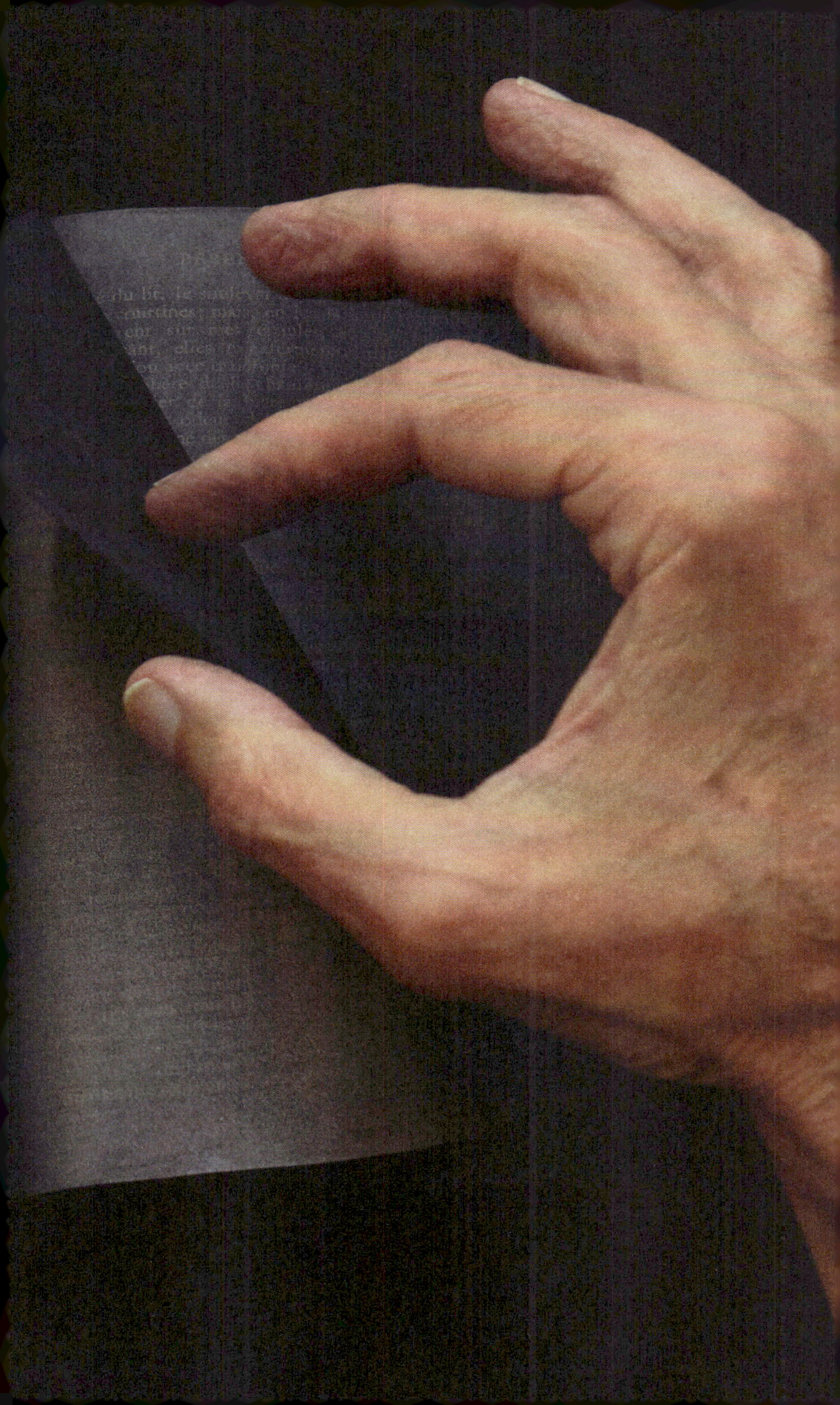

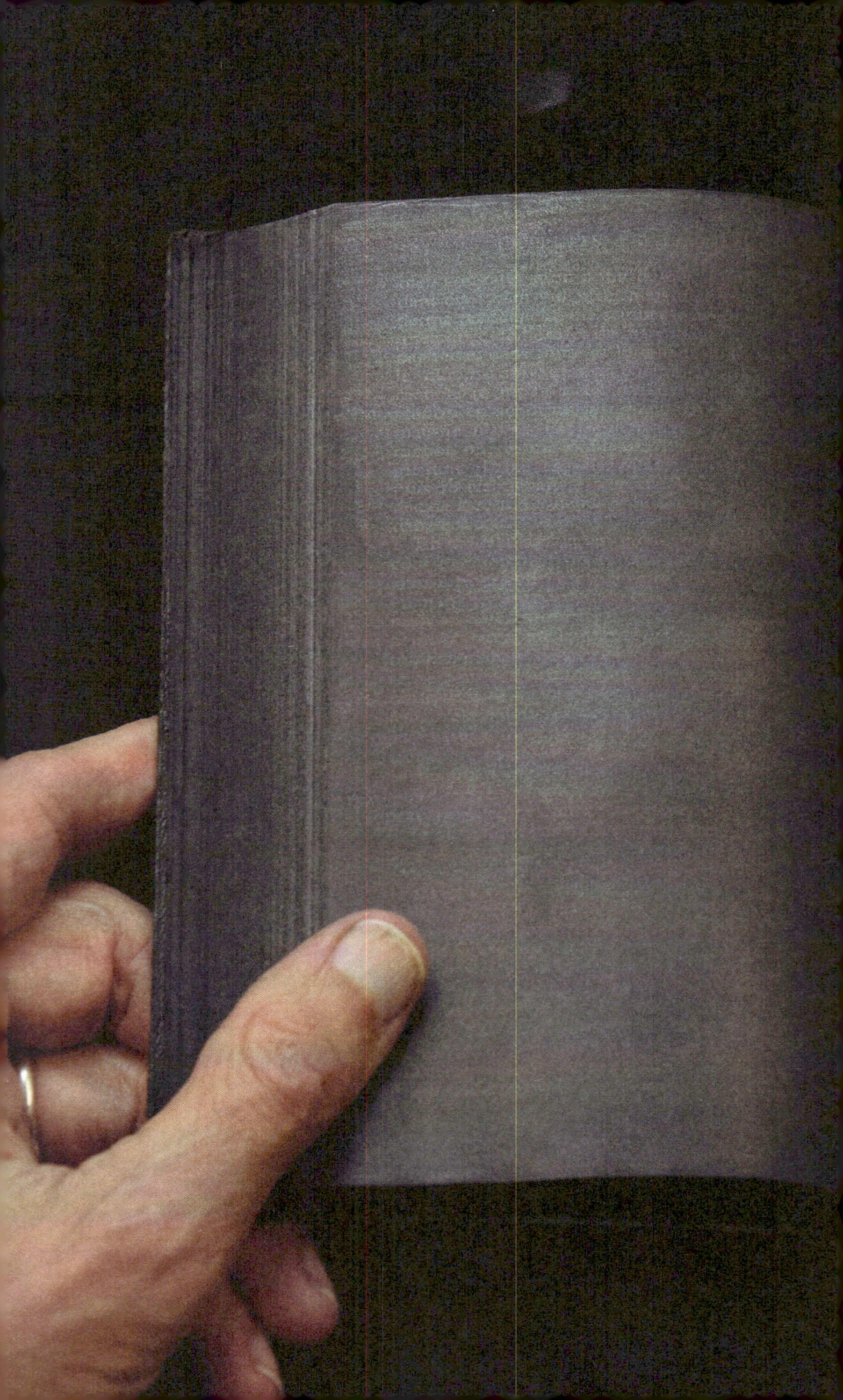

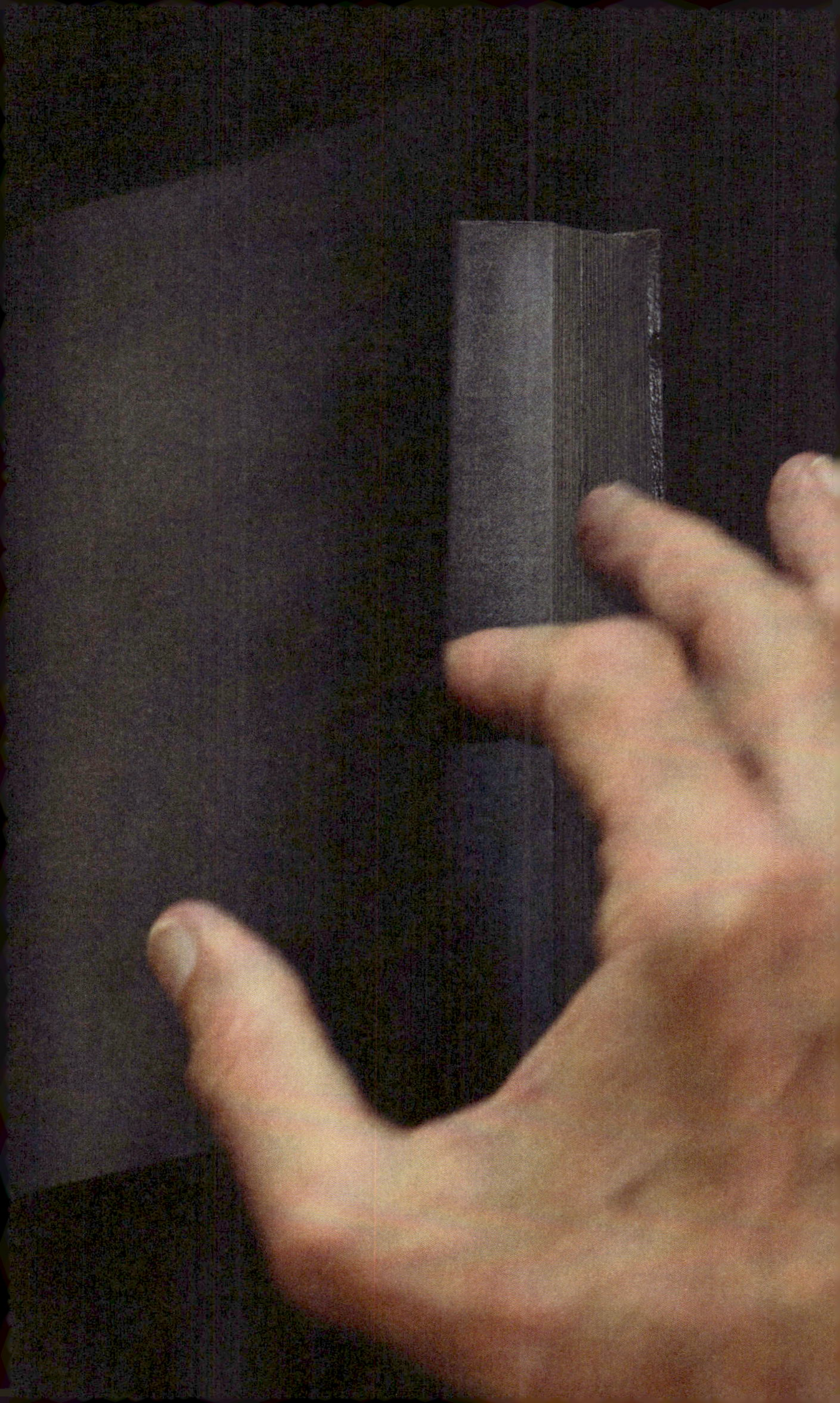

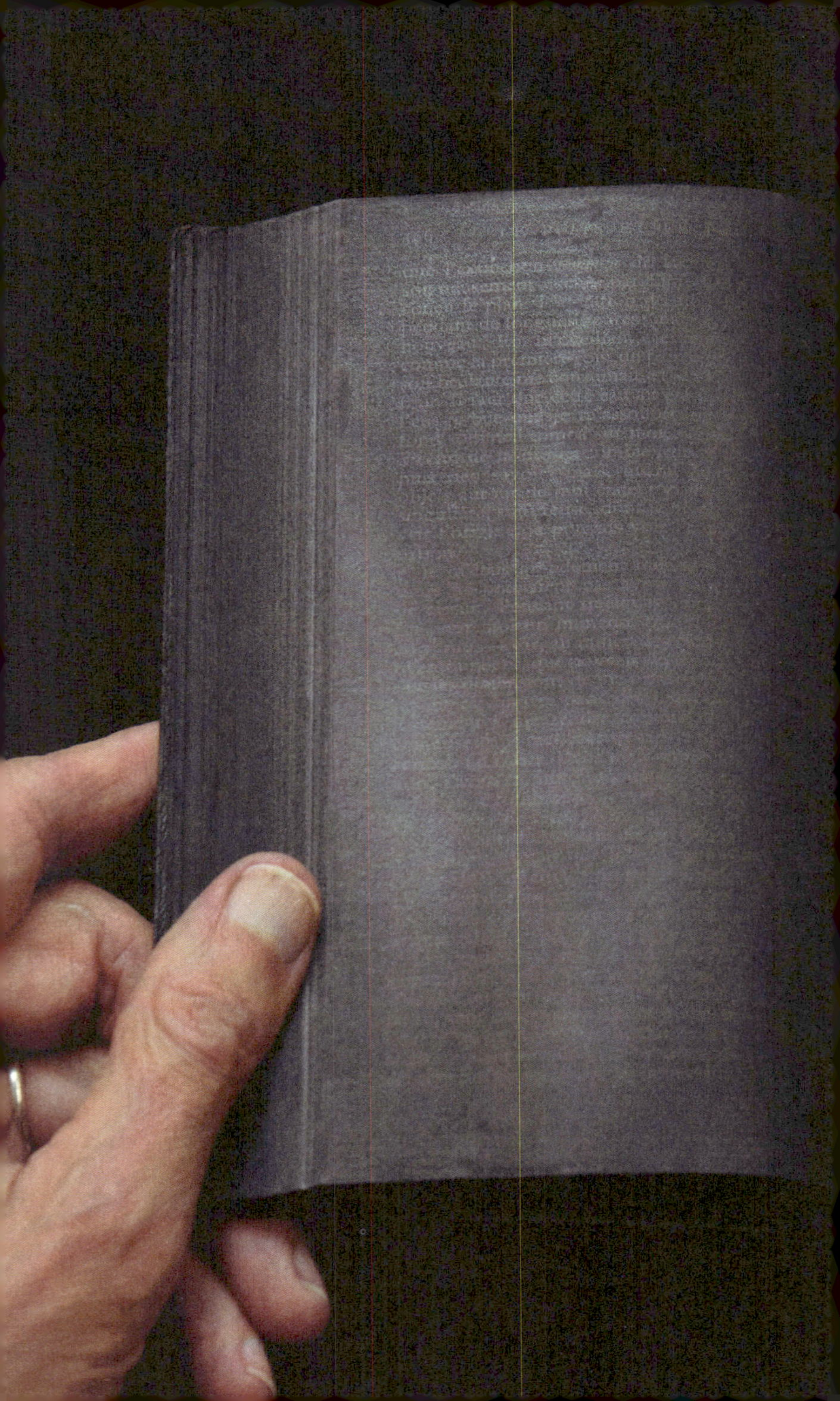

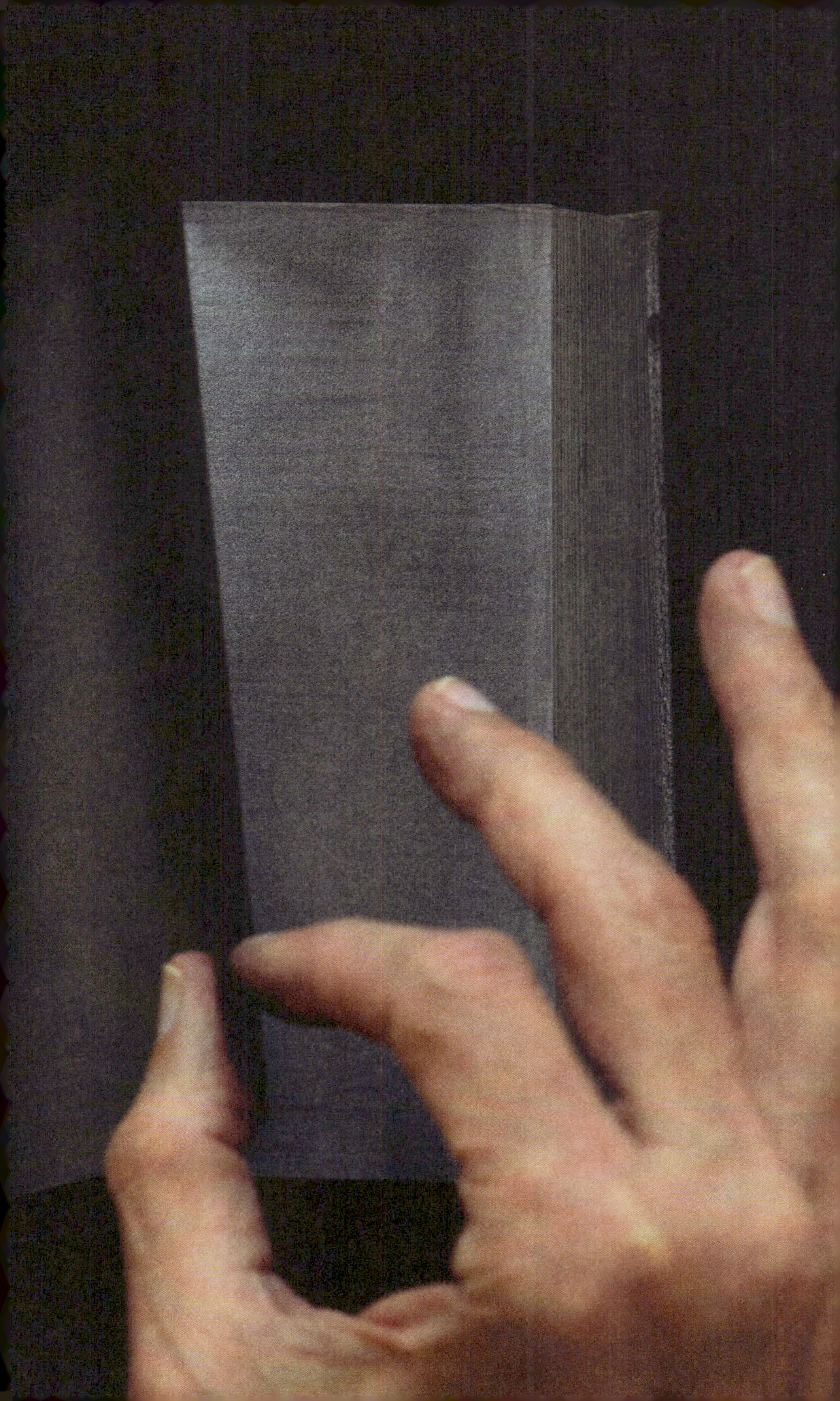

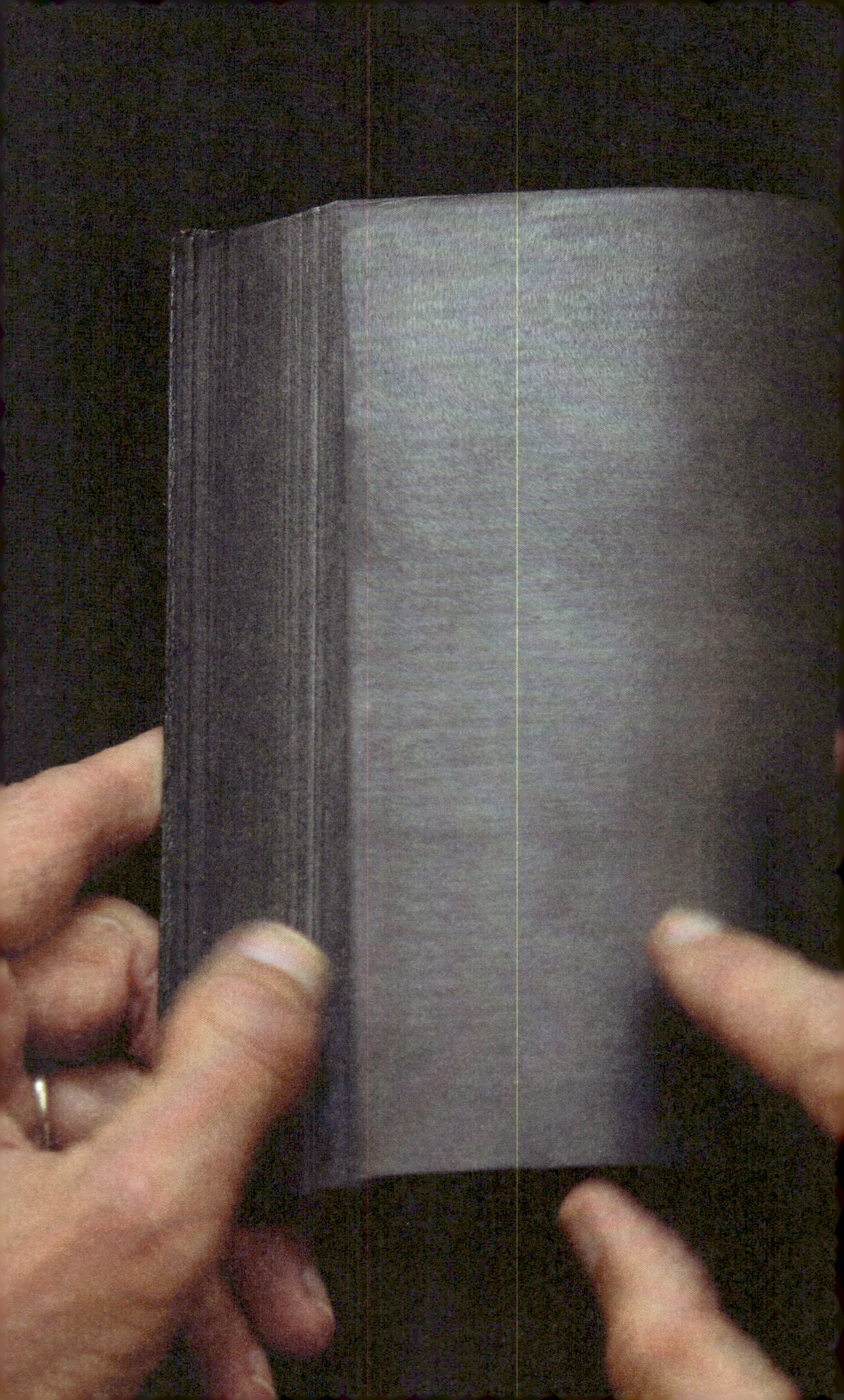

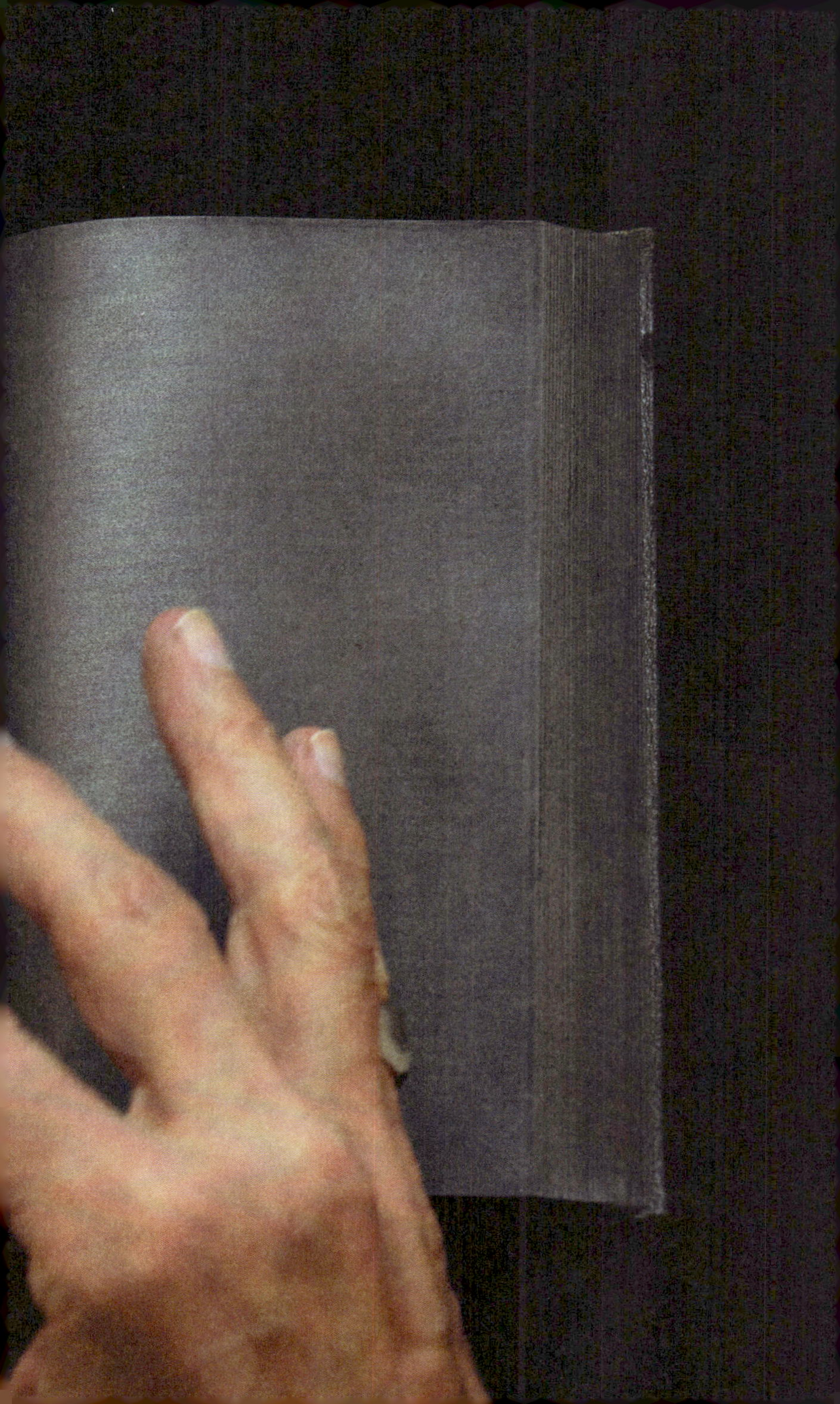

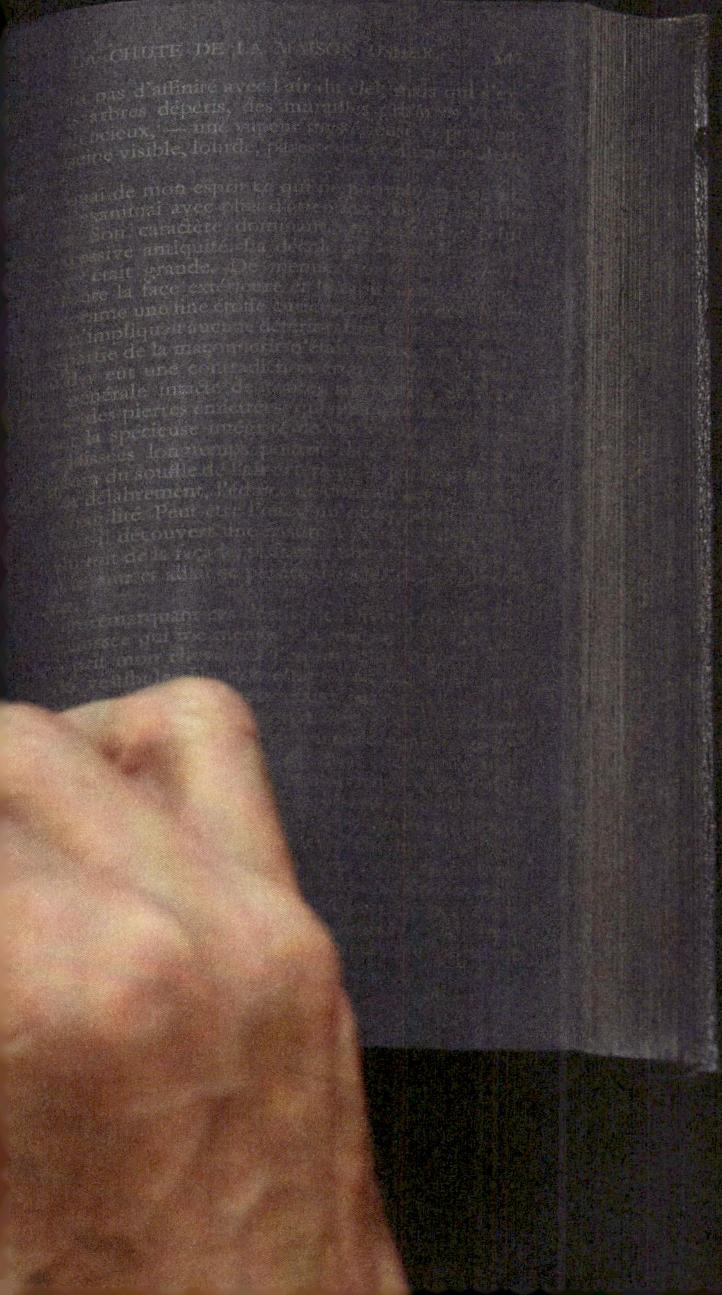
CHUTE DE LA
pas d'affinité avec l'air du ciel
arbres dépéris, des
visible, lourde,
de mon esprit ce qui
son caractère
ssive antiquité. La
était grande. De
la face extérieure
comme une fine étoffe
n'impliquait aucune
de la maçonnerie
eut une contradiction
générale intacte
des pierres
la spécieuse
du souffle
délabrement,
découvert une

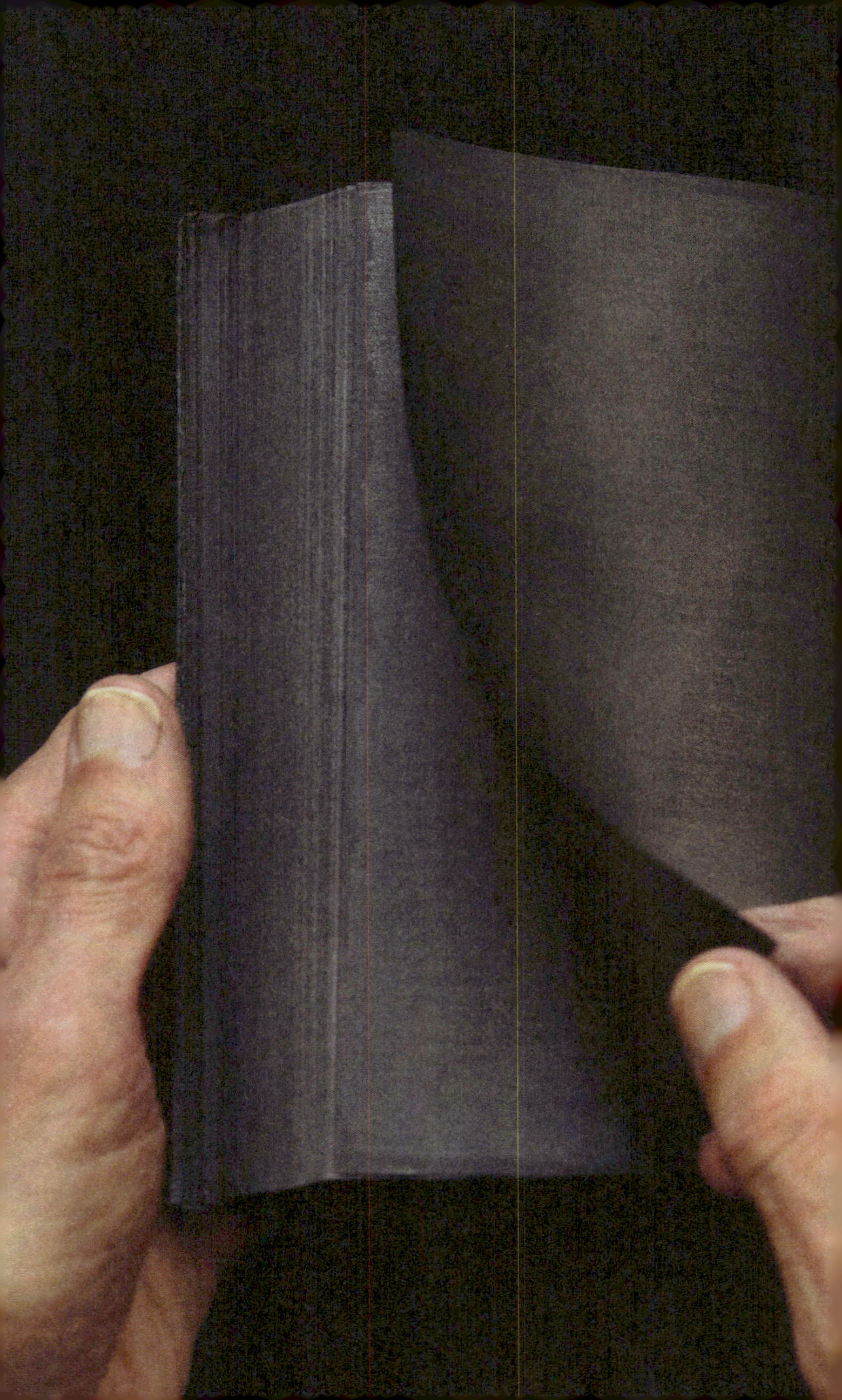

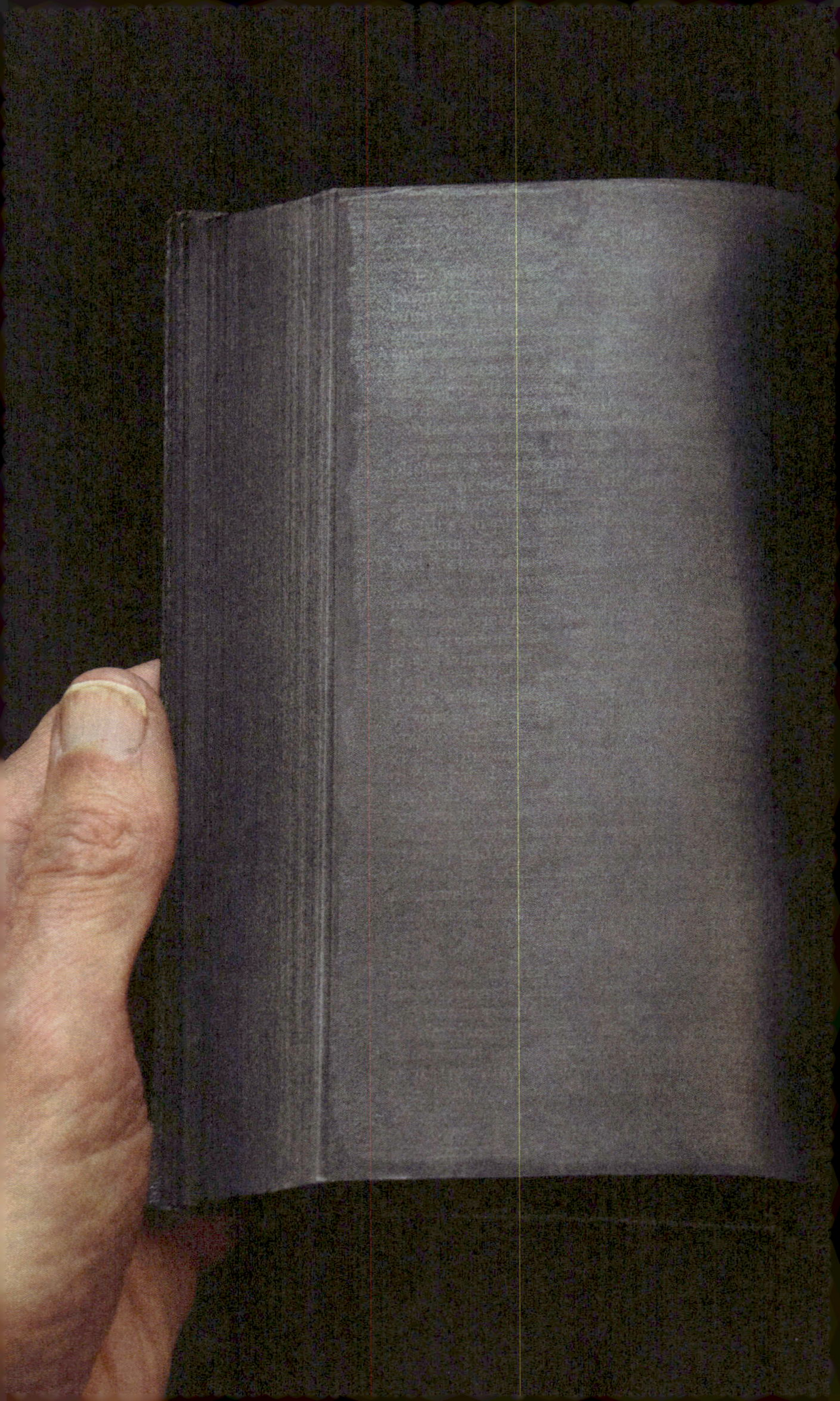

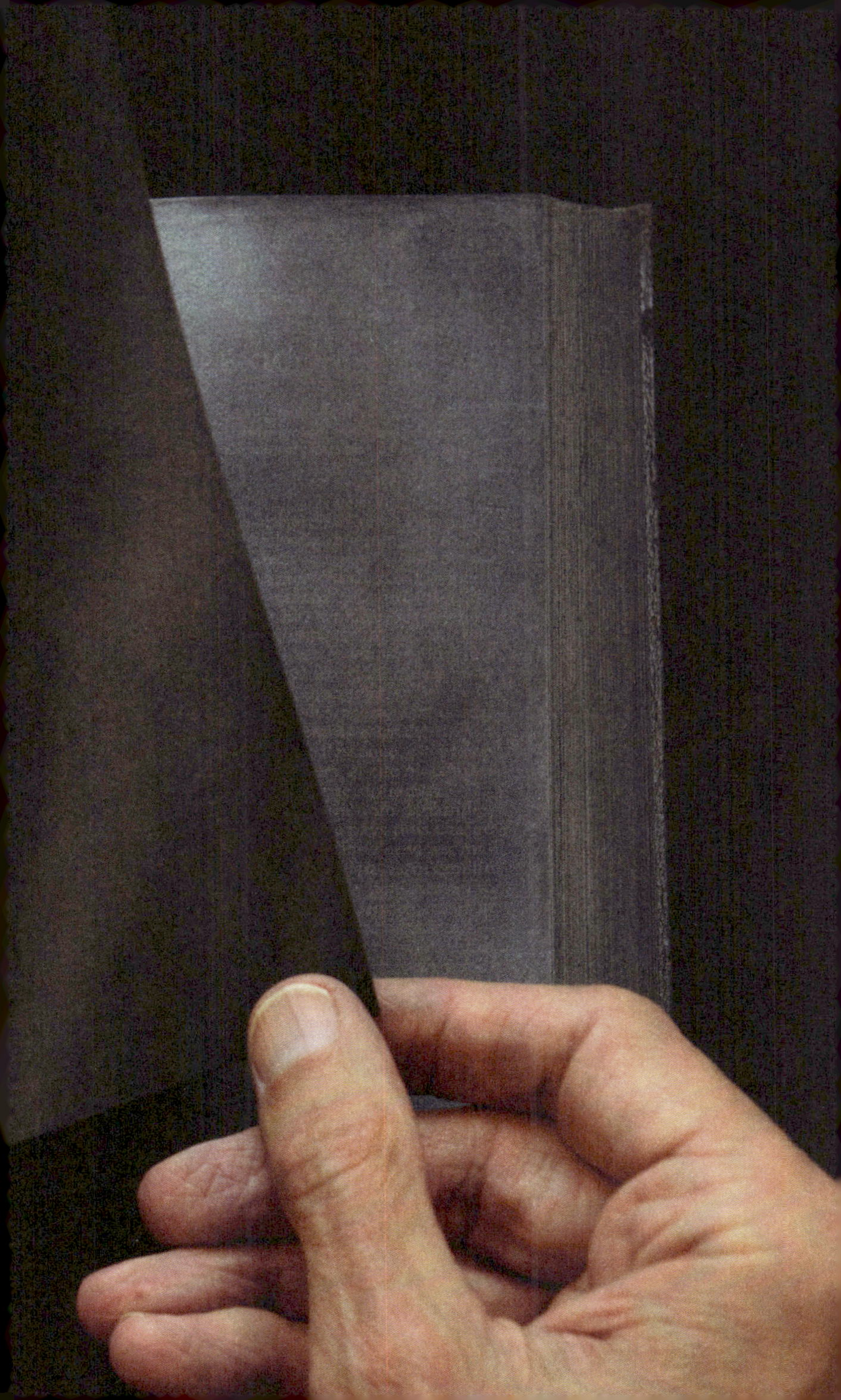

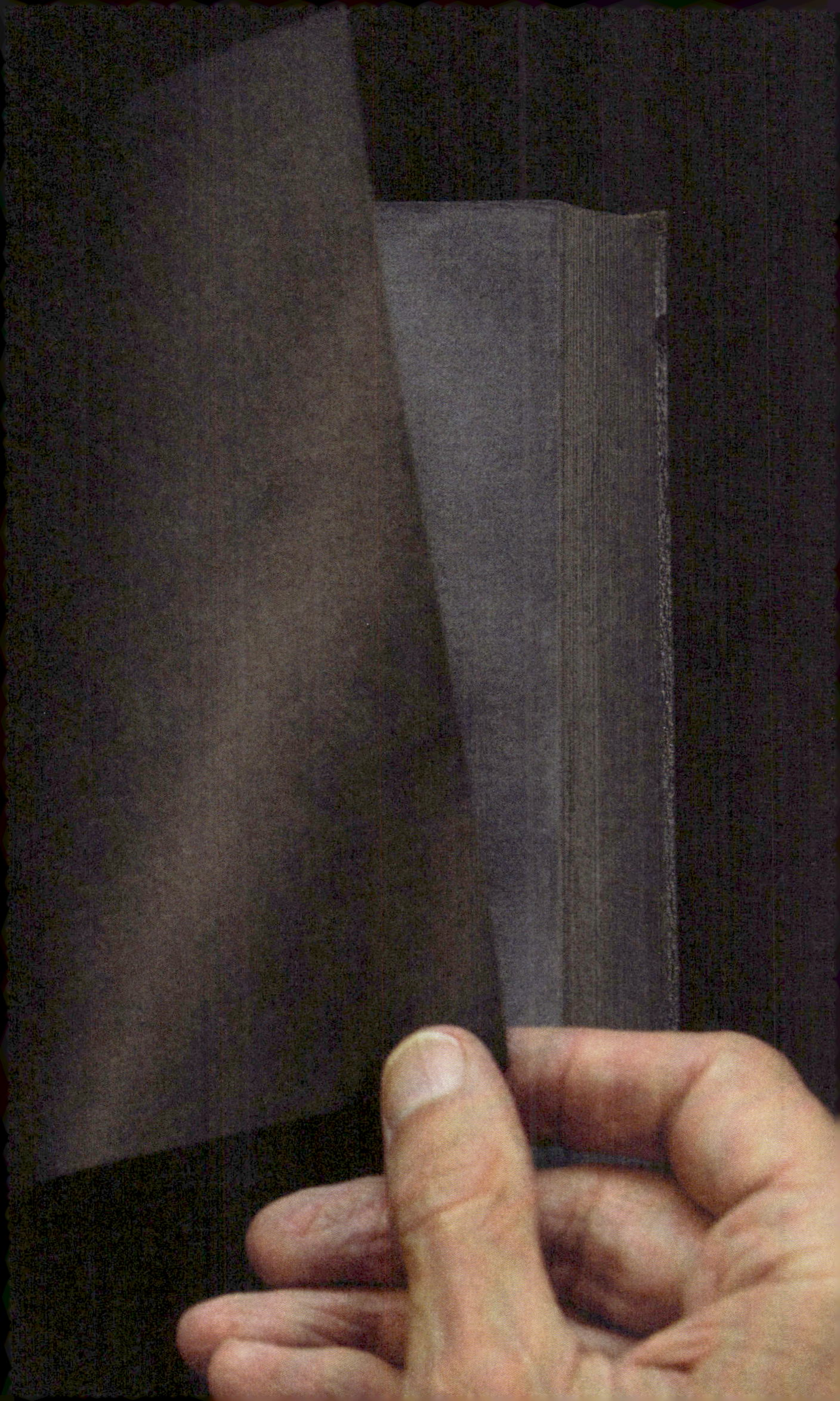

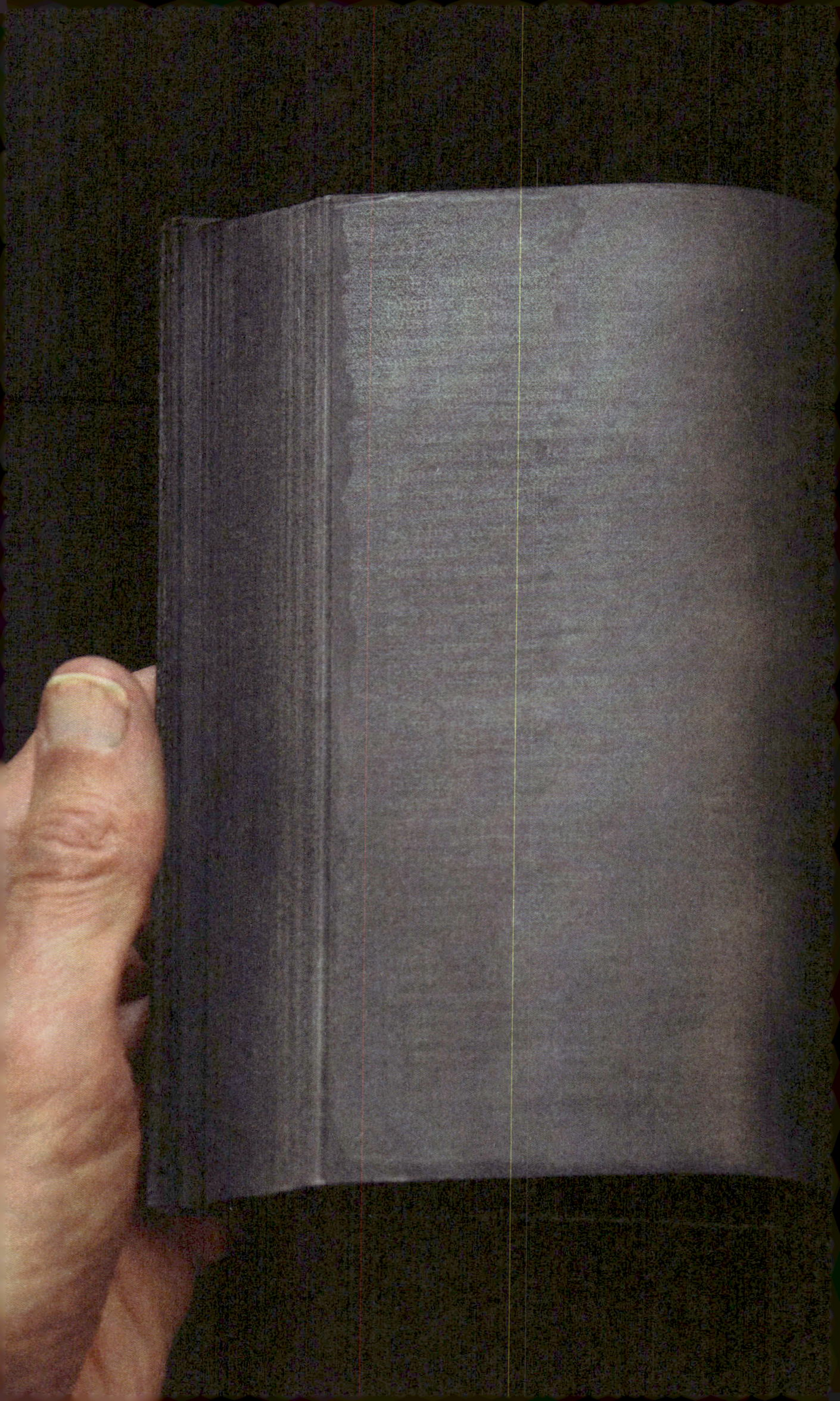

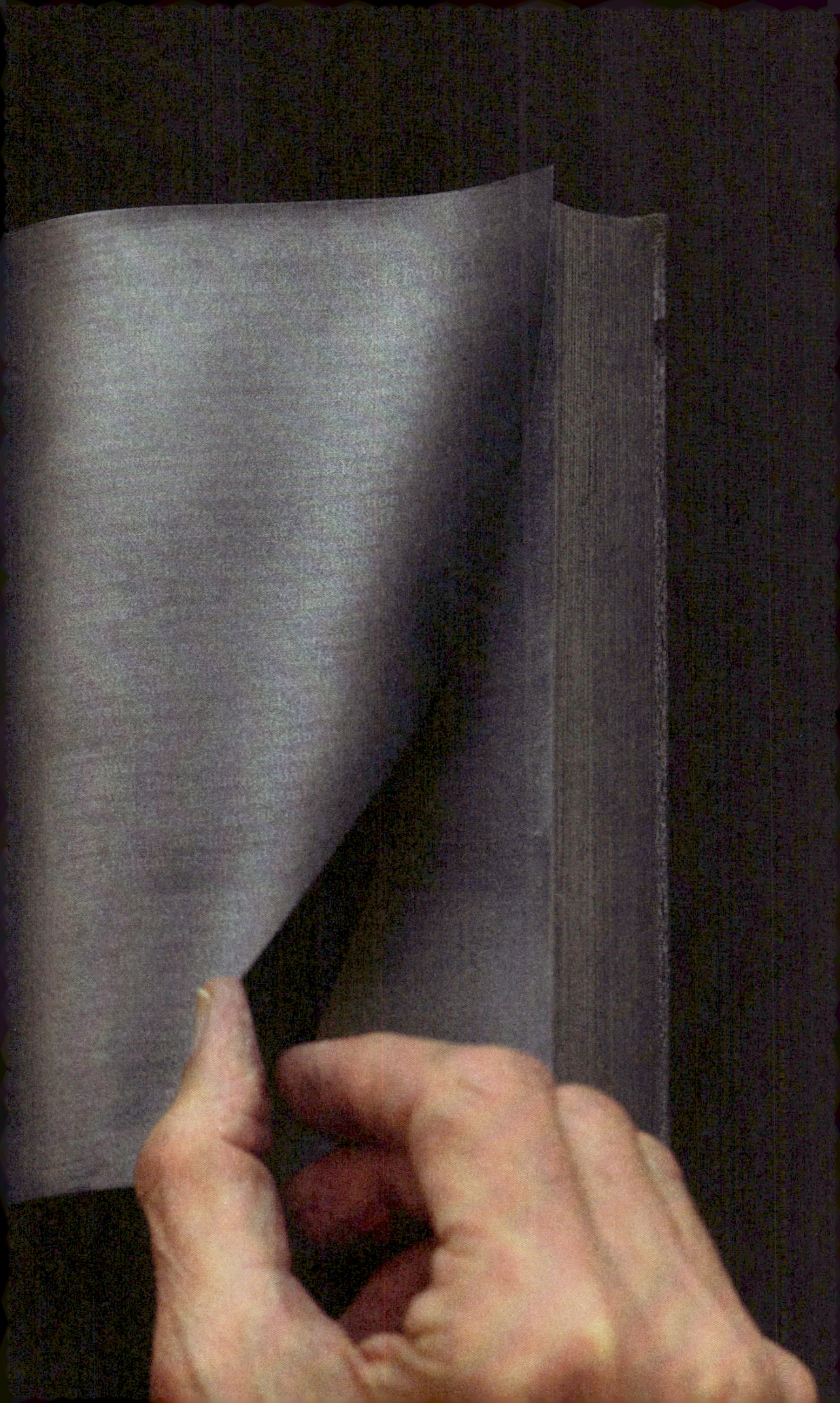

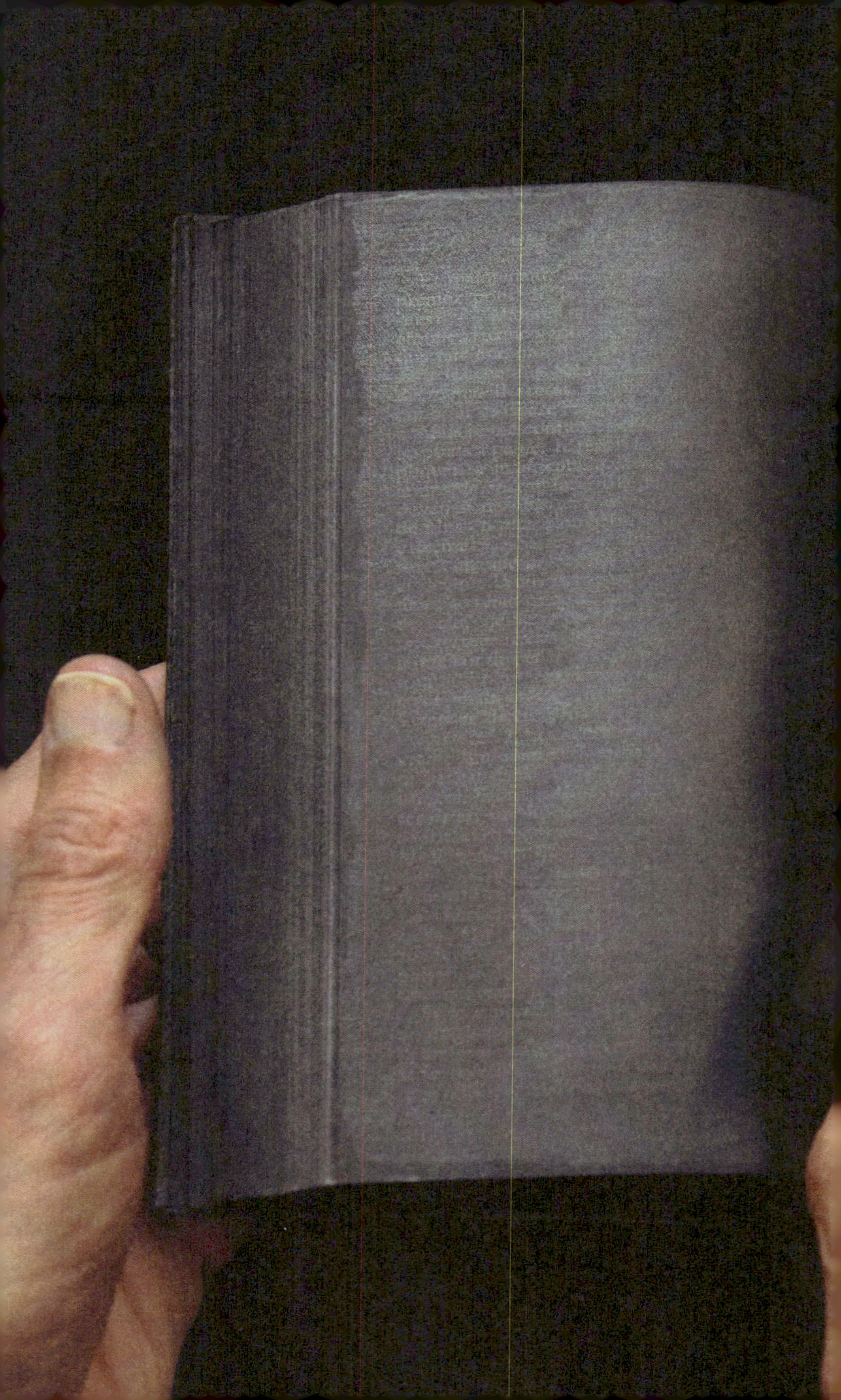

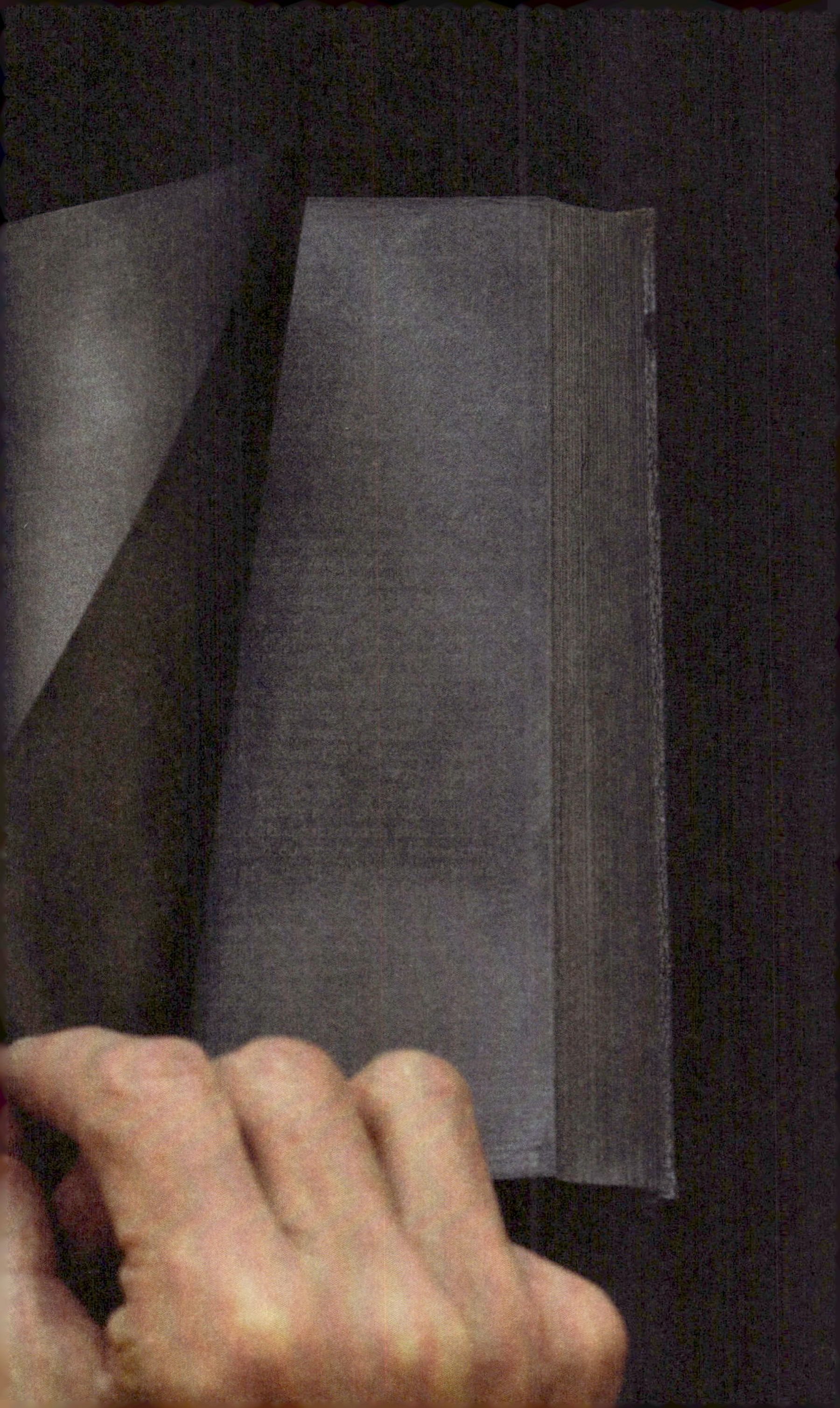

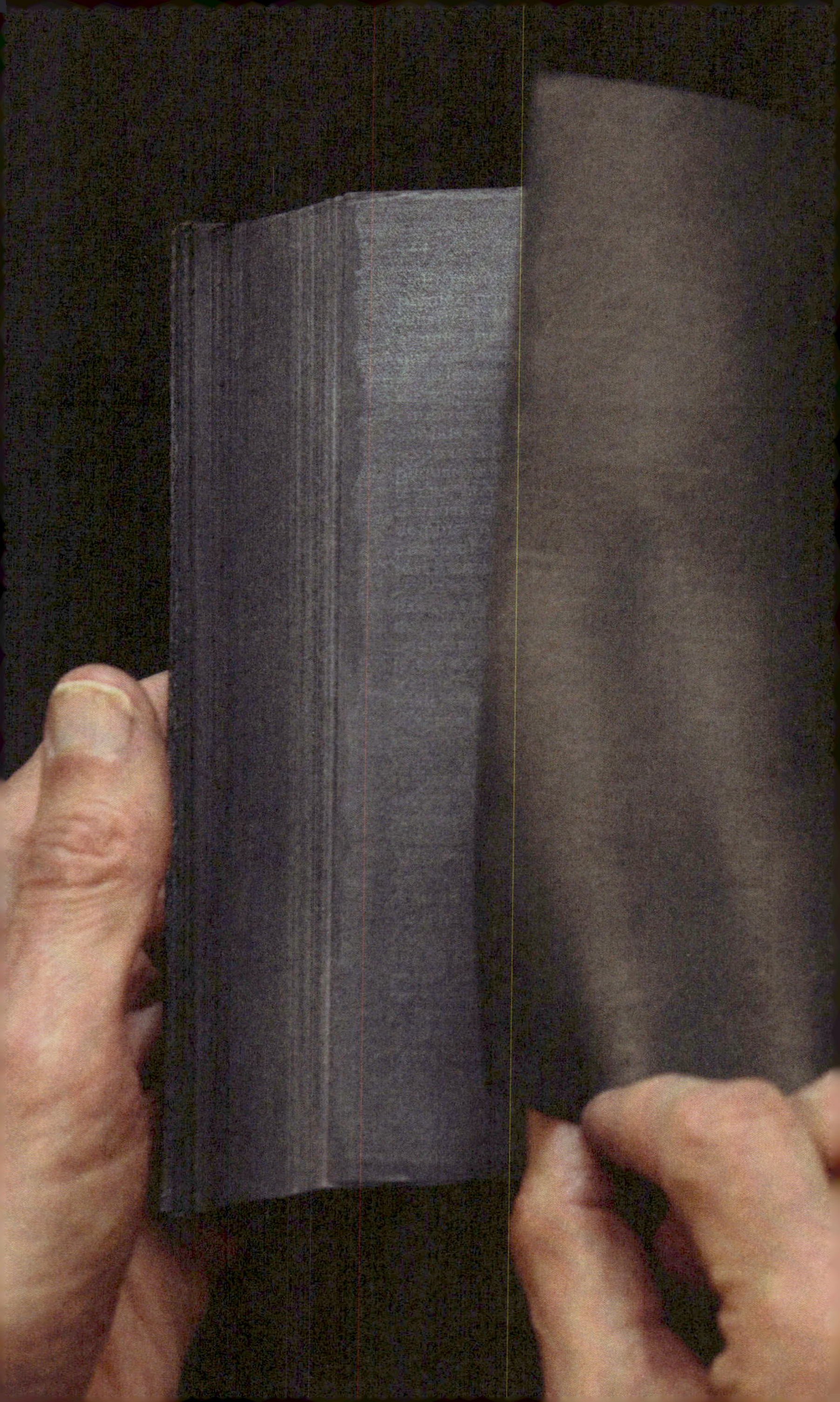

# L'OMBRE SUR LES PAGES

RYOKO SEKIGUCHI

Parlons de la série
« Cover ».

Il s'agit d'utiliser des ouvrages des éditions de la Pléiade comme support.

Chaque page est patiemment noircie, d'abord à l'aide d'un marqueur, puis de graphite.

Le livre, ainsi travaillé, devient comme une masse de pierre noire qu'il est toutefois toujours possible de feuilleter. L'objet livre demeure intact, tout en changeant de nature.

L'artiste explique qu'il a commencé cette série avec *L'Œuvre d'art à l'époque de sa reproductibilité technique*. Comme une réponse au texte de Walter Benjamin, chargeant d'aura le livre qui traite de la reproduction des œuvres.

L'artiste affirme que recouvrir de noir les pages d'un livre n'équivaut pas à le détruire ; cela s'apparente plutôt à un travail de « protection ».

Tout comme notre corps. Ce n'est pas parce que notre corps est caché sous les vêtements qu'il n'existe pas. Il est pour ainsi dire protégé.

Dans les archives, il arrive que l'on « recouvre » les documents de papier neutre afin de les protéger de l'oxydation.

Les documents sont recouverts et dissimulés, mais ils ne sont pas pour autant détériorés, bien au contraire.

La couleur noire se dépose sur les pages comme une couche supplémentaire, mais le texte est toujours là.

Le corps, derrière le rideau,
se repose.

C'est la trace de la «lecture»
de l'artiste.

La noirceur de la couche est unie,
comme une ombre.

Lorsqu'on se trouve dans l'ombre, notre ombre est cachée et ne se voit plus. Mais cela ne signifie pas que nous sommes désormais dépourvus d'ombre.

Les ombres peuvent se superposer lorsque les sources de lumière sont multiples.

Parfois, dans l'expression picturale, une ombre est peinte pour suggérer la présence de quelque chose qui se trouve hors cadre.

L'ombre annonce la présence de personnes, d'arbres que l'on ne voit pas dans le tableau, mais qui doivent exister en dehors de la scène.

Cette couleur noire, sur chaque page,
de quoi est-elle l'ombre?

L'ombre absolue existe-t-elle?

L'ombre sans objet existe-t-elle?

L’ombre de ce qui n’a pas de corps
existe-t-elle ?

La couleur noire sur la page est-elle l’ombre
de l’« acte de lecture » ?

Dans un tableau de Canaletto qui représente la place Saint-Marc, on remarque une chose. La cathédrale se trouve au fond, et l’ombre des bâtiments sur le flanc droit s’étend sur un bon tiers de la place ; ce doit être le milieu de l’après-midi. Des promeneurs déambulent, certains sous le soleil, d’autres dans l’ombre. Et, alors que nous ne devrions pas les voir, les ombres des passants dans l’ombre portent sur l’ombre du bâtiment.

Ce peintre qui a tant observé les paysages vénitiens n’a pas commis d’erreur. Si les ombres humaines se surimposent visiblement à celle du bâtiment, il ne peut s’agir que d’une expression intentionnelle de la part de Canaletto.

Pour montrer que l’ombre ne disparaît jamais ?

Comme le texte de « Cover »,
sous une couche d’ombre noire ?

Ou pour montrer qu’il y a deux sources de lumière :
le soleil et le regard du peintre ?

Le livre « recouvert », pour reprendre l’expression de l’artiste, gagne en présence par cette matière noire.

Quel est le poids d’une ombre ?

Le livre noirci par le marqueur et le graphite ne se retrouve pas pour autant « gonflé ». Une grande partie du liquide contenu dans l’encre doit s’évaporer. Reste le solide, le pigment.

Le livre ainsi revêtu
de son ombre pèserait-il plus lourd?

Dans le travail de Jean-Christophe Norman, les «ingrédients» majeurs qui constituent une pièce sont les lettres et les textes. Le corps qui les «lit». Et l'outil qui rend ce mouvement visible.

Ces trois ingrédients peuvent être chaque fois tramés différemment, et constituent ainsi un tissu fait de trois composantes qui est une pièce d'art.

Dans le *Fleuve sans rives*, l'artiste défait les feuilles du livre et peint sur chaque page un paysage.

L'unité du paysage est l'unité de la page. On peut regarder chaque feuille comme un paysage distinct, mais l'œuvre atteint sa forme finale lorsque des paysages sont peints sur toutes les pages et qu'elles sont présentées ensemble sur un grand mur. Alors seulement, les paysages indépendants sur les pages deviennent les parties d'une grande unité.

L'artiste peint en préservant l'indépendance de chaque unité, mais en gardant toujours en tête l'image du «tableau» fini: des centaines de pages accrochées côte à côte. Ce travail s'apparente véritablement à l'acte d'écrire car, en cours d'écriture, les écrivains n'ont devant eux que la vue d'une seule page, alors qu'ils doivent toujours penser au plan et à l'image du livre fini.

Ce plan d'ensemble qui se modifie parfois, qui se concrétise, au fur et à mesure de l'écriture.

Comme si le support – les pages du livre sur lequel il peint – l'avait contaminé, l'artiste se met à «écrire» ses tableaux. Paradoxalement, ce n'est pas dans les séries où il utilise le stylo bille ou le graphite, ordinairement utilisés comme instruments d'écriture et servant, dans son cas, à créer des espaces picturaux unis, mais lorsqu'il se met à «peindre le paysage» qu'advient ce travail de quasi-écriture.

L'idée de déplier.

On dit que, si l'on venait à déplier nos intestins, ils occuperaient un vaste espace de 200 $m^2$. Ils sont ordinairement enroulés et rabattus de mille manières pour tenir dans notre corps. On a peine à imaginer la superficie d'un livre de 1 400 pages qui, une fois déplié, peut occuper un grand mur d'environ huit mètres sur cinq.

Comme l'idée d'un écrivain, qui, ne pouvant écrire plus d'une phrase à la fois, arrive parfois à achever une épopée.

L'écriture a une dimension extrêmement souple et le travail de l'artiste rend cette nature concrète.

Les supports de l'artiste
ne sont presque jamais neutres.

Car il peint aussi bien sur les journaux que sur les livres. Ou bien, lorsque les lettres ne sont pas déjà gravées sur le support, c'est lui qui vient les y imprimer. Il en va ainsi de son projet «Ulysses, a long way», dans lequel il transcrit *Ulysse* de James Joyce le long des rues de différentes villes à travers le monde. Parfois, ce sont les livres eux-mêmes qui sont utilisés comme «encre», comme lors de la performance «Brouhaha» au cours de laquelle l'artiste marche dans la ville en frottant *Ulysse* contre les murs, jusqu'à ce que l'objet, d'usure, soit réduit en poussière, laissant sur les murs une trace quasi invisible: l'ombre du livre portée sur la ville.

Ses ombres
se font matière.

Ce sont des matières à penser.

L'idée
de «transfert».

Utilisant les «ingrédients» que sont les pages, les lettres et le corps du lecteur, l'artiste accomplit un travail de transfert. Le temps de la lecture est transféré à celui du recouvrement des pages, ou de la transcription du livre dans les rues, de l'effort physique de l'écriture (que souvent l'on n'imagine pas), transférés dans l'acte de recouvrir les pages, la pensée de l'ensemble du livre lors de l'écriture transférée dans ces micro-paysages qui constituent un seul paysage.

Ainsi l'artiste croise plusieurs actes qui constituent le livre, de la naissance d'une idée jusqu'à l'achèvement d'un objet, voire jusqu'à la lecture réalisée par une personne.

La question du transfert s'impose non seulement entre l'acte de lecture, d'écriture, et de peinture, entre les différentes séries de son travail, mais aussi entre le corps de l'artiste et celui du spectateur.

Dans la série «Cover», le noir qui recouvre les journaux semble ne rien laisser apparaître. Or ce n'est pas un effacement. Car, en fonction de l'angle selon lequel on les observe, les reflets font surgir les contours des lettres, parfois plus sombres et, par endroits, comme blanchis. Comme l'ombre des lettres elles-mêmes. Comme si leur ombre seule demeurait. Sachant qu'il existe des lettres sous cette couche, nous essayons d'observer l'œuvre à des distances variées, selon différents angles.

Cette série nous impose,
à nous aussi, un certain effort physique.

De même, nous pouvons être absorbés par ces pages à couches multiples et oublier le temps qui passe.

Pourtant, ce n'est pas que nous n'ayons pas vu le temps passer : c'est le temps qu'il a fallu à l'artiste pour réaliser cette pièce qui, en retour, nous impose de passer un certain temps devant elle.

Il est des œuvres que les artistes ont mis du temps à réaliser que l'on peut contempler en quelques secondes.

Le temps de la création ne correspond pas forcément à celui du regard.

Mais les œuvres de Jean-Christophe Norman en imposent. Les mouvements du corps, le temps nous placent comme face à un miroir ; elles nous imposent de procéder pareillement, bien qu'à moindre échelle. Nous ne pouvons pas rester indifférents face aux questions qu'elles nous posent.

Ce n'est pas pour autant l'artiste avec son grand ego qui s'exprime. Car ces supports, jamais neutres, sont aussi la trace d'autres personnes, d'autres voix.

Ces lettres, ces textes viennent d'ailleurs, portent des voix autres que celle de l'artiste.

Les couleurs qui recouvrent les pages sont là, parfois, comme une voix qui lit le texte. Une voix qui lit le texte écrit par quelqu'un d'autre, en dialogue intérieur, mais encore reconnaissable. Par la lecture à voix haute, le texte change parfois de nature, devient plus éphémère. Il ne disparaît pas pour autant.

Tout ce que signifie la présence de l'objet livre est recomposé dans ces pièces, chaque fois dans une configuration différente.

Comme un diagramme
dessiné par différents actes de transfert.

Pour nous montrer
ce que l'art est capable de faire avec un livre.

Comme l'une des meilleures manières de relier le domaine où réside l'art, la présence du livre dans ce monde, à nous. En tout cas l'une des plus belles.

Elle demeure infinie,
tant que l'artiste poursuivra son travail.

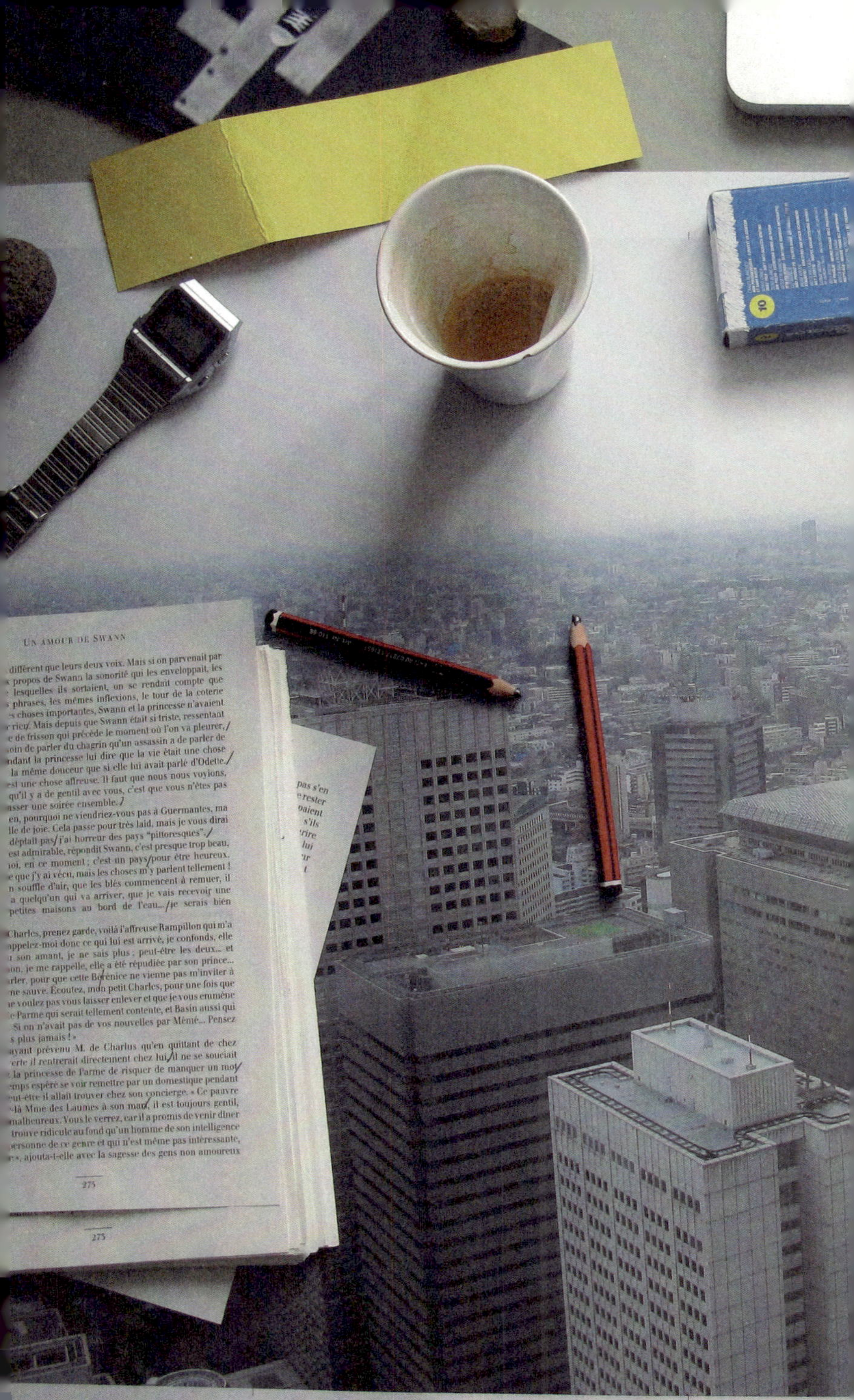
UN AMOUR DE SWANN
différent que leurs deux voix. Mais si on parvenait par
propos de Swann la sonorité qui les enveloppait, les
lesquelles ils sortaient, on se rendait compte que
phrases, les mêmes inflexions, le tour de la coterie
choses importantes, Swann et la princesse n'avaient
rien. Mais depuis que Swann était si triste, ressentant
de frisson qui précède le moment où l'on va pleurer,
oin de parler du chagrin qu'un assassin a de parler de
ndant la princesse lui dire que la vie était une chose
la même douceur que si elle lui avait parlé d'Odette.
est une chose affreuse. Il faut que nous nous voyions,
qu'il y a de gentil avec vous, c'est que vous n'êtes pas
asser une soirée ensemble.
en, pourquoi ne viendriez-vous pas à Guermantes, ma
lle de joie. Cela passe pour très laid, mais je vous dirai
déplait pas, j'ai horreur des pays "pittoresques".
est admirable, répondit Swann, c'est presque trop beau,
ioi, en ce moment ; c'est un pays pour être heureux.
e que j'y ai vécu, mais les choses m'y parlent tellement !
n souffle d'air, que les blés commencent à remuer, il
a quelqu'un qui va arriver, que je vais recevoir une
petites maisons au bord de l'eau... je serais bien
Charles, prenez garde, voilà l'affreuse Rampillon qui m'a
appelez-moi donc ce qui lui est arrivé, je confonds, elle
son amant, je ne sais plus ; peut-être les deux... et
on, je me rappelle, elle a été répudiée par son prince...
rler, pour que cette Bérénice ne vienne pas m'inviter à
ne sauve. Écoutez, mon petit Charles, pour une fois que
e voulez pas vous laisser enlever et que je vous emmène
e Parme qui serait tellement contente, et Basin aussi qui
Si on n'avait pas de vos nouvelles par Mémé... Pensez
s plus jamais ! »
ayant prévenu M. de Charlus qu'en quittant de chez
erte il rentrerait directement chez lui, il ne se souciait
la princesse de Parme de risquer de manquer un mot
emps espéré se voir remettre par un domestique pendant
eut-être il allait trouver chez son concierge. « Ce pauvre
-là Mme des Laumes à son mari, il est toujours gentil,
malheureux. Vous le verrez, car il a promis de venir dîner
trouve ridicule au fond qu'un homme de son intelligence
ersonne de ce genre et qui n'est même pas intéressante,
», ajouta-t-elle avec la sagesse des gens non amoureux
275
275

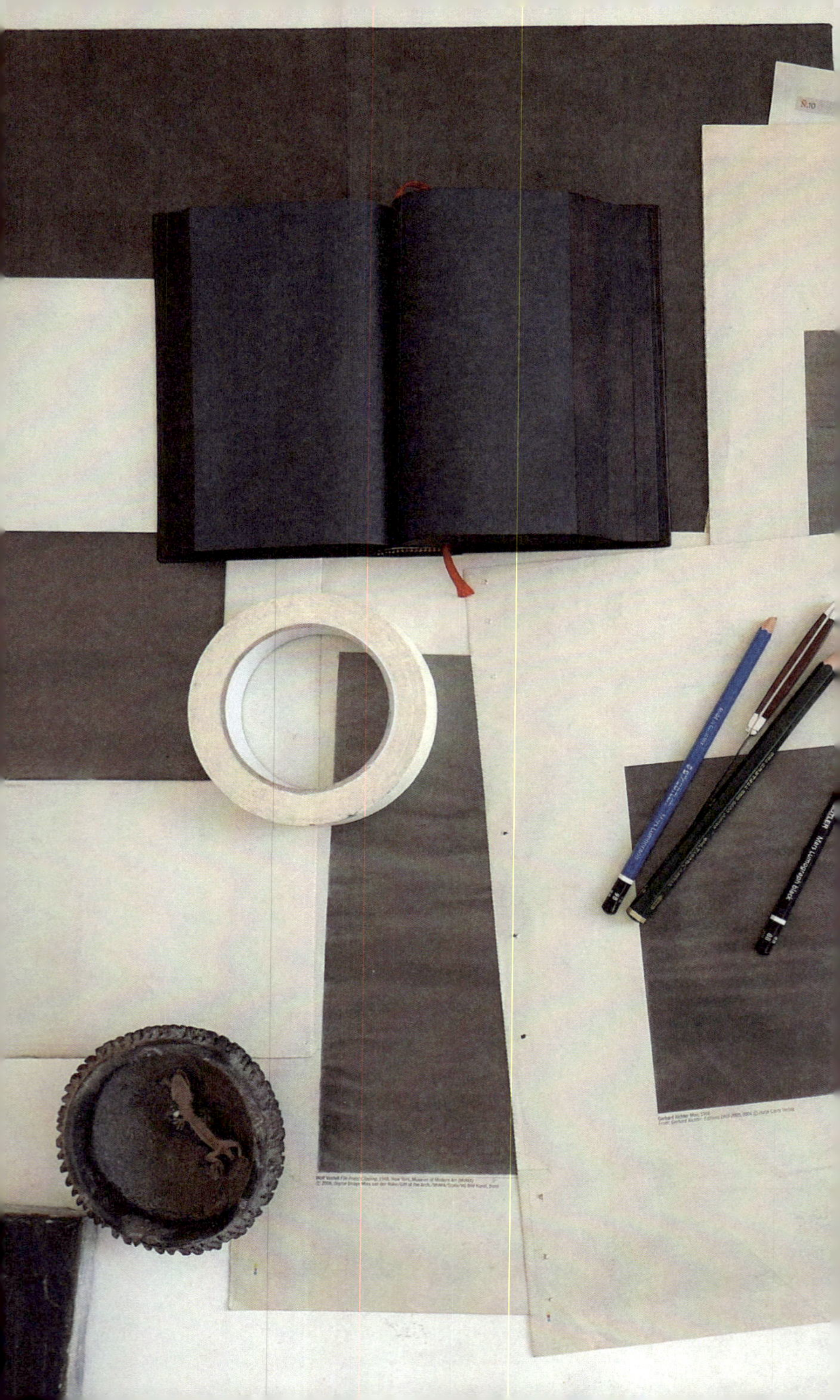

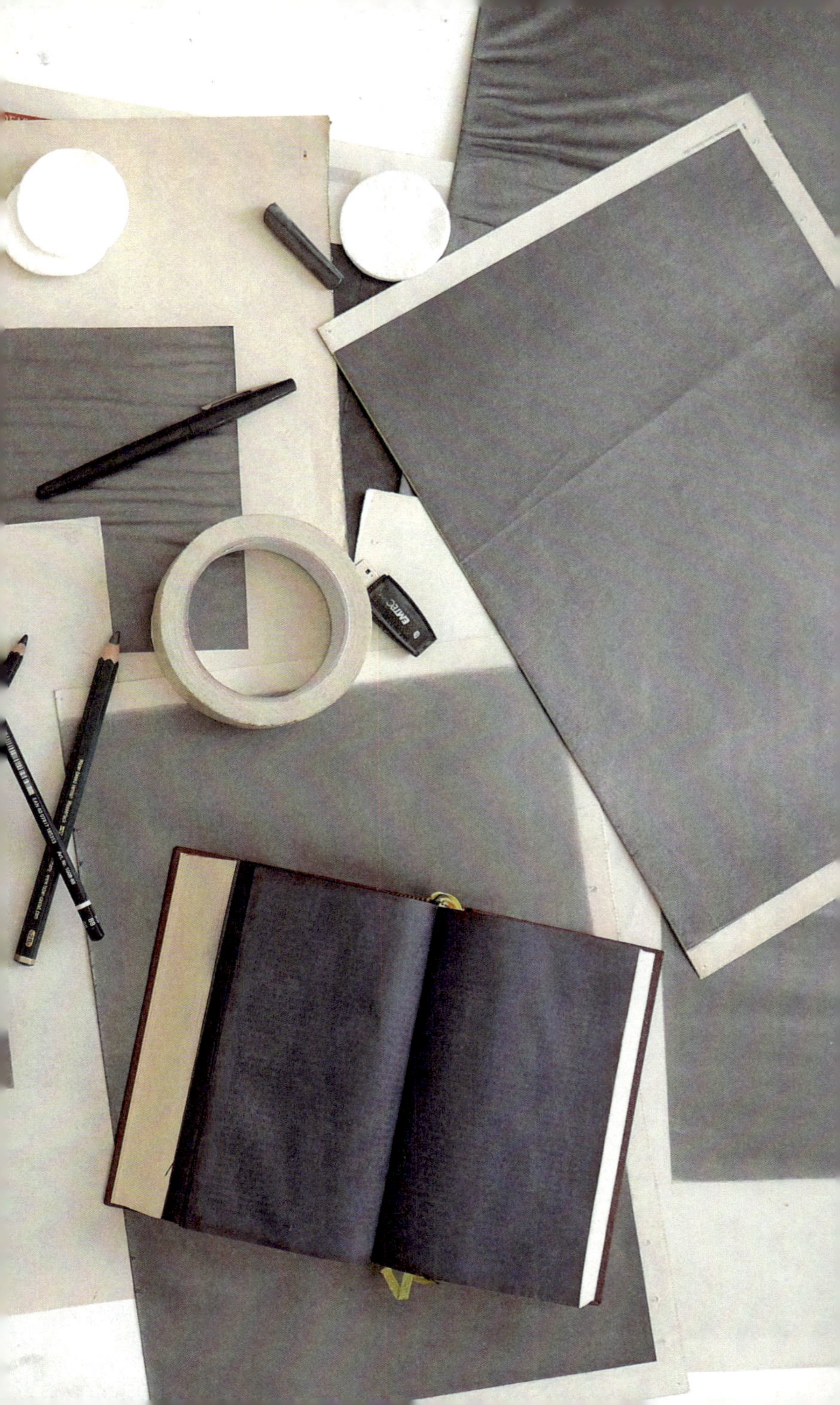
EMTEC

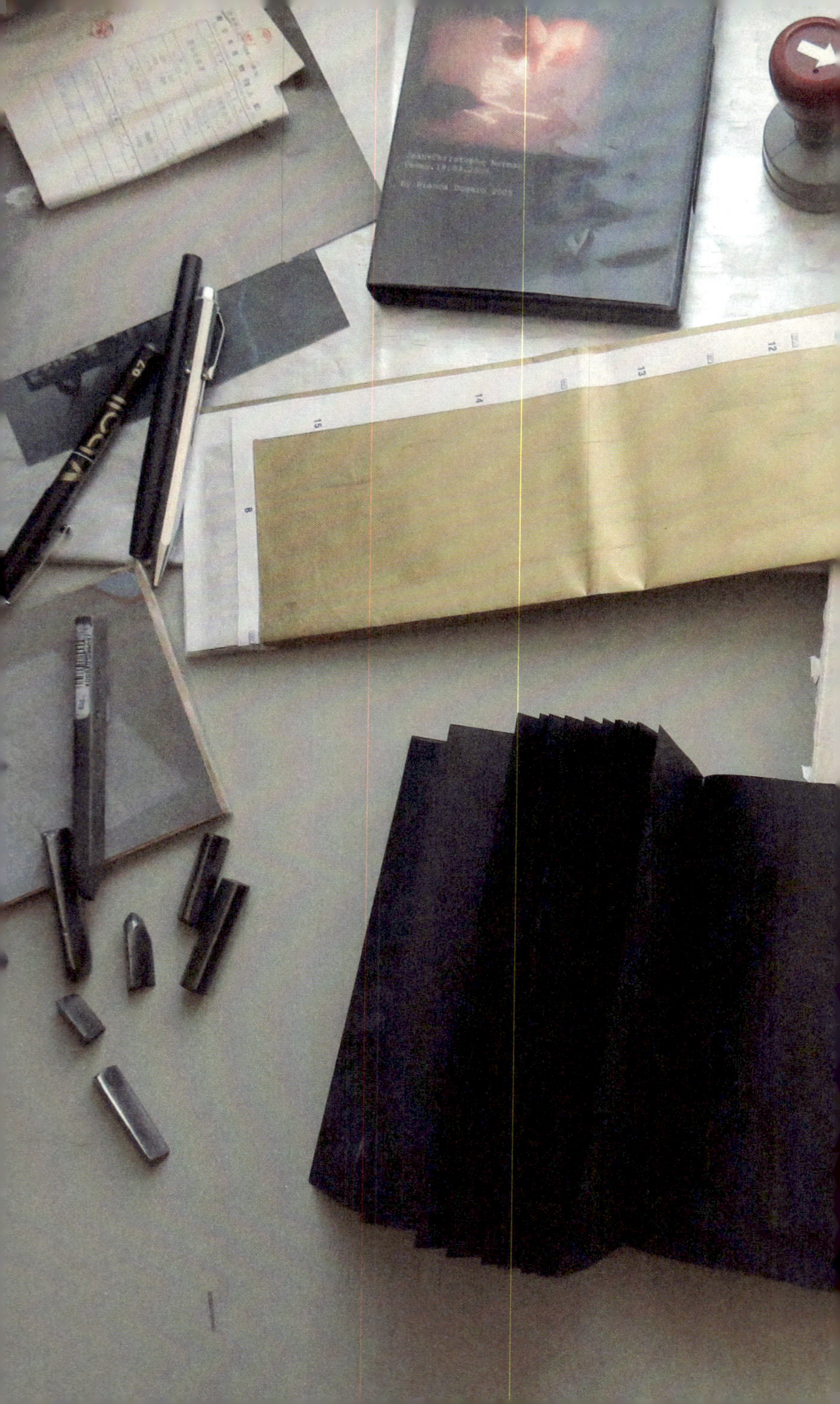

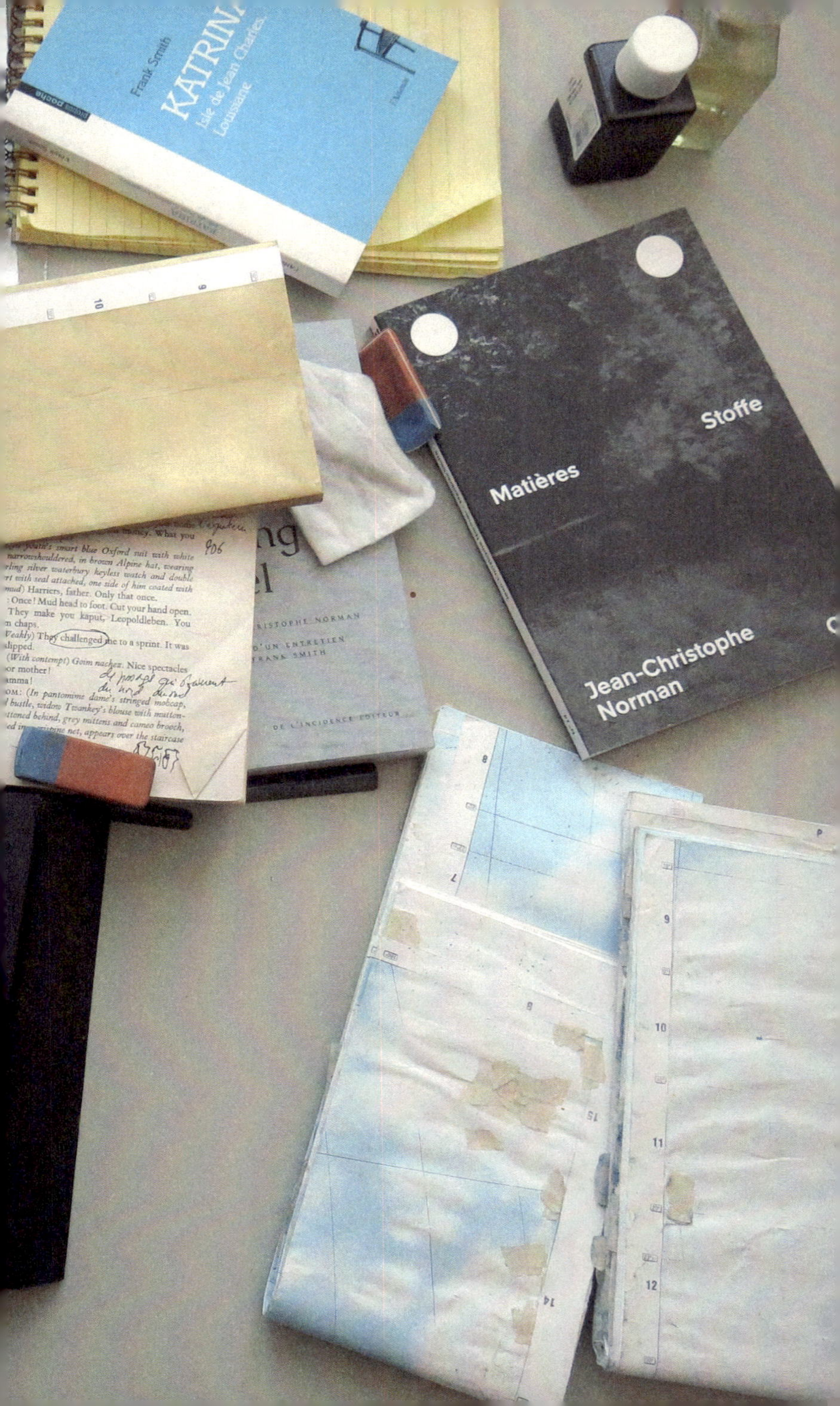
Frank Smith
KATRINA
Isle de Jean Charles, Louisiane
Matières
Stoffe
Jean-Christophe Norman
DE L'INCIDENCE EDITEUR

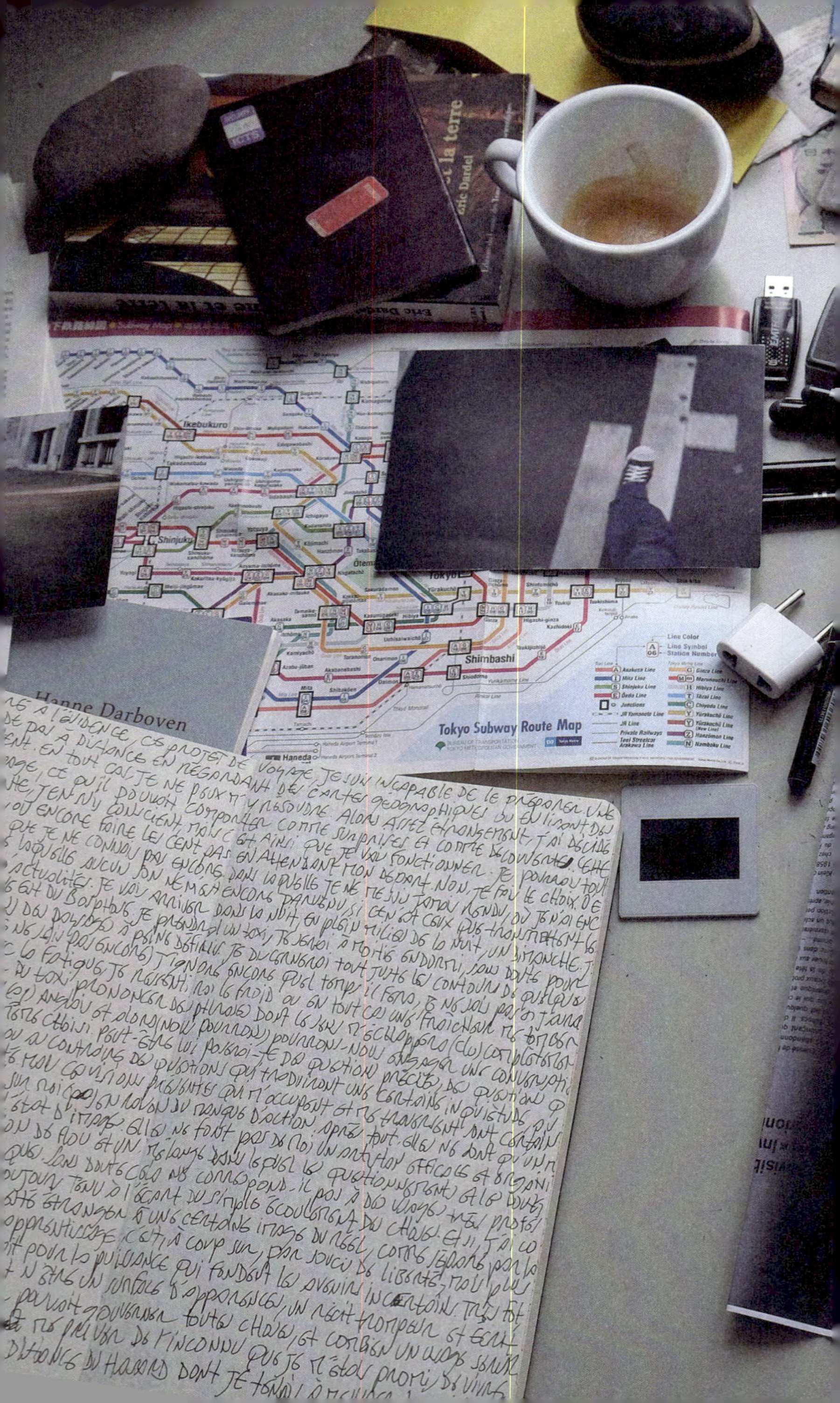
la terre
Ikebukuro
Shinjuku
Shimbashi
Haneda
Tokyo Subway Route Map
Hanne Darboven

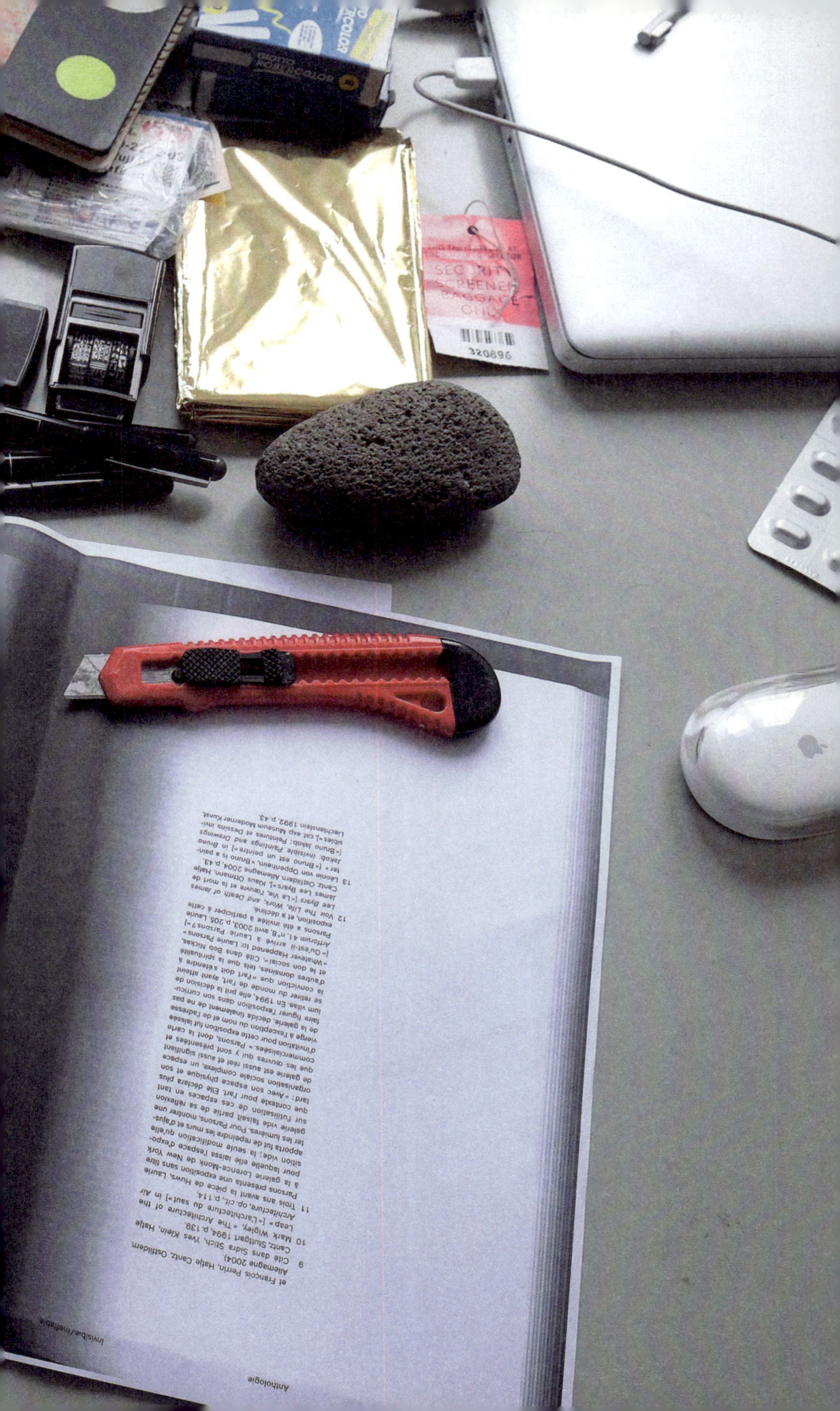
Anthologie
Invisibæ/Ineffable
et François Perrin, Hatje Cantz, Ostfildern Allemagne 2004).
9 Cité dans Sidra Stich, Yves Klein, Hatje Cantz, Stuttgart 1994, p. 139.
10 Mark Wigley, « The Architecture of the Leap » [« L'architecture du saut »] in Air Architecture, op. cit., p. 114.
11 Trois ans avant la pièce de Huws, Laurie Parsons présenta une exposition sans titre à la galerie Lorence-Monk de New York pour laquelle elle laissa l'espace d'exposition vide ; la seule modification qu'elle apporta fut de repeindre les murs et d'ajuster les lumières. Pour Parsons, montrer une galerie vide faisait partie de sa réflexion sur l'utilisation de ces espaces en tant que contexte pour l'art. Elle déclara plus tard : « Avec son espace physique et son organisation sociale complexe, un espace de galerie est aussi réel et aussi signifiant que les œuvres qui y sont présentées et commercialisées. » Parsons, dont la carte d'invitation pour cette exposition fut laissée vierge à l'exception du nom et de l'adresse de la galerie, décida finalement de ne pas faire figurer l'exposition dans son curriculum vitae. En 1994, elle prit la décision de se retirer du monde de l'art, ayant atteint la conviction que « l'art doit s'étendre à d'autres domaines, tels que la spiritualité et le don social ». Cité dans Bob Nickas, « Whatever Happened to: Laurie Parsons » [« Qu'est-il arrivé à Laurie Parsons ? »] Artforum 41, n° 8, avril 2003, p. 205. Laurie Parsons a été invitée à participer à cette exposition, et a décliné.
12 Voir The Life, Work, and Death of James Lee Byars [« La Vie, l'œuvre et la mort de James Lee Byars »], Klaus Ottmann, Hatje Cantz, Ostfildern Allemagne 2004, p. 43.
13 Léonie von Oppenheim, « Bruno is a painter » [« Bruno est un peintre »] in Bruno Jakob: Invisible Paintings and Drawings [« Bruno Jakob : Peintures et Dessins invisibles »], cat. exp. Museum Moderner Kunst, Liechtenstein 1992, p. 43.

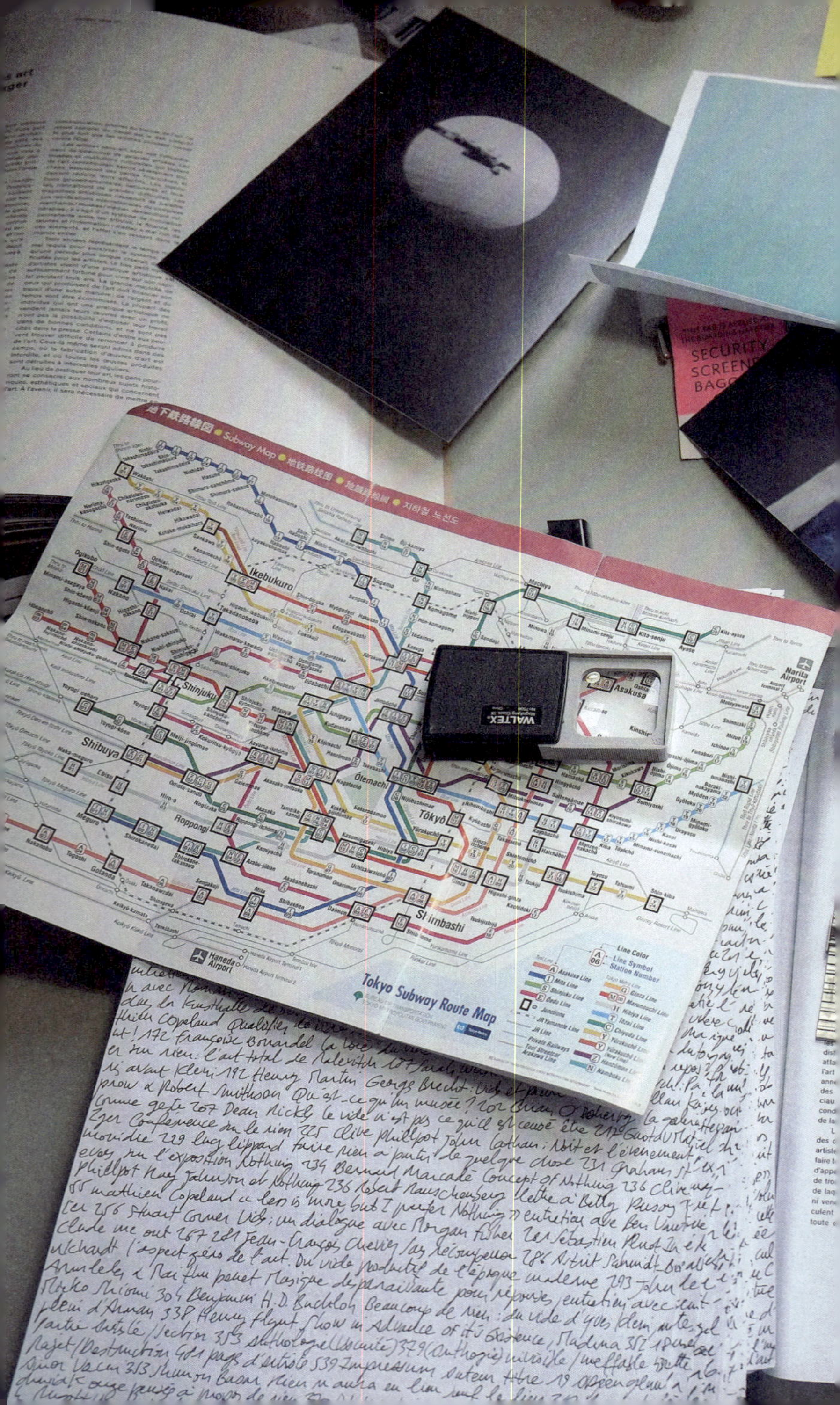

Subway Map
Tokyo Subway Route Map
Ikebukuro
Shinjuku
Shibuya
Roppongi
Shimbashi
Asakusa
Narita Airport
Haneda Airport
WALTEX
SECURITY

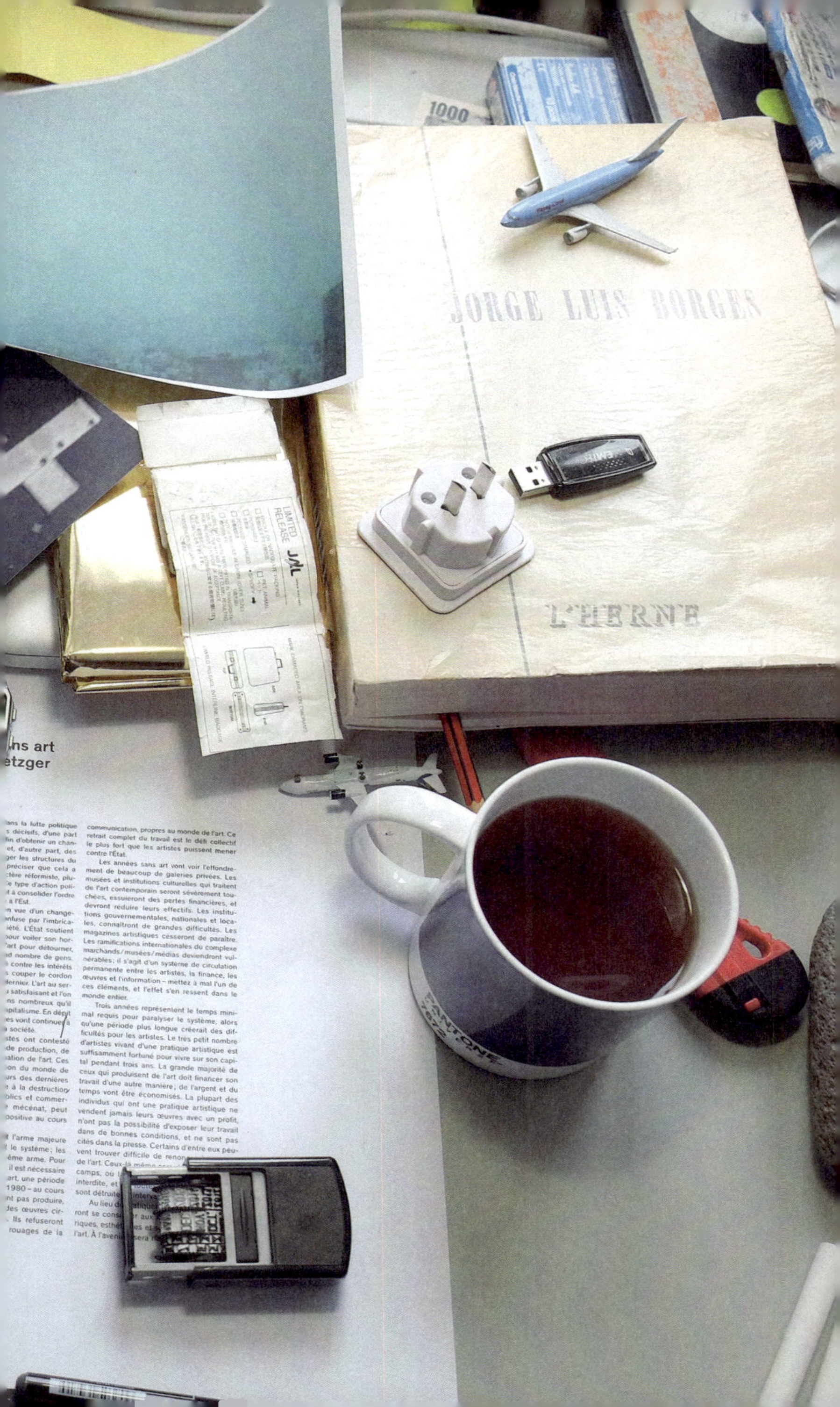
1000
JORGE LUIS BORGES
L'HERNE
LIMITED RELEASE
PANTONE
ns art
etzger
communication, propres au monde de l'art. Ce retrait complet du travail est le défi collectif le plus fort que les artistes puissent mener contre l'État.
Les années sans art vont voir l'effondrement de beaucoup de galeries privées. Les musées et institutions culturelles qui traitent de l'art contemporain seront sévèrement touchées, essuieront des pertes financières, et devront réduire leurs effectifs. Les institutions gouvernementales, nationales et locales, connaîtront de grandes difficultés. Les magazines artistiques cesseront de paraître. Les ramifications internationales du complexe marchands/musées/médias deviendront vulnérables ; il s'agit d'un système de circulation permanente entre les artistes, la finance, les œuvres et l'information – mettez à mal l'un de ces éléments, et l'effet s'en ressent dans le monde entier.
Trois années représentent le temps minimal requis pour paralyser le système, alors qu'une période plus longue créerait des difficultés pour les artistes. Le très petit nombre d'artistes vivant d'une pratique artistique est suffisamment fortuné pour vivre sur son capital pendant trois ans. La grande majorité de ceux qui produisent de l'art doit financer son travail d'une autre manière ; de l'argent et du temps vont être économisés. La plupart des individus qui ont une pratique artistique ne vendent jamais leurs œuvres avec un profit, n'ont pas la possibilité d'exposer leur travail dans de bonnes conditions, et ne sont pas cités dans la presse. Certains d'entre eux peuvent trouver difficile de renon

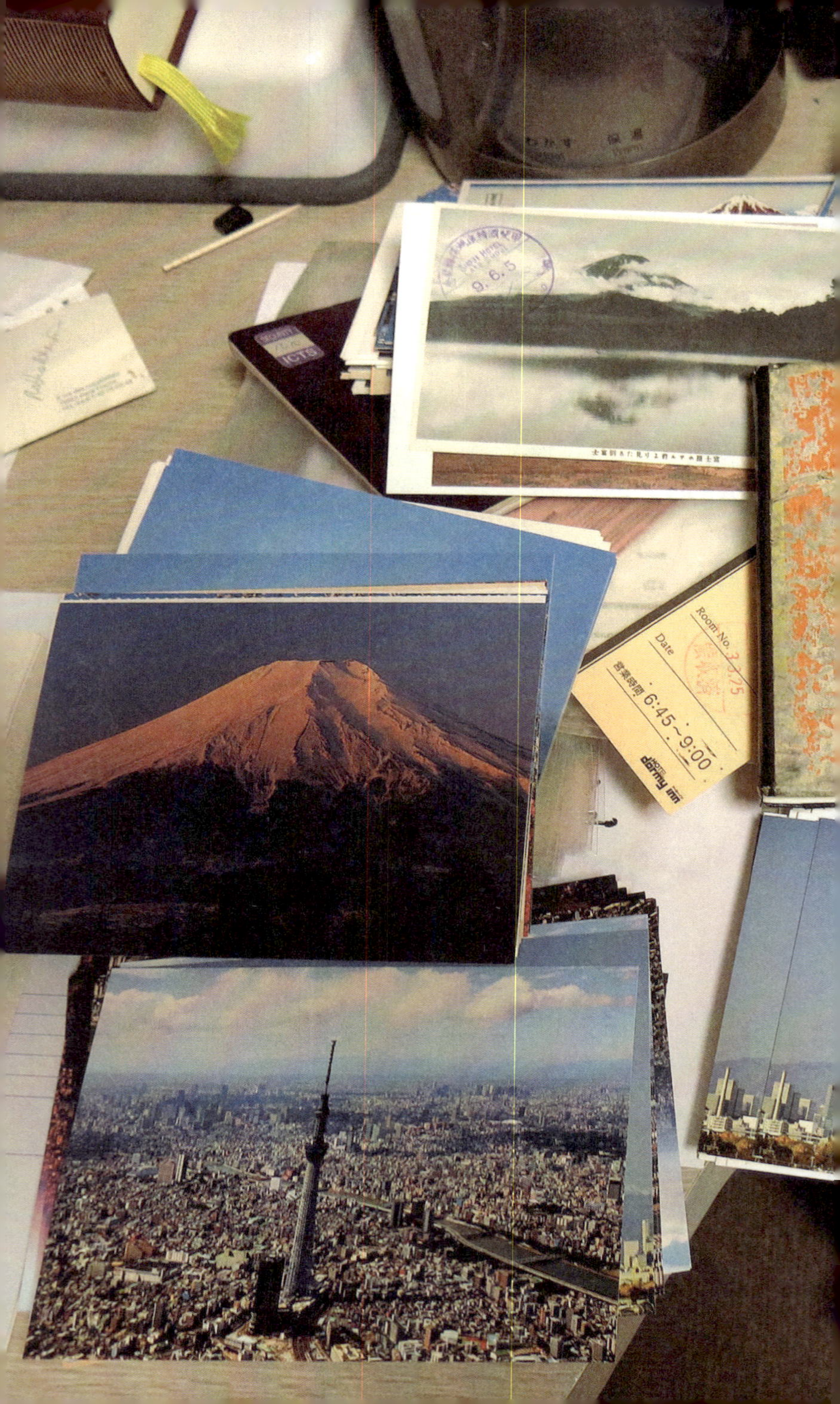
Room No.
Date
営業時間 6:45~9:00
dormy inn

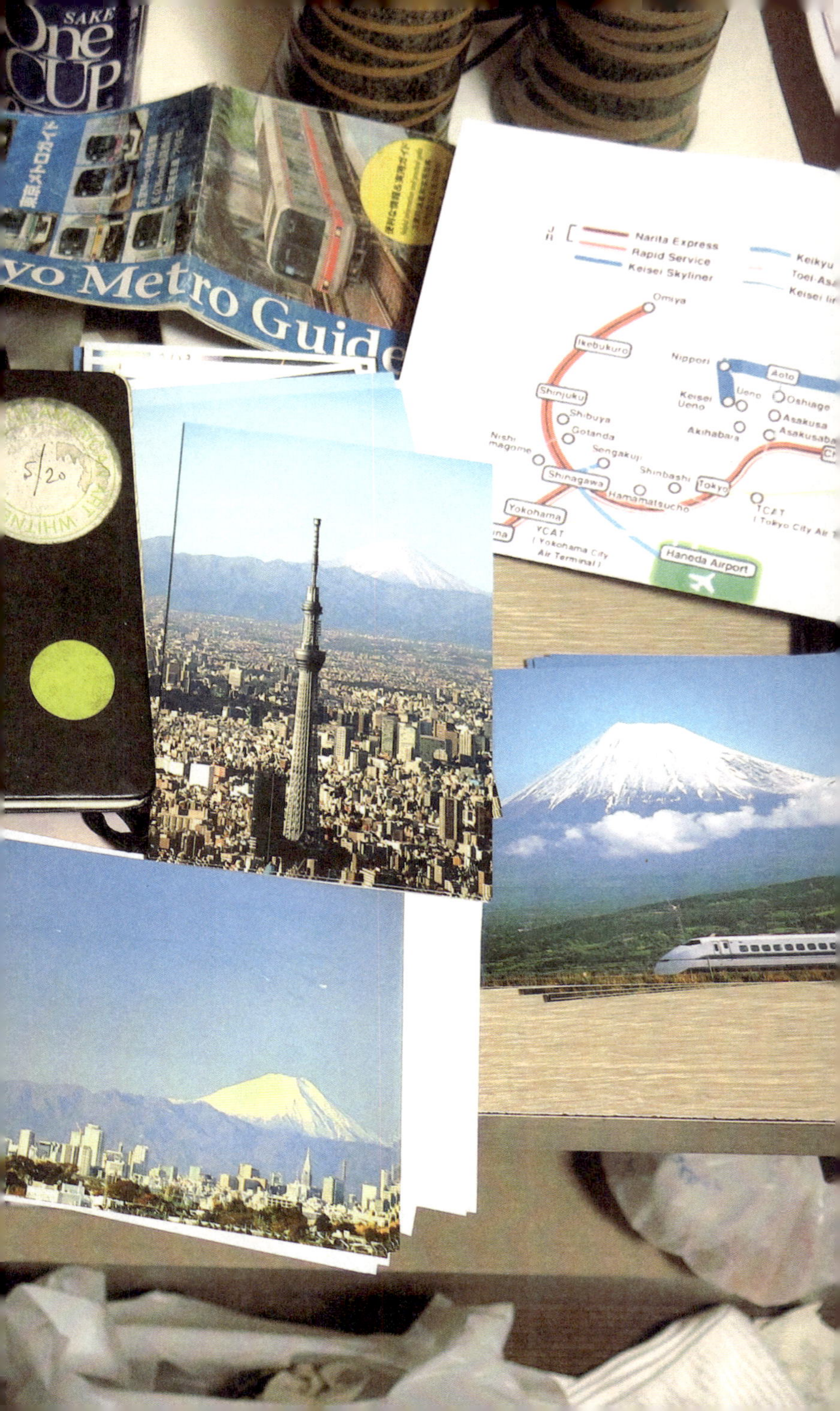

SAKE
One CUP
yo Metro Guide
5/20
Narita Express
Rapid Service
Keisei Skyliner
Keikyu
Omiya
Ikebukuro
Nippori
Aoto
Shinjuku
Keisei Ueno
Ueno
Oshiage
Shibuya
Asakusa
Gotanda
Akihabara
Nishi magome
Sengakuji
Shinbashi
Shinagawa
Hamamatsucho
Tokyo
Yokohama
YCAT (Yokohama City Air Terminal)
TCAT
Haneda Airport

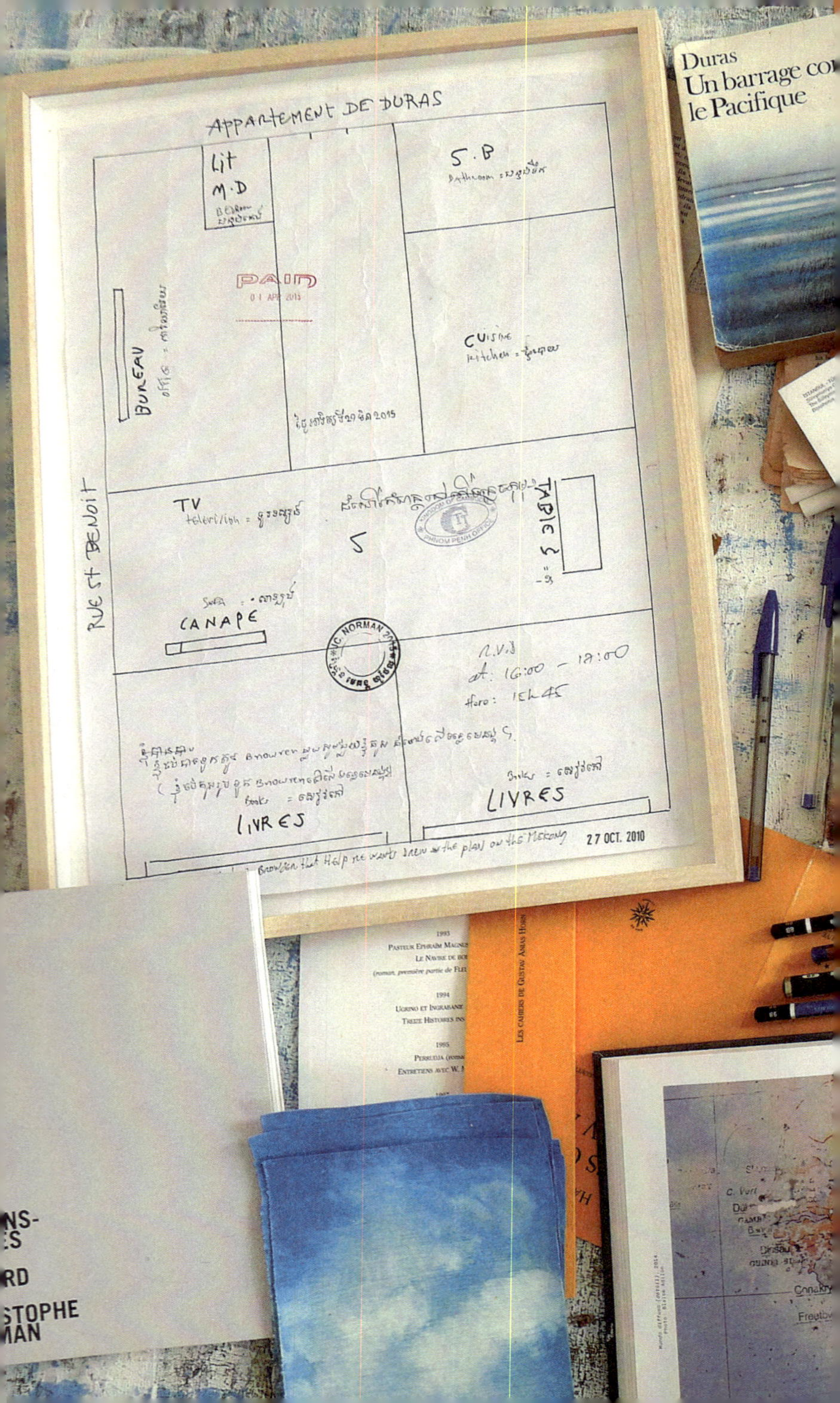
APPARTEMENT DE DURAS
Lit
M.D
S.B
Bathroom
PAID
BUREAU
office
CUISINE
kitchen
RUE St BENOIT
TV
television
TABLE
Sofa
CANAPE
J.C. NORMAN
LIVRES
Books
LIVRES
27 OCT. 2010
Duras
le Pacifique
1993
1994
TREIZE HISTOIRES
1995
LES CAHIERS DE GUSTAV ANIAS HORN
C. Vert
Conakry

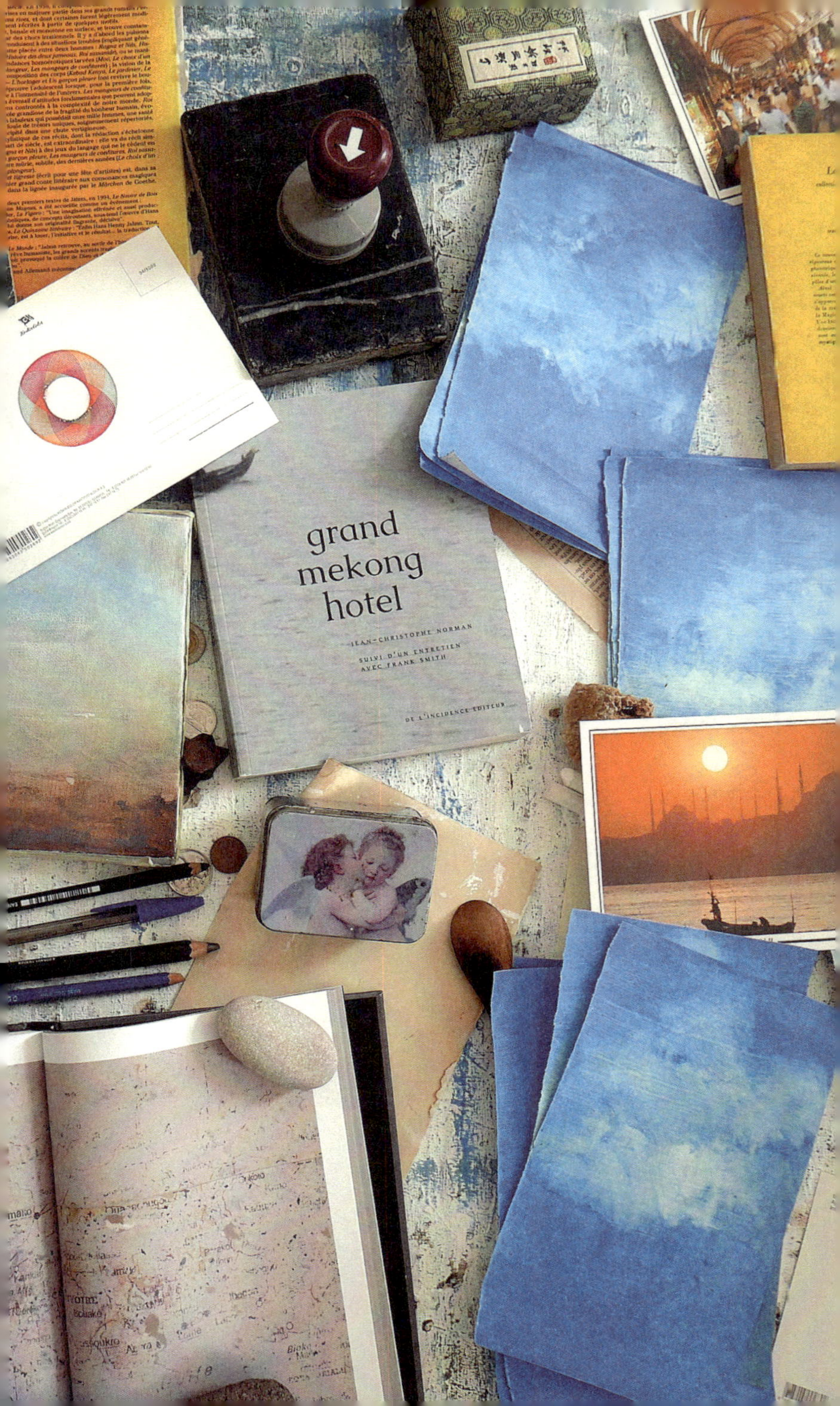
grand
mekong
hotel
JEAN-CHRISTOPHE NORMAN
SUIVI D'UN ENTRETIEN
AVEC FRANK SMITH
DE L'INCIDENCE EDITEUR

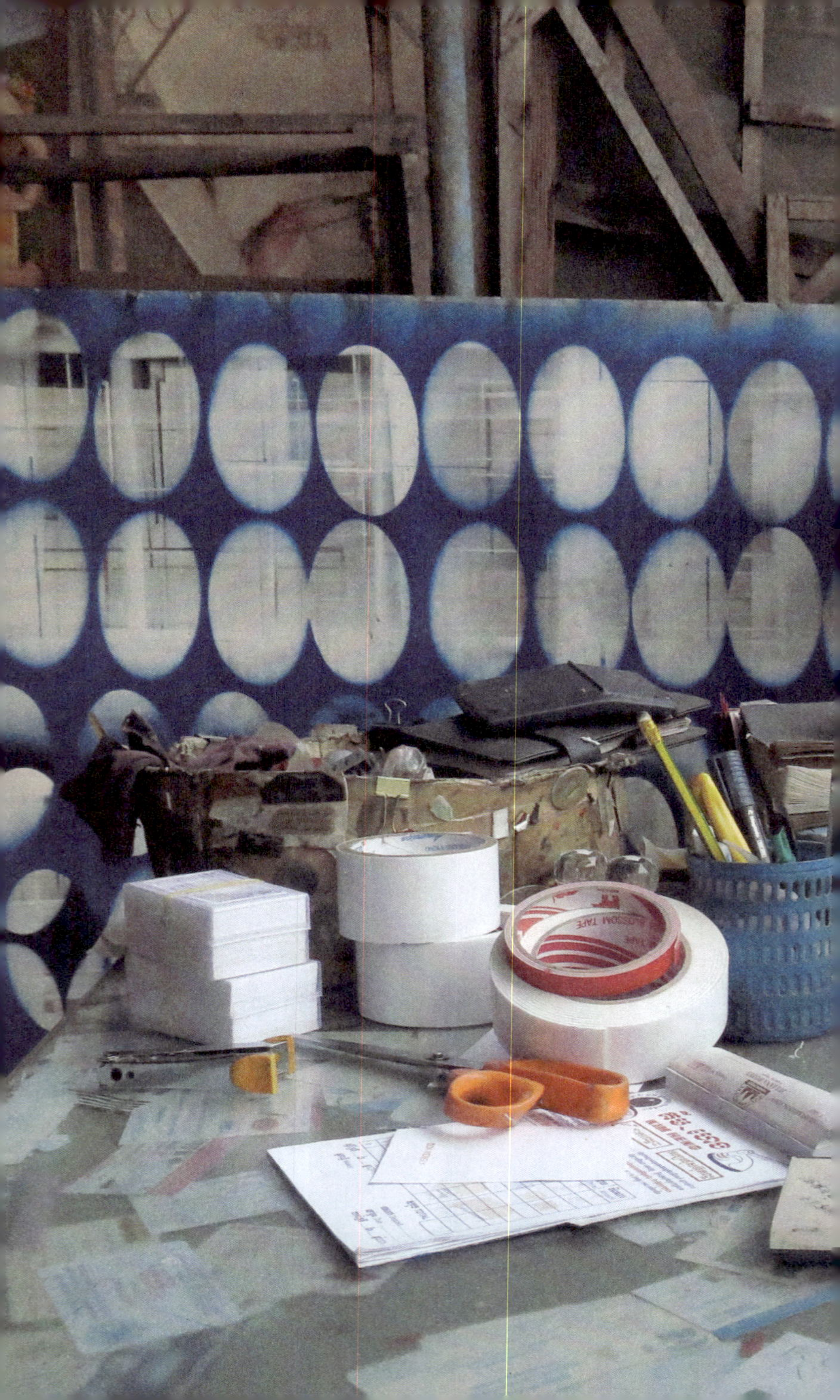
BLOSSOM TAPE

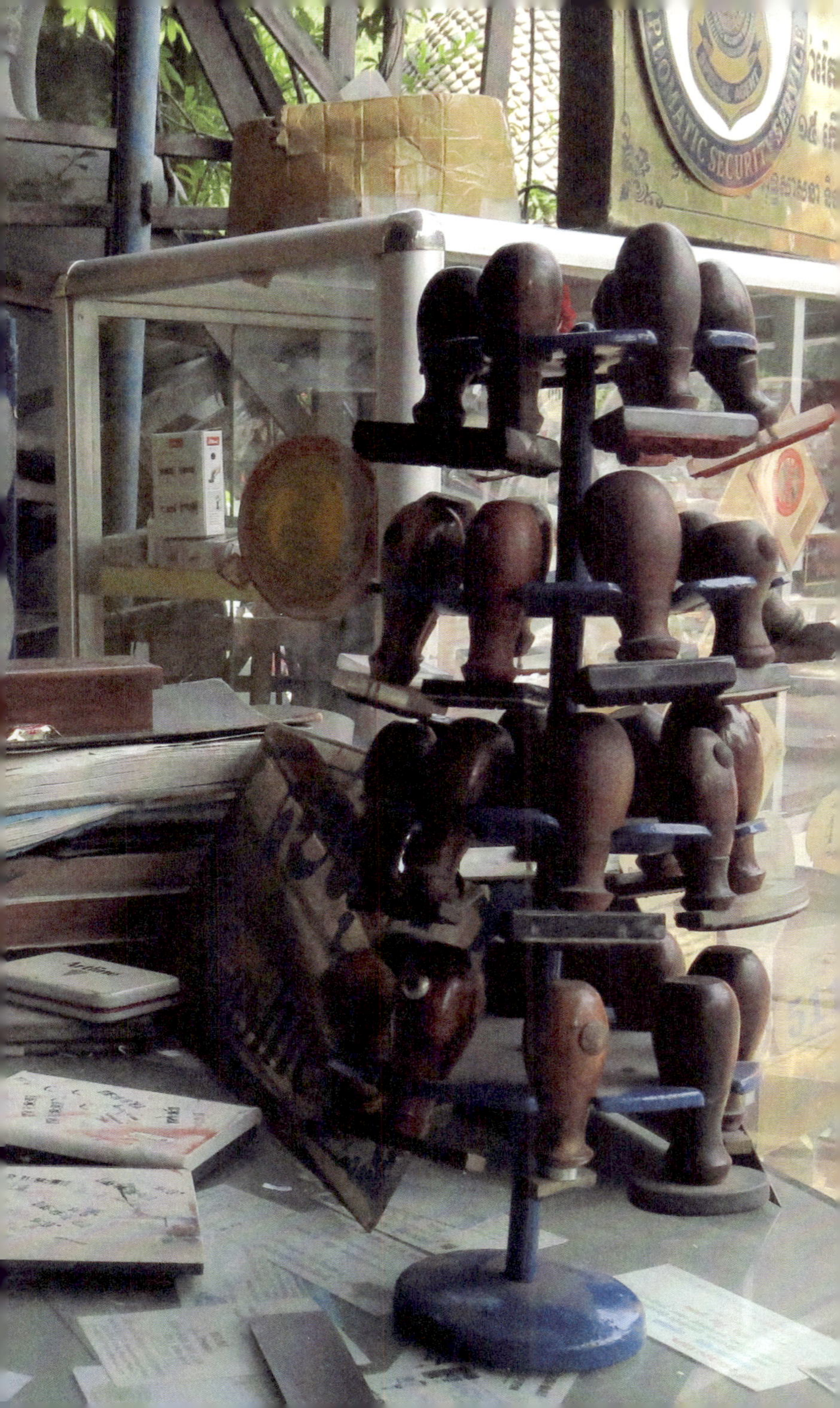
SECURITY SERVICE

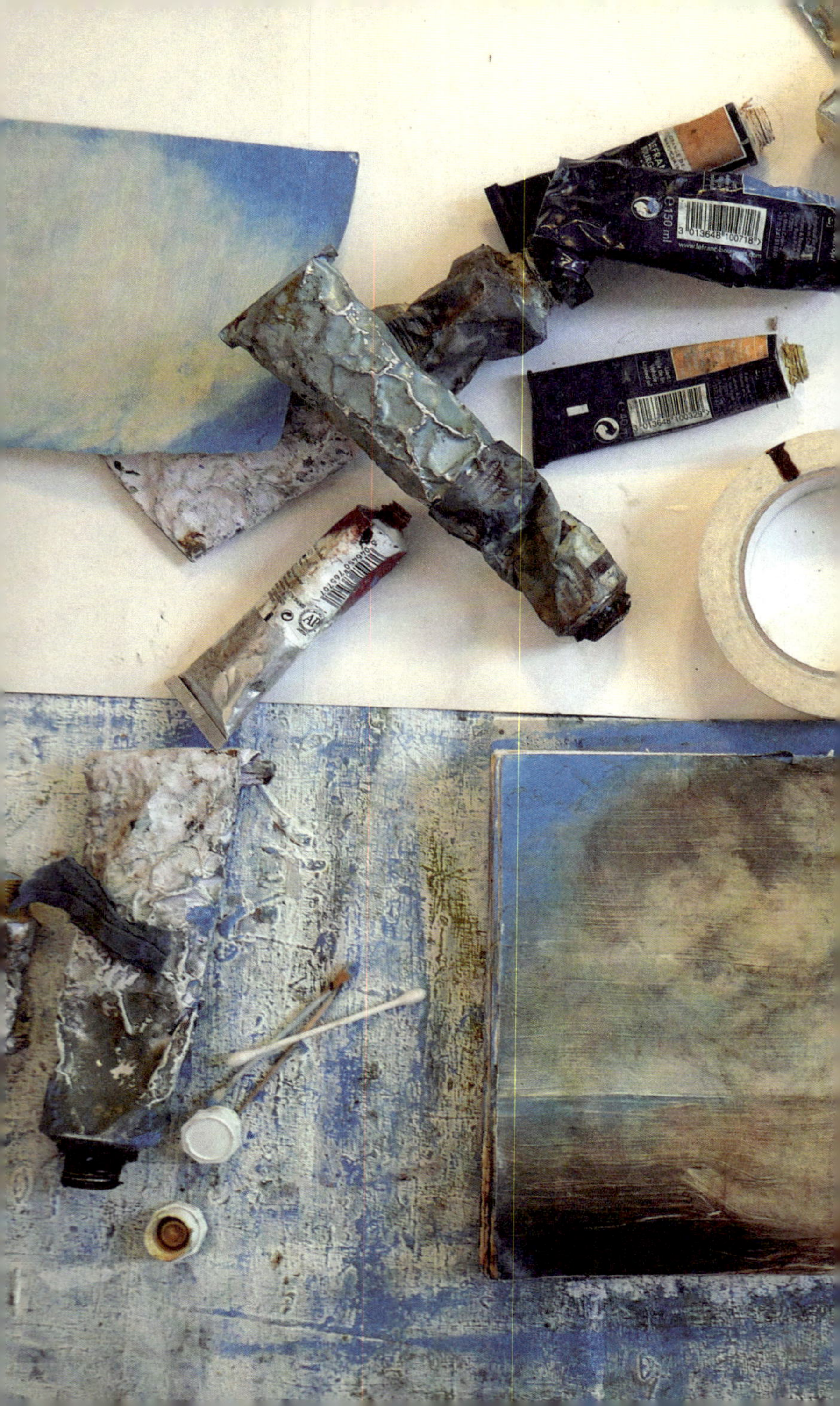
C 150 ml

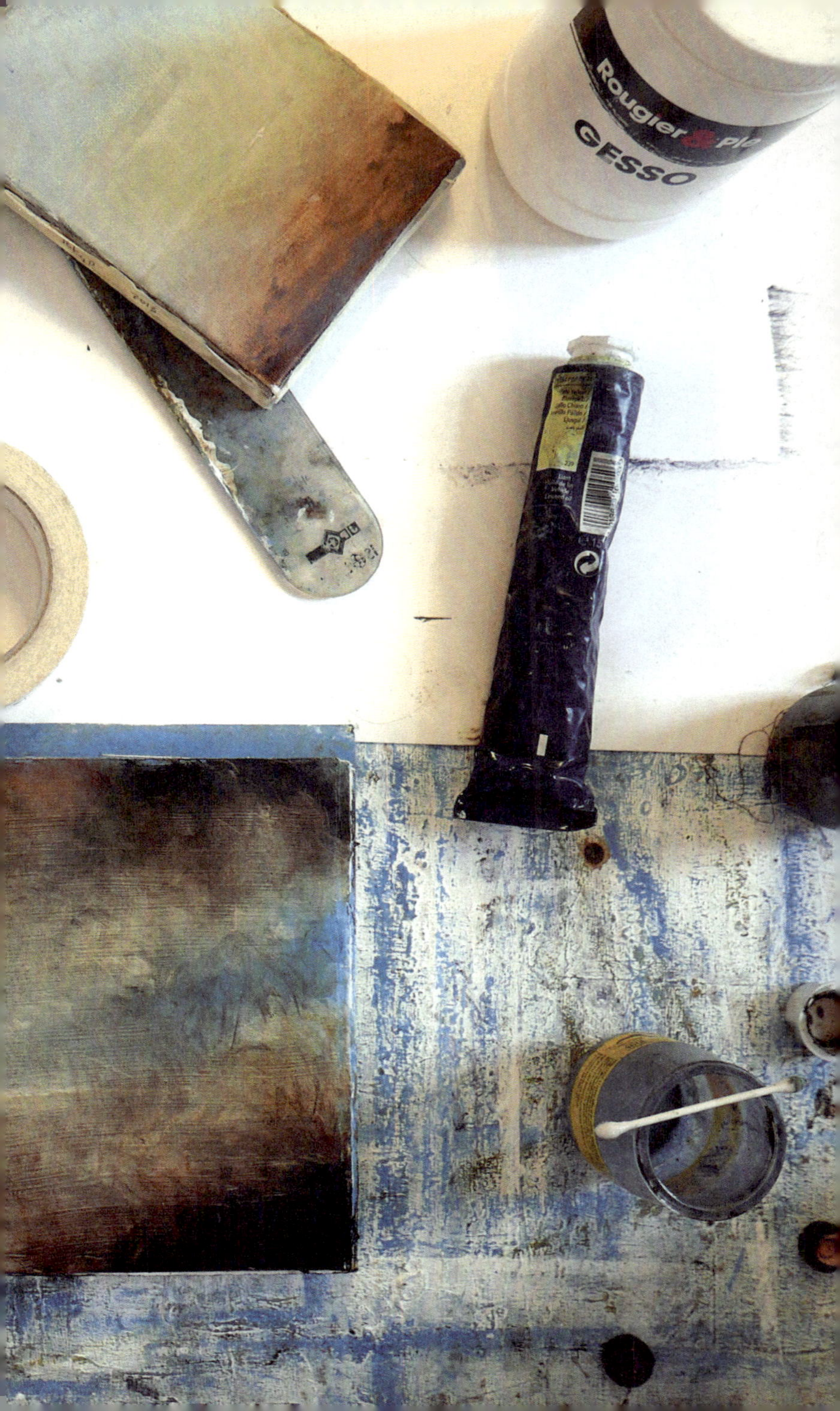
Rougier & Plé
GESSO

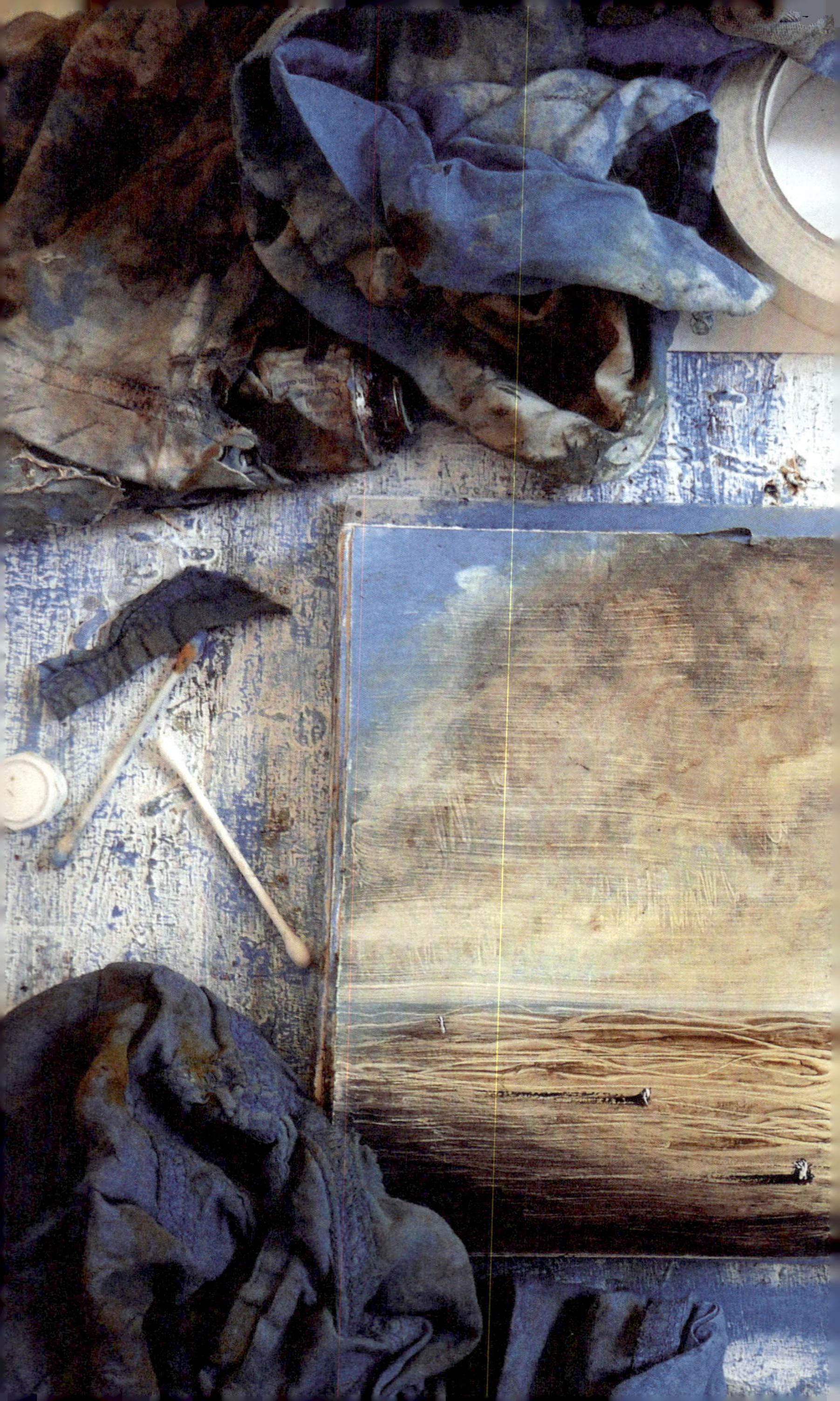

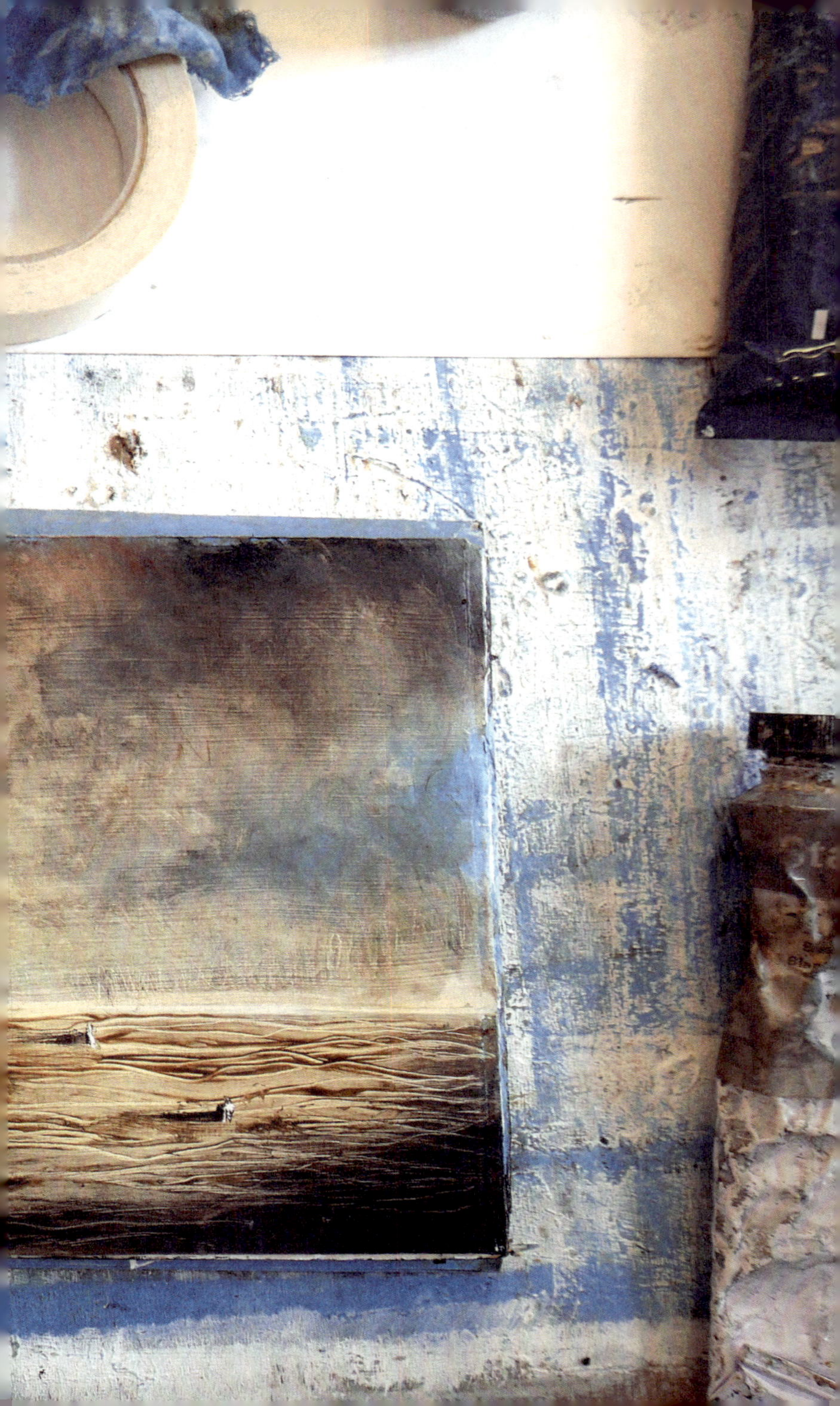

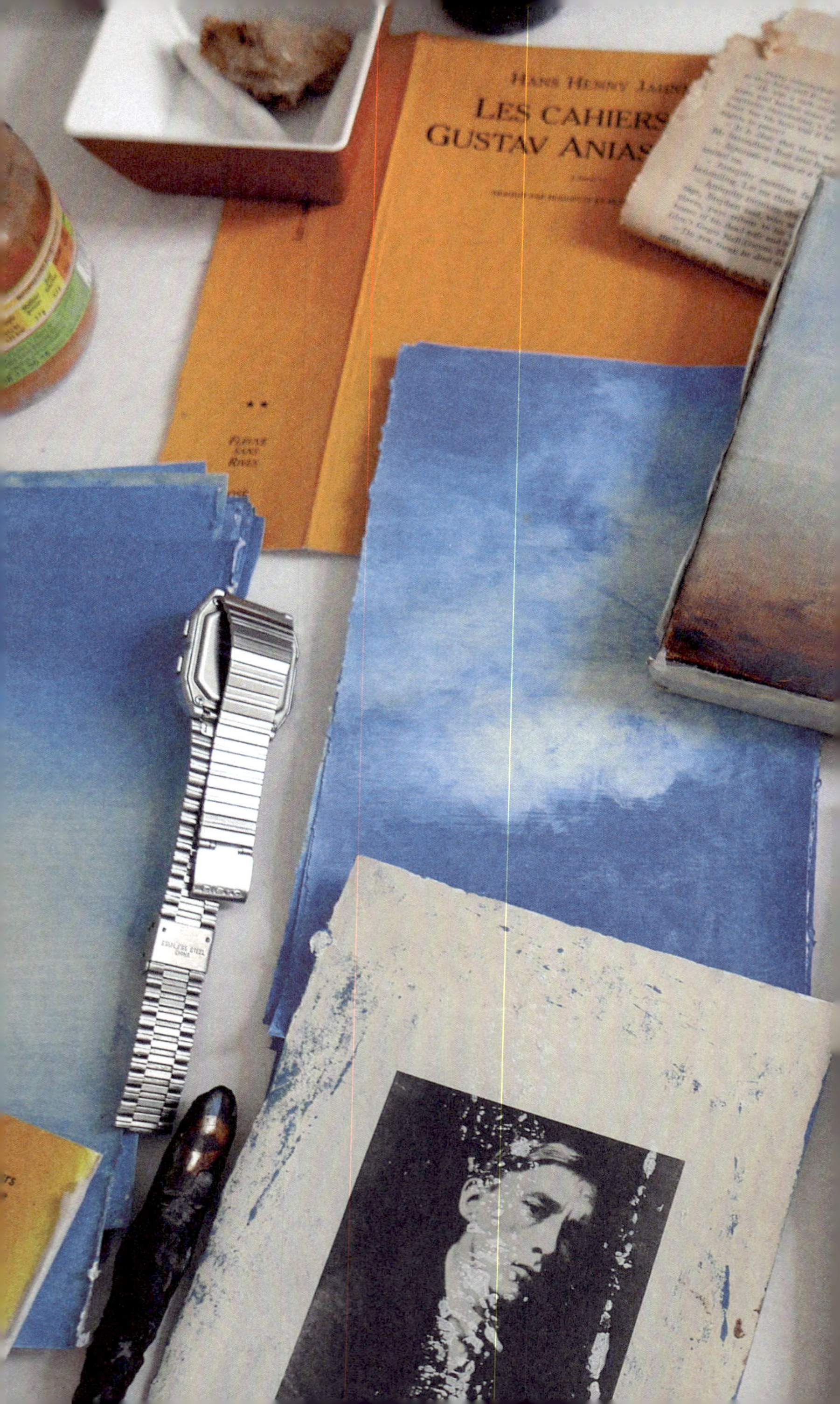
LES CAHIERS

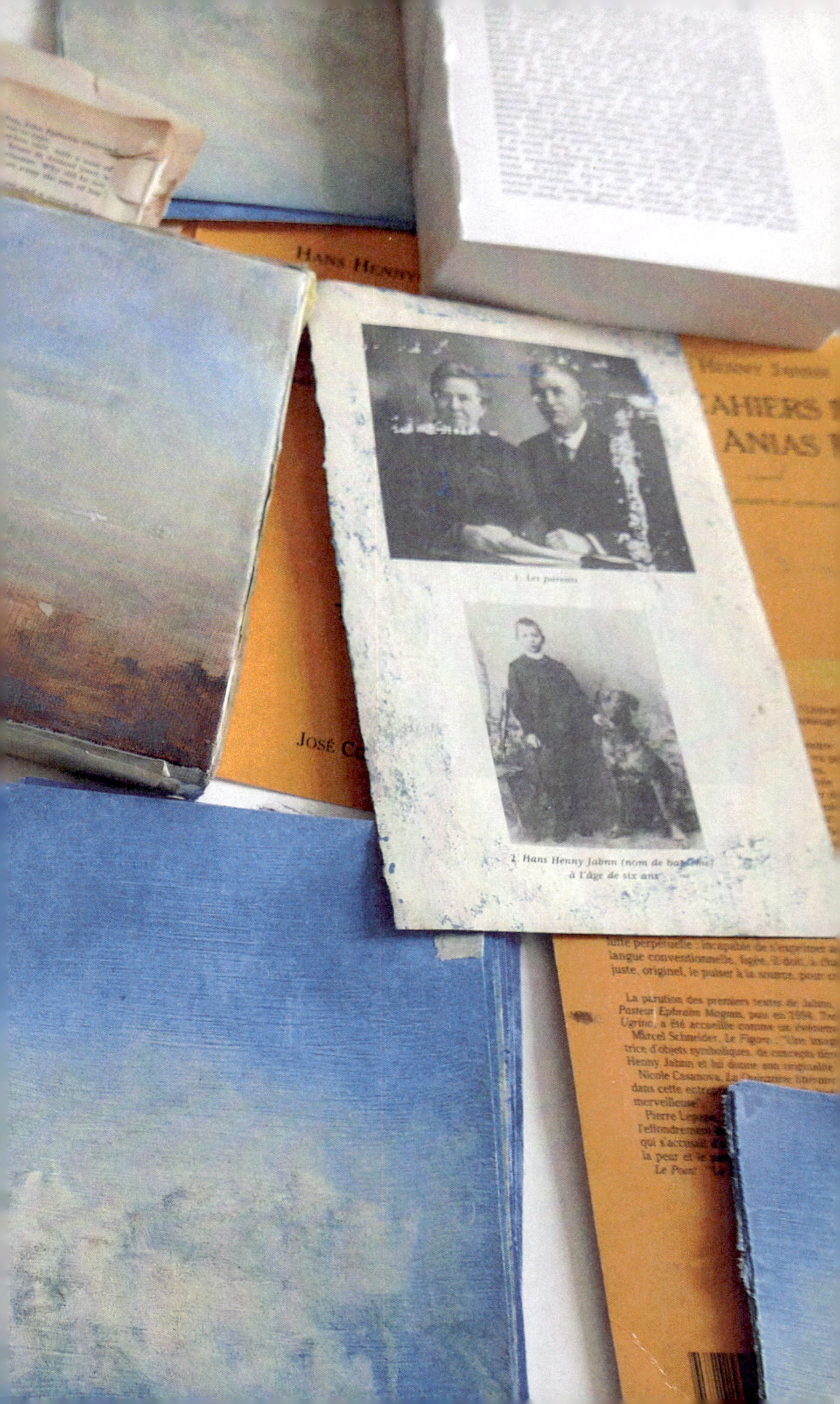
HANS HENNY
JOSÉ C
HENNY JAHNN
CAHIERS
ANIAS
1. Les parents
2. Hans Henny Jahnn (nom de baptême)
à l'âge de six ans
langue conventionnelle, figée, il doit, à cha
juste, originel, le puiser à la source, pour e
La parution des premiers textes de Jahnn,
Pasteur Ephraïm Magnus, puis en 1994, Tre
Ugrino, a été accueillie comme un événem
Marcel Schneider, Le Figaro :
trice d'objets symboliques, de concepts tir
Henny Jahnn et lui donne son originalité
Nicole Casanova, La Quinzaine littérair
dans cette entrep
merveilleuse"
Pierre Lepape
l'effondrement
qui s'accumul
la peur et le
Le Point

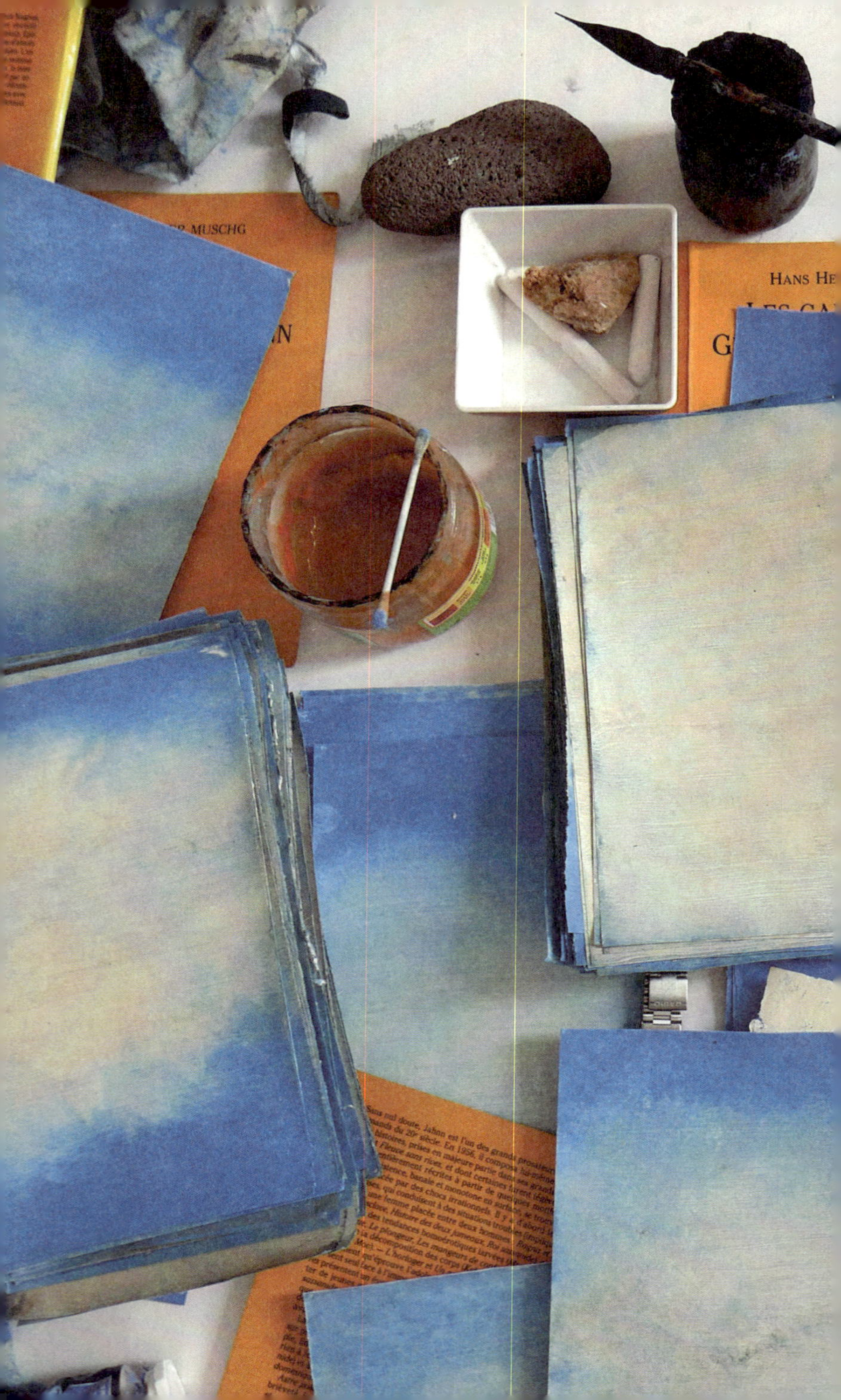

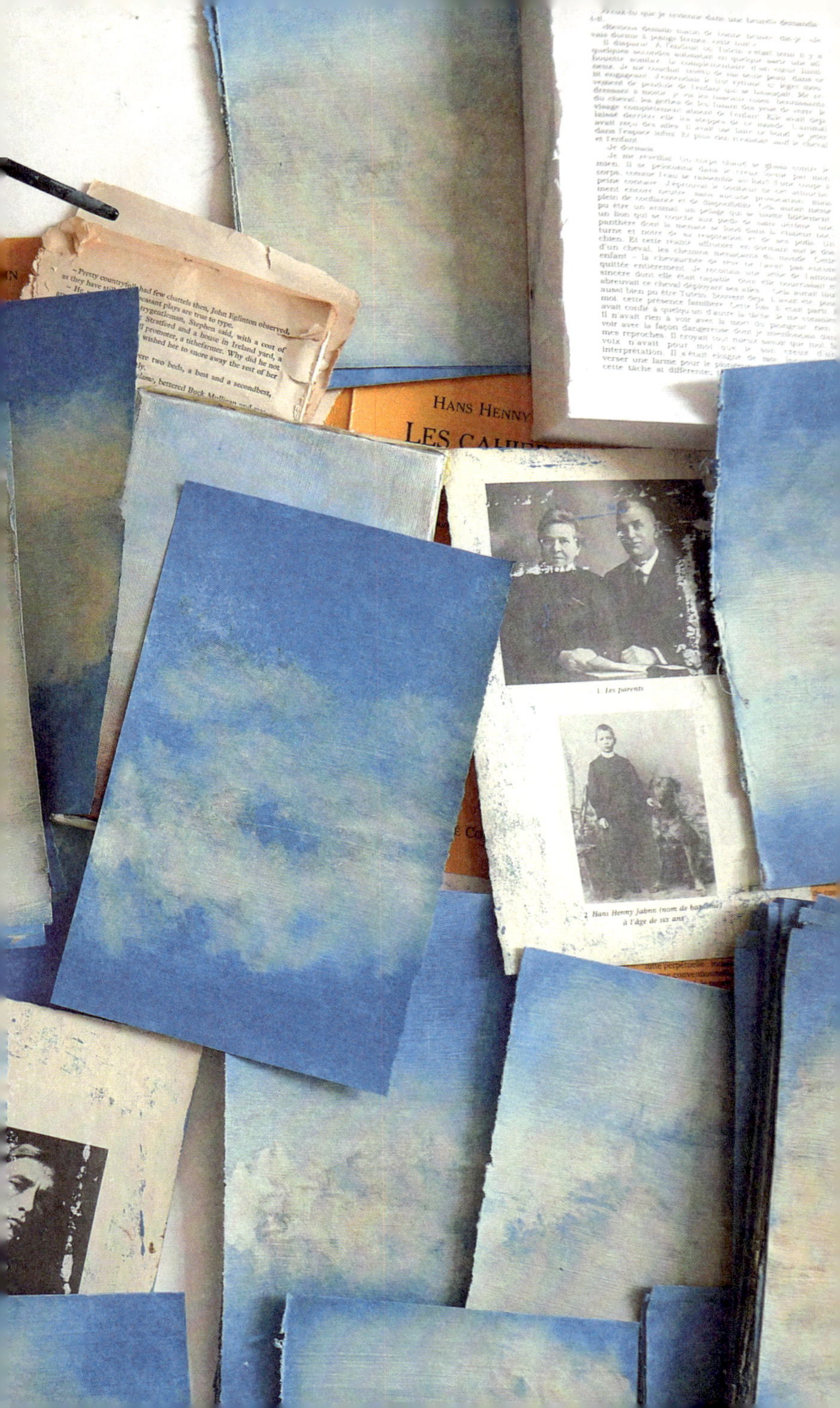

Hans Henny
1. Les parents
à l'âge de six ans

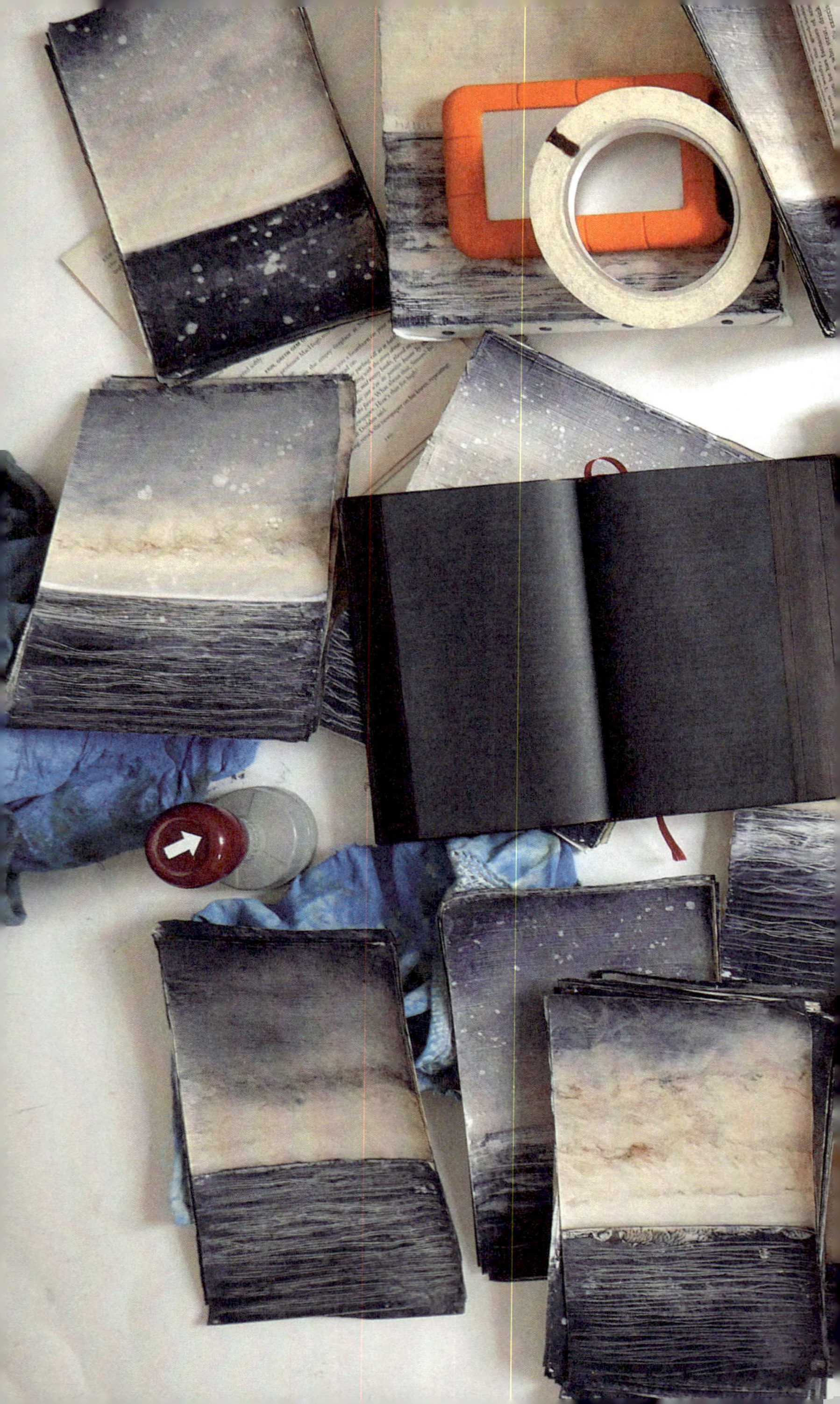

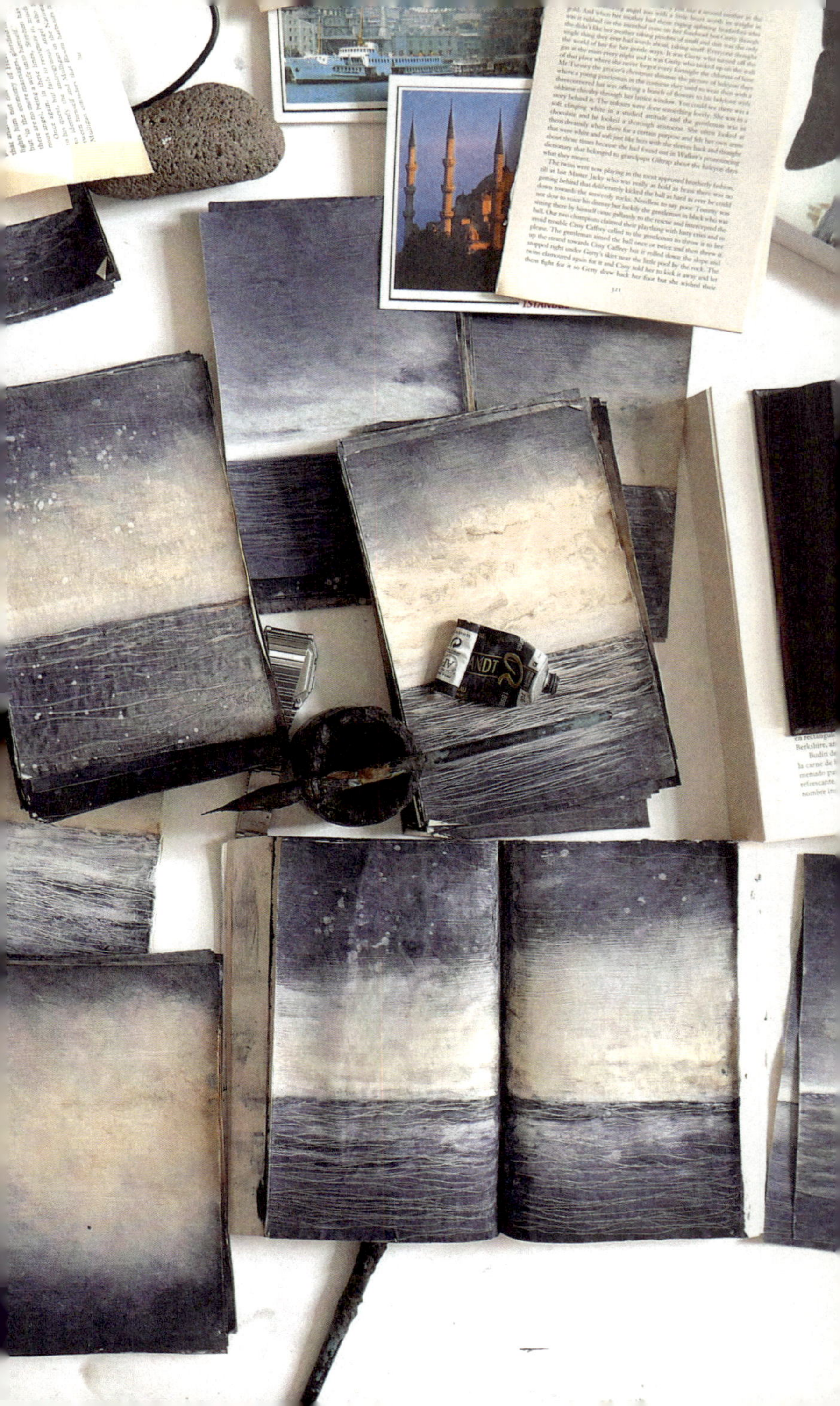

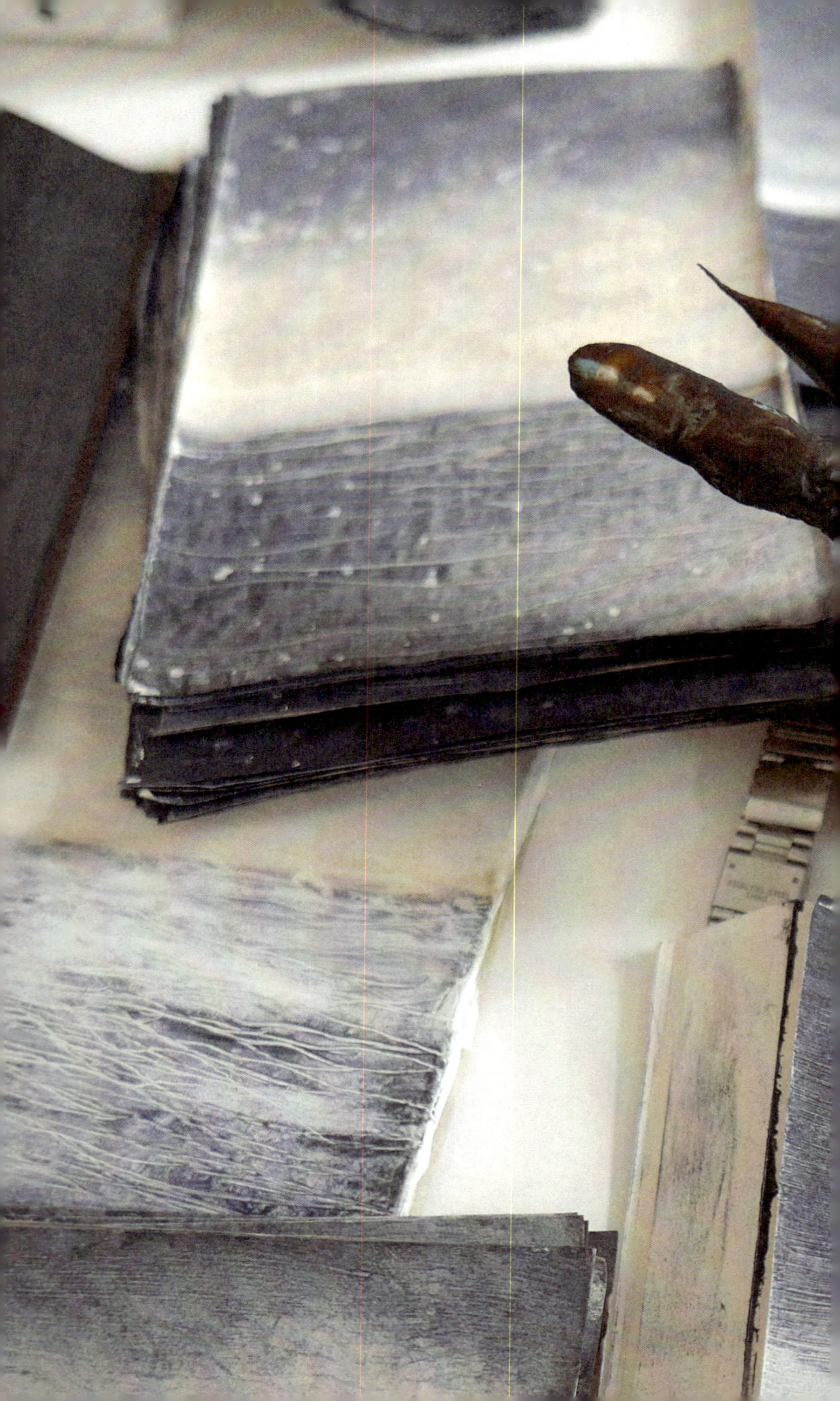

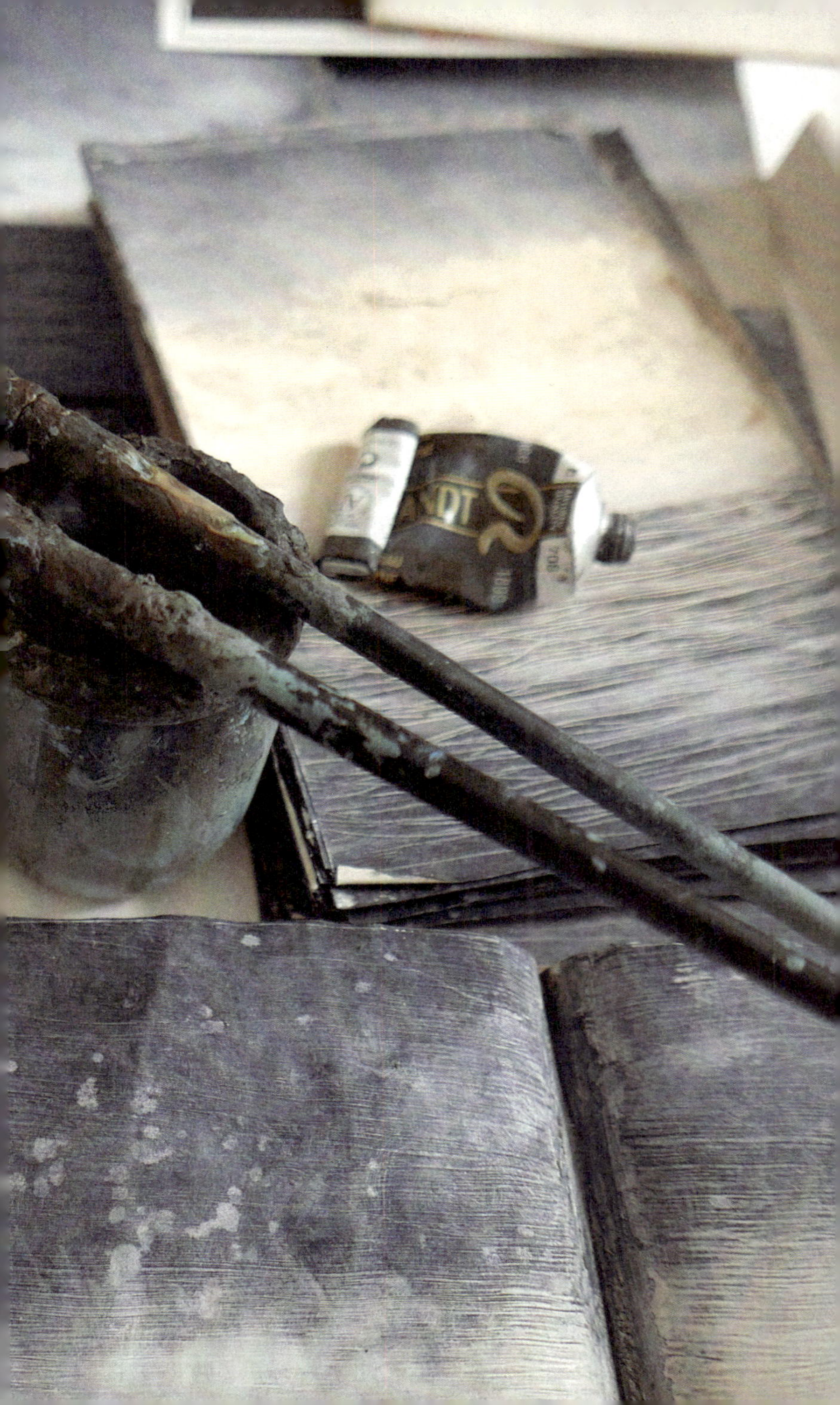

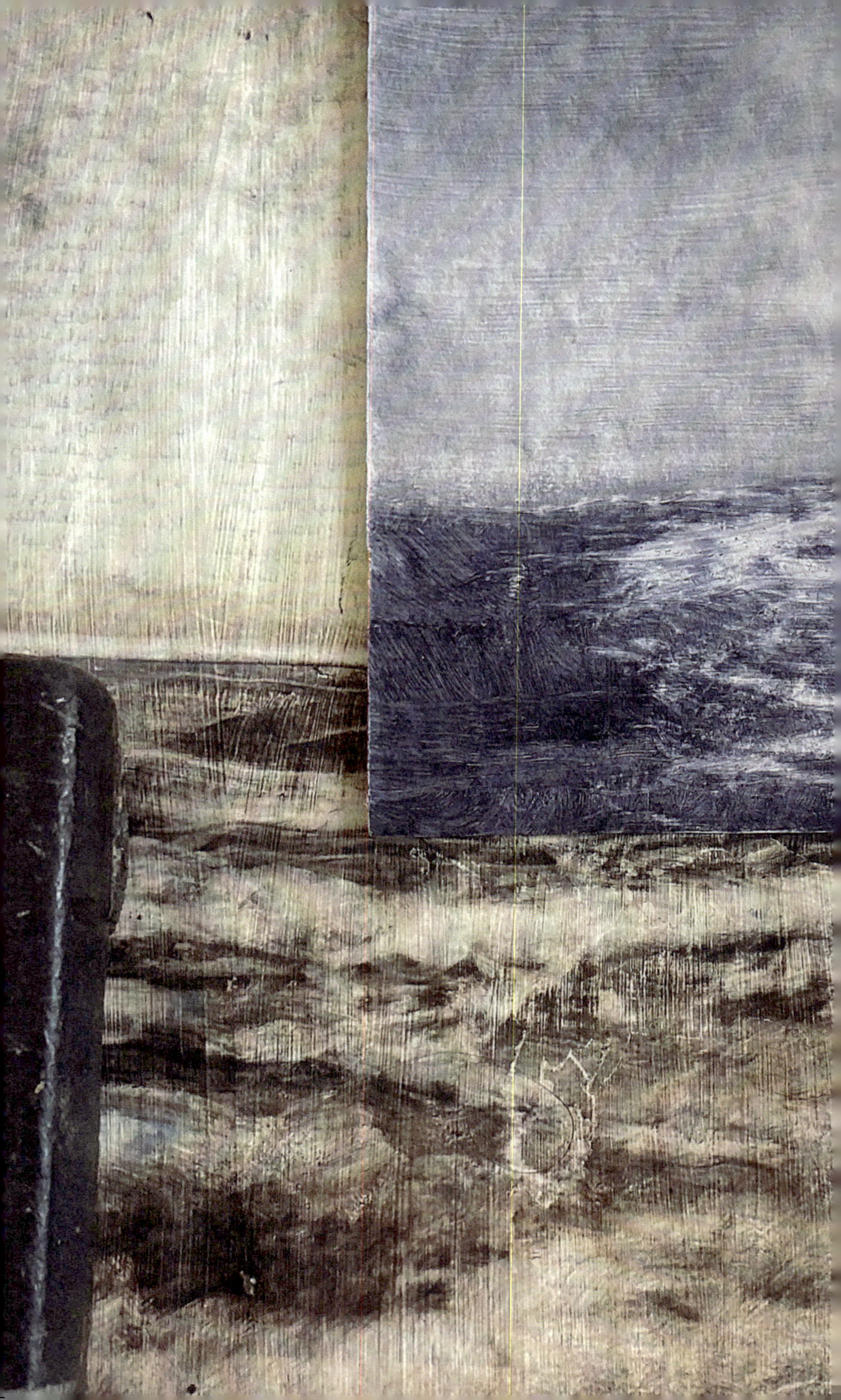

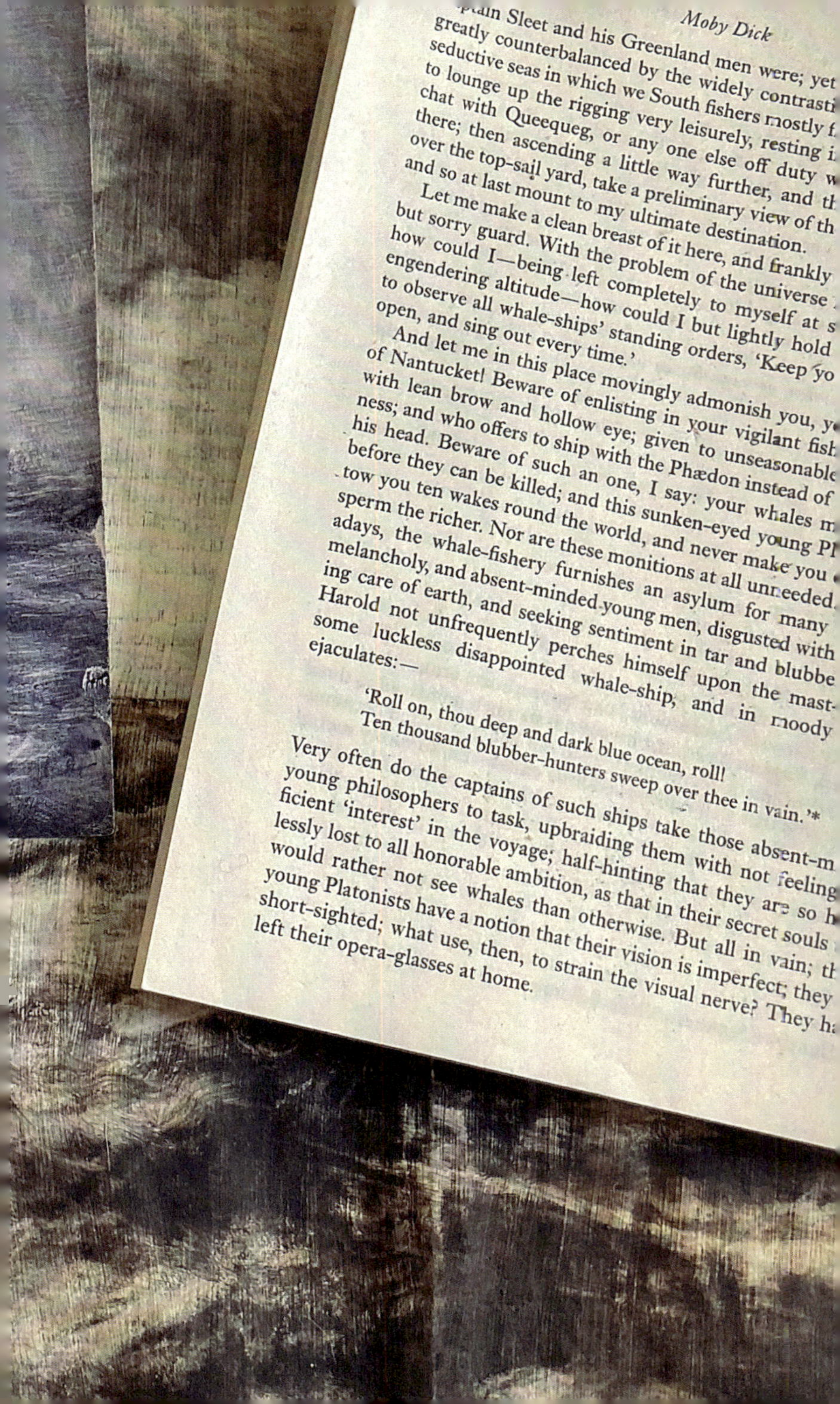



...ptain Sleet and his Greenland men were; yet greatly counterbalanced by the widely contrasti... seductive seas in which we South fishers mostly f... to lounge up the rigging very leisurely, resting i... chat with Queequeg, or any one else off duty w... there; then ascending a little way further, and th... over the top-sail yard, take a preliminary view of th... and so at last mount to my ultimate destination.

Let me make a clean breast of it here, and frankly ... but sorry guard. With the problem of the universe ... how could I—being left completely to myself at s... engendering altitude—how could I but lightly hold ... to observe all whale-ships' standing orders, 'Keep yo... open, and sing out every time.'

And let me in this place movingly admonish you, y... of Nantucket! Beware of enlisting in your vigilant fish... with lean brow and hollow eye; given to unseasonable... ness; and who offers to ship with the Phædon instead of ... his head. Beware of such an one, I say: your whales m... before they can be killed; and this sunken-eyed young Pl... tow you ten wakes round the world, and never make you ... sperm the richer. Nor are these monitions at all unneeded. ... adays, the whale-fishery furnishes an asylum for many ... melancholy, and absent-minded young men, disgusted with ... ing care of earth, and seeking sentiment in tar and blubbe... Harold not unfrequently perches himself upon the mast-... some luckless disappointed whale-ship, and in moody ... ejaculates:—

'Roll on, thou deep and dark blue ocean, roll!  
Ten thousand blubber-hunters sweep over thee in vain.'*

Very often do the captains of such ships take those absent-m... young philosophers to task, upbraiding them with not feeling ... ficient 'interest' in the voyage; half-hinting that they are so h... lessly lost to all honorable ambition, as that in their secret souls ... would rather not see whales than otherwise. But all in vain; th... young Platonists have a notion that their vision is imperfect; they ... short-sighted; what use, then, to strain the visual nerve? They ha... left their opera-glasses at home.

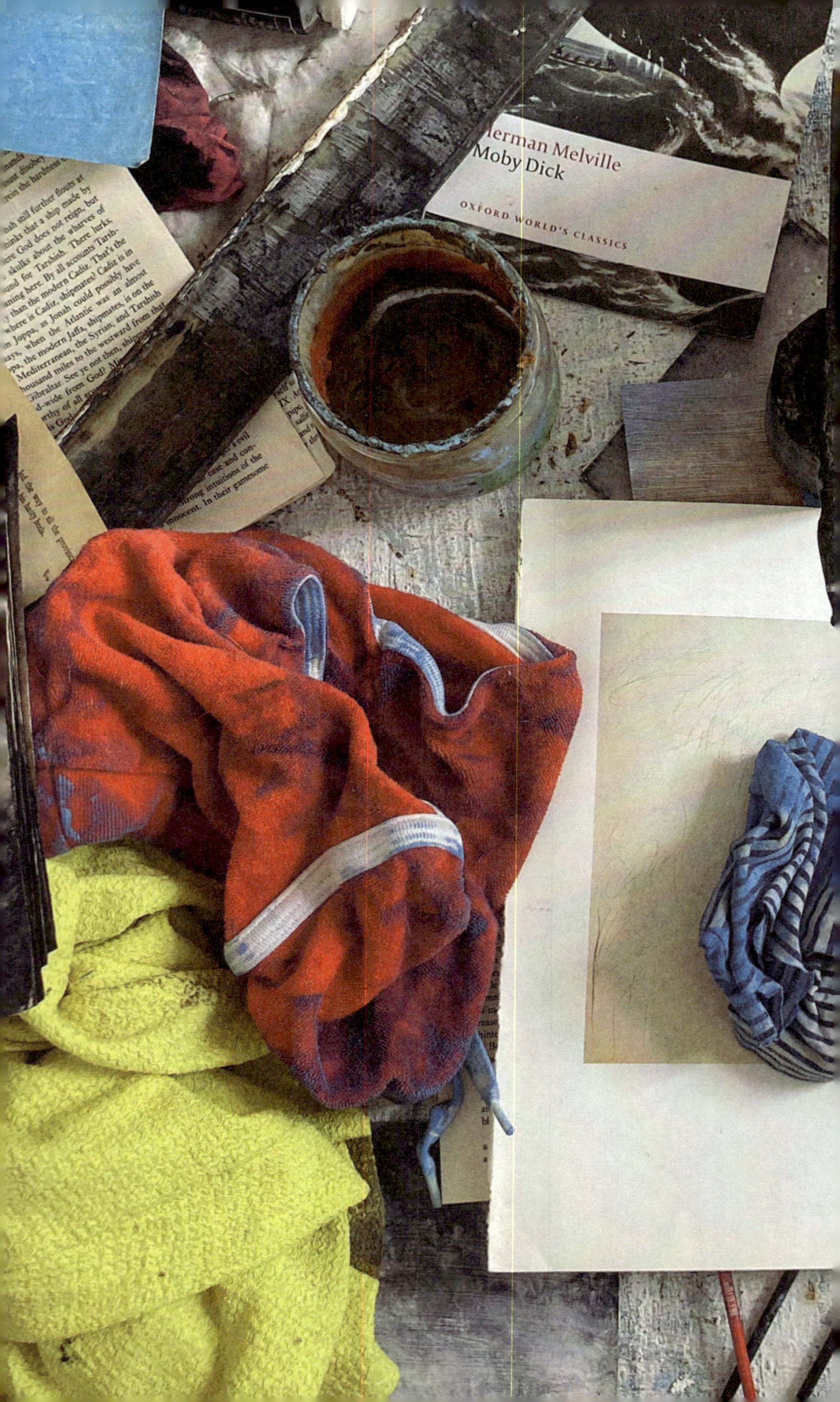
Herman Melville
Moby Dick
OXFORD WORLD'S CLASSICS

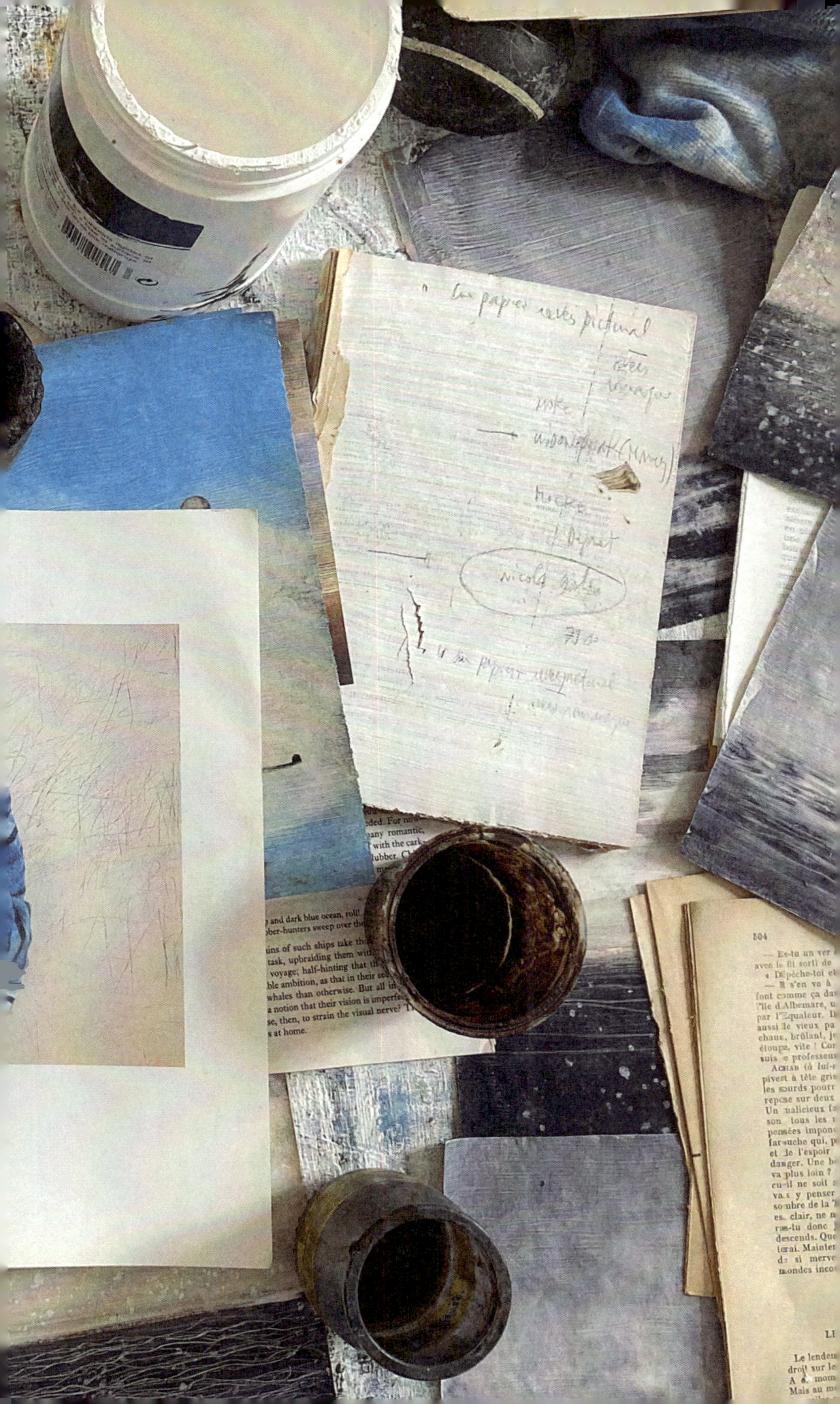

and dark blue ocean, roll!
ains of such ships take th
task, upbraiding them wit
voyage; half-hinting that
ble ambition, as that in their se
whales than otherwise. But all in
a notion that their vision is imperfe
se, then, to strain the visual nerve?
at home.
504

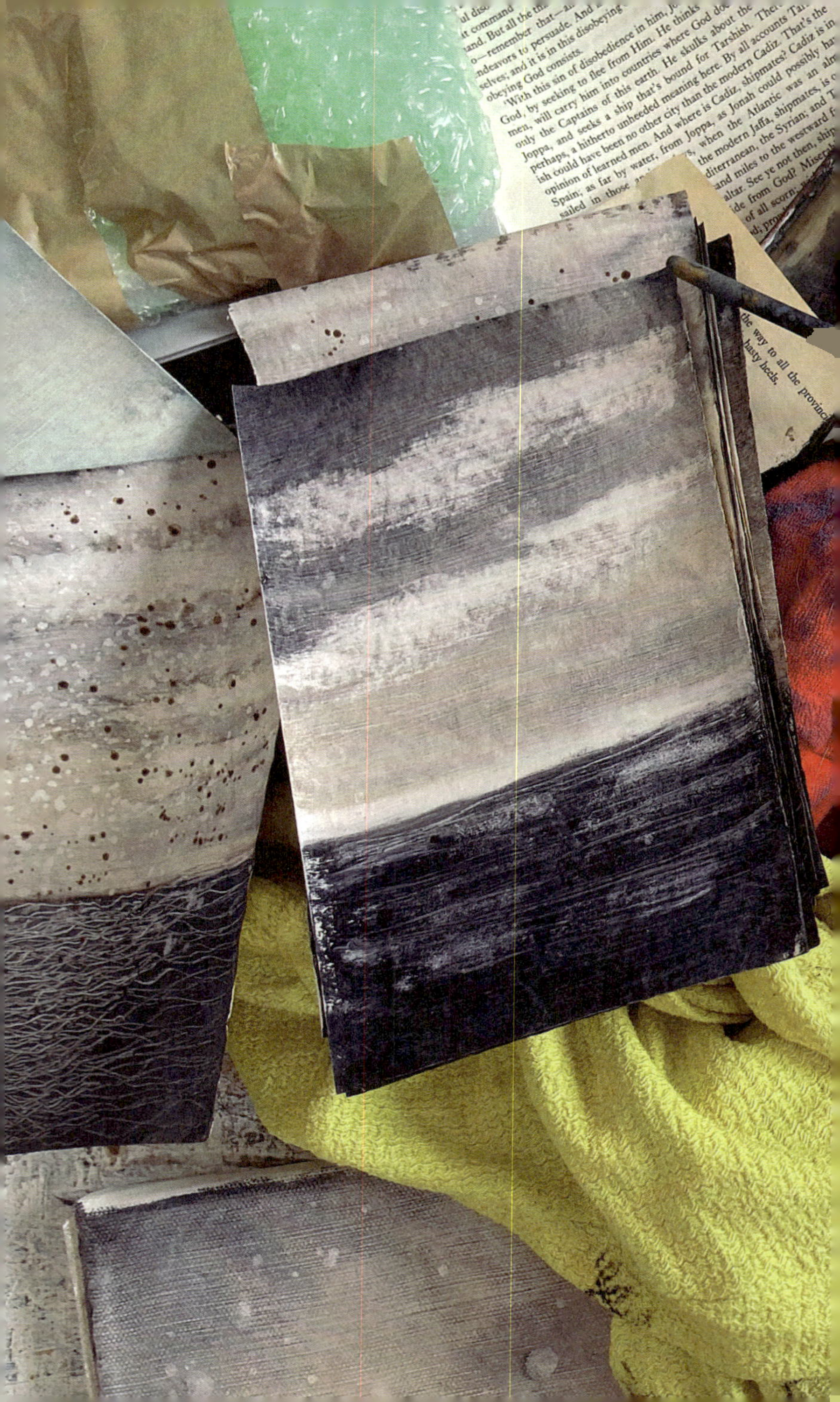

command
and. But all the
o—remember that—
ndeavors to persuade. And
selves; and it is in this disobeying
obeying God consists.
'With this sin of disobedience in him,
God, by seeking to flee from Him. He thinks
men, will carry him into countries where God does
only the Captains of this earth. He skulks about the
Joppa, and seeks a ship that's bound for Tarshish. There
perhaps, a hitherto unheeded meaning here. By all accounts Tar
ish could have been no other city than the modern Cadiz. That's the
opinion of learned men. And where is Cadiz, shipmates? Cadiz is in
Spain; as far by water, from Joppa, as Jonah could possibly ha
sailed in those
when the Atlantic was an al
the modern Jaffa, shipmates, is
diterranean, the Syrian; and T
and miles to the westward f
altar. See ye not then, ship
ide from God? Miser
of all scorn;
the way to all the provinc
hasty heels.

# LE VERSANT PICTURAL

MARJORIE MICUCCI

**« Mais le plus intrigant, le plus déroutant, c'était, au centre du tableau, une masse noire, longue, souple, monstrueuse, une chose qui planait au-dessus de trois lignes verticales d'un bleu pâle comme suspendues dans une écume indéfinissable. Tout cela était boueux, pâteux, visqueux, et pour tout dire de nature à faire perdre la raison à un spectateur nerveux. Pourtant, il se dégageait de la toile une sorte de sublimité indéfinie, une grandeur à peine imaginable qui vous figeait presque sur place… et l'on venait malgré soi à se jurer de découvrir la signification de cette surprenante peinture. »**

Herman Melville,
*Moby-Dick ou Le Cachalot*, 1851[1]

**« Ce n'est cependant dans aucune de ces couleurs que j'allais. J'allais dans le jaune. En plein milieu. Et le fleuve était là – fascinant – mortel – comme un serpent. »**

Joseph Conrad,
*Au cœur des ténèbres*, 1899[2]

1 Herman Melville, *Moby-Dick ou Le Cachalot*, traduit de l'américain par Philippe Jaworski, in *Œuvres III*, Paris, Gallimard, coll. « Bibl. de la Pléiade », 2006, chap. III, p. 31.

2 Joseph Conrad, *Au cœur des ténèbres*, traduit de l'anglais par Jean Deurbergue, Paris, Gallimard, coll. « L'Imaginaire », 1985, p. 23.

**« L'ivresse dans laquelle la métamorphose avait commencé, les couleurs plus opaques que lumineuses s'estompèrent, le faux or s'effrita. Comme si les limites étaient emportées dans un tourbillon, pareilles à des feuilles mortes. [...] Un contraste déchirant se révéla, entre un désert tombant en ruine et la marche de l'éternité. »**

**Hans Henny Jahnn,**
***Le Navire de bois*, 1934-1936 [3].**

*Tout roman*
*recèle un versant pictural.*

Est-ce au terme – provisoire – d'une expérience critique et d'observations vagabondes d'une œuvre et de son paysage singulier ? Est-ce au long cours – continu – de plus d'une décennie de rencontres, d'échanges sur le vif et de conversations régulières avec Jean-Christophe Norman ? Est-ce du fait de ces heures dévouées au dialogue et à la surprise visuelle autant que littéraire qui, patiemment, construisirent, dans ma relation interrogative, ce compagnonnage attentif – sans lâcher-prise – envers un travail de solitude plongé-ouvert au cœur urgent du quotidien anonyme et bruissant d'un monde vécu par l'artiste comme une étendue ample et contingente, nécessaire et vitale ? Je dirais de surcroît : un compagnonnage persévérant, d'expositions personnelles en expositions collectives, de visites amicales à l'ancien appartement-atelier de Besançon aux lieux divers des marches et des recopies urbaines défaisant des récits romanesques rendus au réel, au paysage sonore de la vie. Ainsi ce fut – c'est – un compagnonnage jamais lassé, toujours curieux à l'égard d'une œuvre à la fois impatiente d'elle-même et lente, à la profusion simultanée, *en forme de* réécritures manuscrites sur maintes surfaces offertes par la tradition artistique et par

3 Hans Henni Jahnn, *Le Navire de bois. Fleuve sans rives I*, traduit de l'allemand par René Radrizzani, Paris, Librairie José Corti, 2007, p. 128.

la vie contemporaine, *en forme de* marches dont la raison et le «protocole» interne dessinent une avidité de liberté et une mise à satiété du corps dans un paysage de recouvrements au graphite ou picturaux des mêmes surfaces – parfois – ou de couvertures et de pages de livres, de magazines, de cartes gommées à blanc, de papier journal, de feuilles A4 ; une œuvre *en forme de* «projets» performatifs et voyageurs en attente ou désireux d'une fin potentielle, retardée, qui, peut-être, ne viendra pas – la vie est un aléa, une «circonstance de hasard», auxquels le geste de l'artiste, aussi métamorphique soit-il, ne peut rien, sinon s'y fondre. Ce fut – c'est – aussi un compagnonnage parallèle vis-à-vis d'une œuvre qui, plus qu'aucune autre, se «vit» et se conçoit si intimement *à la manière du «work in progress»* joycien, un compagnonnage vis-à-vis d'une nécessité artistique hantée par le souffle, par le vide, par la mort, par la saturation d'un plein fragile et éphémère, hantée par l'écriture, hantée par la ligne d'horizon fugitive et mobile, hantée par la littérature, hantée par la phrase résistante qui la fonde et la matérialise, hantée par la bibliothèque borgésienne dont Jean-Christophe Norman serait le visiteur ou le passeur ou le (re)lecteur contemporain, au rythme de ce même contemporain faisant feu de tout bois, confondant avec jouissance mélange et métamorphose, pris qu'il est dans les rets tantôt déliés tantôt resserrés d'une durée compulsive, intranquille du mortel maintenant, de l'instant présentiste inactuel [4], et d'un temps géographique à l'échelle monde d'un globe ter-

4 «Éternel peut-être, ce présent [...] n'en est pas moins avide ou anxieux d'historicisation, comme s'il était contraint de se projeter en avant de lui-même pour se regarder tout aussitôt comme déjà passé, oublié. Pour conjurer l'insupportable incertitude de ce qui arrive ? Rappelons-nous le régime de l'événement contemporain, qui inclut d'emblée son autocommémoration, qui est déjà cette commémoration. Mais, contradictoirement en apparence, ce présent dilaté, chargé de sa double dette, de sa mémoire double du passé et de l'avenir, est aussi guetté par l'entropie. L'instant, l'éphémère, l'immédiat le happent et l'amnésie seule peut être son lot. Tels sont les principaux traits de ce présent multiforme et multivoque : un présent monstre. Il est à la fois tout (il n'y a que du présent) et presque rien (la tyrannie de l'immédiat).» C'est ainsi que l'historien François Hartog définit le régime d'historicité contemporain qu'il nomme «présentisme», dans *Régimes d'historicité. Présentisme et expériences du temps*, Paris, Éd. du Seuil, coll. «La Librairie du XXI$^{e}$ siècle», 2003, p. 217.

restre aussi infini de paysages vulnérables qu'étroit d'horizons dénudés et illusoires. C'est au bout de toutes ces phrases accumulées, tangentes, sinueuses, de ces paroles volantes, oubliées, légères, que j'atteins *cette* phrase : *Tout roman recèle un versant pictural.* Accompagnée, conclusion moderne de toute forme littéraire, de sa face imprimée et de son double matériel : *Tout livre expose un versant pictural.* Tout livre peut naître d'« étendues décisives où se joue la climatologie d'un texte, sa météorologie intérieure[5] ». Jean-Christophe Norman ouvre exactement la vision non seulement à la plasticité intrinsèque du texte et à sa multiplicité de sens – l'expérience toujours en cours qu'est la ligne phrase à la craie blanche d'*Ulysses, a long way*, d'après Joyce, en témoigne –, mais aussi à cette « climatologie », à cette « météorologie intérieure », à une géomorphologie visuelle et perspective, tant horizontale que verticale, sans aucune tentation ni lien de *mimésis*[6], juste à cet endroit instable du réel que le romancier Peter Handke appelle « l'heure de la sensation vraie[7] » et « à cet instant où [pour l'écrivain·e] décrire devient exactement synonyme de (dé)peindre[8] ».

*Tout roman recèle un versant pictural* : ce seraient alors des images de lecture, solitaires, répétées, mystérieuses, détachées de la narration, inquiètes, désertiques, marines, fluviales, terrestres, montagneuses, vertigineuses. Ce serait comme ces « images de pensée » racontées par Walter Benjamin, entre passé d'un récit enfoui et présent d'un

5 Maylis de Kerangal, *Chromes*, Éd. IMEC, 2020, p. 16.

6 Ce qu'Erich Auerbach explore comme objet de réflexion philologique, une « interprétation du réel à travers la représentation (ou "imitation" littéraire […] », *in Mimésis. La représentation de la réalité dans la littérature occidentale*, traduit de l'allemand par Cornélius Heim, Paris, Gallimard, coll. « Tel », « Postface », p. 549.

7 Peter Handke, *L'Heure de la sensation vraie*, traduit de l'allemand par Georges-Arthur Goldschmidt, Paris, Gallimard, 1977.

8 *Ibid.*, p. 16.

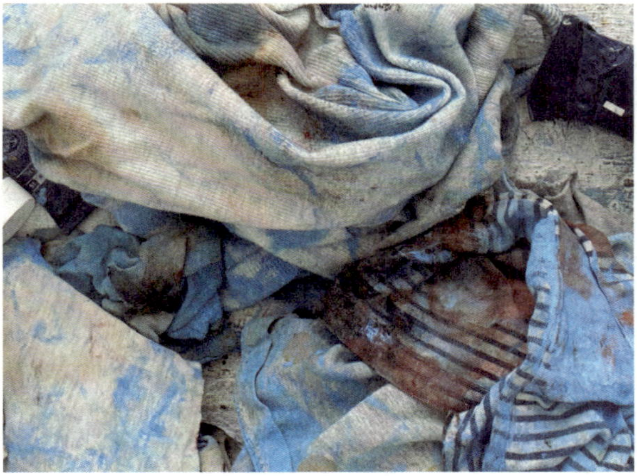

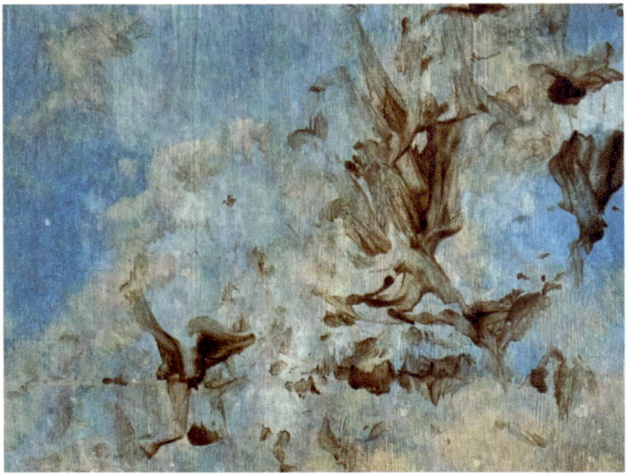

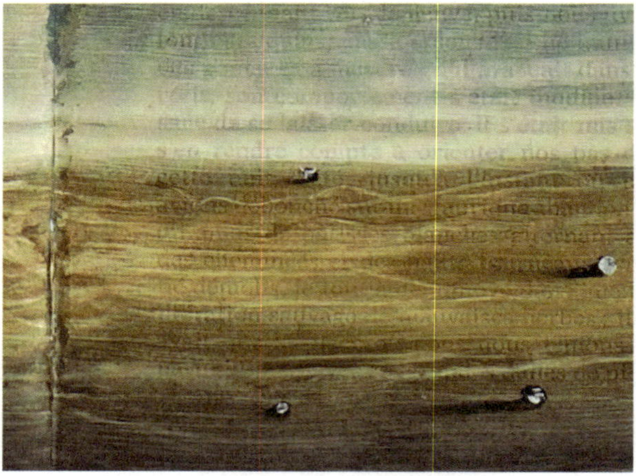

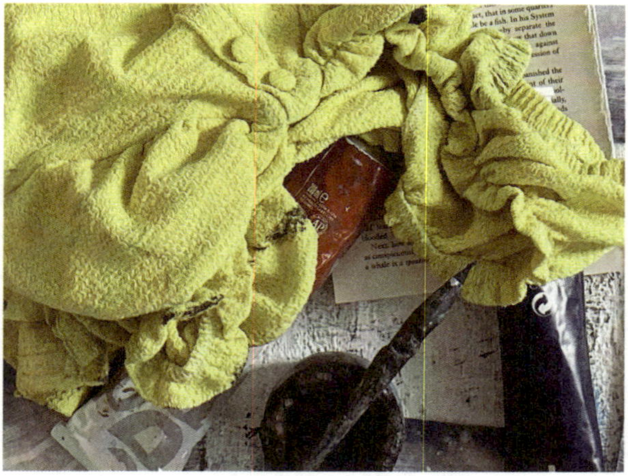

souvenir pictural. Ce sont les *bookscapes* réalisés par l'artiste depuis 2019. Ces livres tirés de la bibliothèque, ramassés, trouvés, écornés, jaunis, ouverts en leur milieu, cassés en plein pli. Ces derniers cachent leur couverture, leur titre et leur auteur originels. Ils ont pris un autre nom, un autre titre: *Bookscape (William S. Burroughs)*; *Bookscape (Theodor W. Adorno)*; *Bookscape (Rubens)*; *Bookscape (Franz Kafka)*; *Bookscape (Thucydide)*; *Bookscape (René Daumal)*; *Bookscape (Novalis)*; *Bookscape (Friedrich Nietzsche)*; *Bookscape (Léonard de Vinci)*; *Bookscape (Rudyard Kipling)*... Quels en sont désormais les auteurs? Jean-Christophe Norman en prononcerait-il la disparition, ne leur laissant qu'une place tombale dans l'espace creux d'une parenthèse? Ces *seascapes* – ces images souvenirs, ces images picturales – se montrent dans leur présent de livres-paysages, fixés désormais dans une nouvelle existence, stratifiés depuis l'écriture (cachée) jusqu'à l'image peinte recouvrante, conservant l'aspect antérieur du volume, maintenant quasi sculptural. Des doubles pages devenant diptyques, dont le texte littéraire a été estompé sous les couches et les traces de couleurs, et le passage délicat et modulé de l'encaustique – cette antique technique à la cire servant de liant. *Tout roman recèle un versant pictural*... C'est ce versant «peint» latent, potentiel, disponible, à l'affût dans le souvenir, que Jean-Christophe Norman fait venir ou revenir à la surface même de la surface du livre, de ses pages, détachée de la couverture. Concrètement. Mais ce long travail de métamorphose du littéraire vers le pictural, de la lettre vers la peinture, dit aussi qu'il n'y a pas de surface vierge, qu'il n'y a pas de surface sans histoire, sans récit. Il n'y a pas de création *ex nihilo*, hors du temps. Il n'y a rien d'autre que le temps, la durée, des géologies de possibles et, peut-être, des généalogies imprévues. Peindre par-dessus la littérature. Peindre par-dessus l'écriture imprimée. Signifier une surface par-dessus une surface saturée de signes, d'événements narratifs, de concepts, de méditations, de descriptions, d'imaginaires : le paysage peint par Jean-Christophe Norman s'opère dans un abstrait palpable, une répétition du motif et l'épaisseur picturale, dans la variation claire ou obscure d'un bleu de Prusse ou de jaune brun terrestres ou solaires. C'est une forme de paysage lecteur, qui doit et ne doit rien à son sous-sol littéraire. La peinture de Jean-Christophe Norman est lecture et, dans un mouvement renversé, la lecture est peinture. L'artiste se fait lecteur peintre ou peintre lecteur, rendant au visible la sensation privée de la lecture. Un paysage sensoriel apparaît, affleurement du rêve intime et imagé du lecteur ou de la lectrice à venir.

Très vite, très tôt, avec Jean-Christophe Norman nous avons parlé d'écriture(s). C'était à Metz, au Frac Lorraine, en décembre 2006. Il y écrivait le temps de l'horloge baudelairienne[9], grâce au truchement mécanique d'un clavier d'ordinateur. Ses doigts couraient littéralement après la ligne numérique du jour, du mois, de l'année, des heures, des minutes, des secondes, qui s'inscrivaient à la vitesse irrégulière, mais sans halte, de sa main concentrée, sur l'écran virtuel, durant *Un jour – Une nuit*.

L'écriture puis la littérature puis la bibliothèque puis le livre furent nos points originels de jonction et de compréhension. Notre dialogue fut successivement tourné vers les formes et les possibles de l'écriture, vers une « physique contemporaine de l'écriture[10] », son inscription, son effacement, son (in)visible sensible sur des supports passagers, transitoires, et sous des matières mêlant l'encre, la

9 « Trois mille six cents fois par heure, la Seconde / Chuchote : Souviens-toi ! – Rapide, avec sa voix / D'insecte, Maintenant dit : Je suis Autrefois, / Et j'ai pompé ta vie avec ma trompe immonde ! » Charles Baudelaire, « L'horloge », *Les Fleurs du mal*, 1861.

10 Marjorie Micucci, « Jean-Christophe Norman : physique contemporaine de l'écriture », *Artpress*, mai-juin 2020.

peinture et le trait, mais également un dialogue axé vers le corps de l'écrivain, ou le corps écrivant, la fatigue de la main – celle de l'artiste, celle de l'auteur·e –, vers la durée dans l'écriture, de l'écriture comme ligne sans fin, comme dessin, comme folle exigence, comme unique impératif [11]. Nous avions pour «bréviaire» commun, entre autres, le court texte de Marguerite Duras, *Écrire*, l'un de ses derniers livres, publié en 1993. Et sa phrase finale, qui me semblait coller à l'énigme de la recherche humaine et esthétique de l'artiste Jean-Christophe Norman: «L'écrit ça arrive comme le vent, c'est nu, c'est de l'encre, c'est l'écrit, et ça passe comme rien d'autre ne passe dans la vie, rien de plus, sauf elle, la vie [12].»

Notre dialogue autour de la peinture fut précoce, dans le même temps que celui autour de la ligne. Il resta, cependant, longtemps dans la pudeur, voire la réticence. Quelques références, quelques souvenirs – vite tus – pointaient: Léonard de Vinci, Cy Twombly, William Turner. Être prêt à parler de peinture, l'accepter et s'y reconnaître, faire sien et accomplir l'axiome posé par Léonard dans son *Trattato*, «cette composition incomplète [13]» et fragmentaire rebaptisée «Traité de la peinture»: «[...] j'en dirai autant de tous les arts qui ont besoin de la main du scribe; et l'écriture est du même genre que le dessin, qui est partie de la peinture [14]», Jean-Christophe Norman en aborda les prémices par une longue digression littéraire et temporelle, lorsque la peinture se cachait «derrière» la ligne d'écriture manuscrite (souvent au Marker® noir),

11 Marjorie Micucci, «Entretien avec Jean-Christophe Norman», in *Les Circonstances du hasard*, Besançon, Éditions Frac Franche-Comté, 2012, p. 85-92.

12 Marguerite Duras, *Écrire*, Paris, Gallimard, 1993, p. 65.

13 André Chastel, «Introduction», *in* Léonard de Vinci, *Traité de la peinture*, textes traduits et commentés par André Chastel, Paris, Calmann-Lévy, 2003, p. 20.

14 Léonard de Vinci, *Codex urbinas*, 19 v, in *ibid.*, p. 57.

lorsqu'elle se présentait à la manière des arrière-fonds paysagers et montagneux caractéristiques des tableaux des maîtres de la Renaissance italienne. Encore une fois, Léonard de Vinci en est le «modèle». La ligne d'écriture était ici le motif central – et non pas la figure – d'une toile de jute grand format, travaillée déjà à l'huile et à l'encaustique, par une matière picturale presque fantomatique, à l'effet flottant, ivre, brouillé, un voile pudique ombré ou en clair-obscur: ce fut le magnifique triptyque picturo-romanesque dans lequel l'artiste convoqua trois auteurs et romans essentiels de sa bibliothèque personnelle: *Sans titre (Au cœur des ténèbres – Joseph Conrad)*, 2010, *Sans titre (Le Navire de bois – Hans Henny Jahnn)*, 2010, et *Sans titre (La Mort de Virgile – Hermann Broch)*, 2011.

Puis, quelques années plus tard, Jean-Christophe Norman déploya son désir de peinture dans un face-à-face visuel apaisé et explicite, lors de son exposition monographique au Frac Franche-Comté, en 2014, «Biographie»: là, il procéda à l'accrochage sériel et frontal – dans la tradition des artistes conceptuels comme Hanne Darboven – de la Recherche (de Proust) réécrite entièrement au stylo sur des feuilles A4, piquées sur le mur blanc muséal, face à l'installation dispersée de plus de deux cents tableaux de petit format – transportables au cours de marches – révélant une peinture de paysages et de souvenirs de lumières, de villes traversées, une peinture de la durée et des temps retrouvés, une peinture «mentale» dans la conception léonardienne, et abstraite, nommée également «Biographie». Une «peinture proustienne», bien sûr, qui en appelait au goût survivant du souvenir visuel ou lumineux. Ce face-à-face défit l'appréhension. La peinture s'acceptait, dans une modulation paysagère, dans une forme de ressouvenir de sensations, de lumières captées, ressenties, saisies, persistantes à l'œil-durée. La face picturale se dévoilait, à distance de l'écriture. L'œuvre de Jean-Christophe Norman

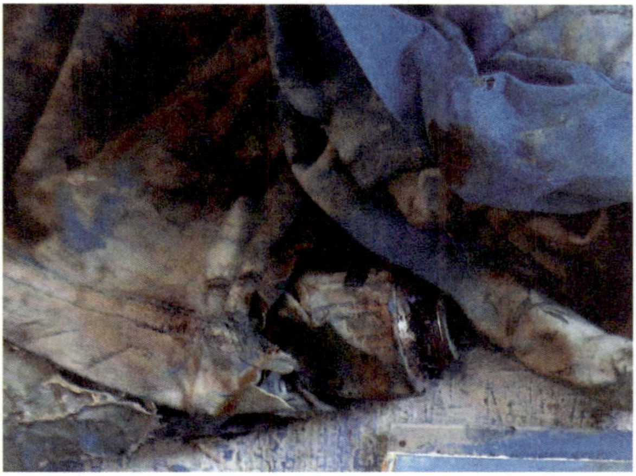

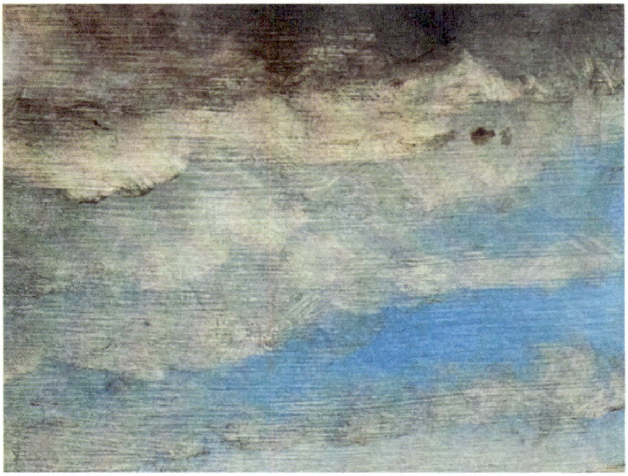

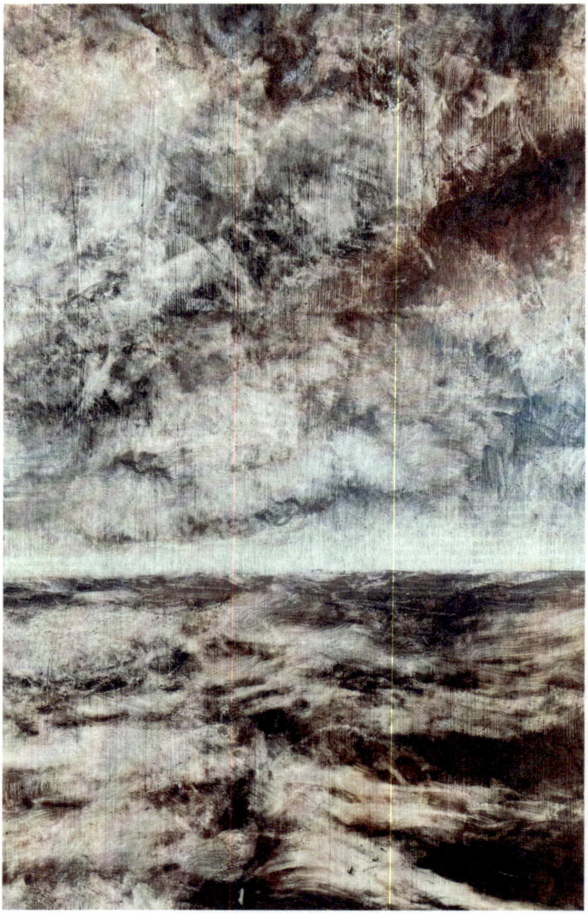

trouva ainsi, et aussi, son lieu et son lien *entre* peinture et littérature, *entre* écriture et dessin, entre la page et la toile, *entre* un avers romanesque et un revers pictural.
Tout est face et surface, prêtes, en leur *recto* et en leur *verso*… Il y a donc ce passage par la littérature et ce qui matériellement la constitue, la fait exister, pour naître à la peinture, et inventer un temps pictural propre. Le roman – comme récit – et le livre – comme support, surface, liant – se font «corps hôte» de la dépense picturale, surface d'accueil, aplat préparatoire d'hospitalité. Sans plus de retenue. L'acmé en cours de cette «traversée artistique» se déploie aujourd'hui dans les trois «fresques picturales» réalisées en 2020 par Jean-Christophe Norman, dans le silence du confinement, dans la mémoire visuelle des marches solaires et de réécriture du projet «Picasso Méditerranée» de 2019 qui mena l'artiste de Rome à Barcelone, de Madrid à Malaga, de Marseille à Nice…: *Seascape (Moby-Dick)*, *Landscape (Fleuve sans rives)*, *Seascape (Au cœur des ténèbres)*. Face contre face, littérature et peinture s'unissent. Loin des anciennes correspondances des arts du renaissant *Ut pictura poesis* ou de leur séparation d'objets édictée par Gotthold E. Lessing dans son *Laocoon, ou des frontières respectives de la poésie et de la peinture* (1766-1768). Page après page, le paysage s'invente en un versant pictural. Voir ainsi le tableau contemporain d'un roman. Et savoir que l'horizon de la peinture peut être la littérature en sa qualité visuelle.

La littérature accompagne Jean-Christophe Norman. Le livre l'accompagne. Ce sont ses compagnons de voyage, de marches, de traversées. Ce sont ses compagnons de peinture. Littérature et livre sont l'indispensable revers de son engagement d'artiste, l'autre frémissement vital, l'autre paysage, l'autre versant du travail. Les auteur·e·s sont des ami·e·s de vie: Jorge Luis Borges, Thomas Bernhard, Hans Henny Jahnn, Marguerite Duras, Pierre Guyotat,

Hermann Broch, James Joyce, Marcel Proust, René Daumal, Joseph Conrad, Franz Kafka… D'autres se sont immiscés dans la bibliothèque et invités dans l'œuvre, comme en 2016, Friedrich Dürrenmatt, dont Jean-Christophe Norman réécrivit la dernière phrase de chacun des livres de la bibliothèque de l'auteur de *La Visite de la vieille dame* (1956) et de l'autobiographique *La Mise en œuvre* (1981) [15] ou en 2020, Herman Melville avec *Seascape ou Bookscape* (Moby Dick), Cervantès avec *Cover (Don Quichotte)* ou Rimbaud, avec également une *Cover (Rimbaud – Œuvres complètes)*. Leurs textes sont des défis, les livres et les éditions qui les «honorent», les couvertures et les pages qui les portent – celles, précieuses, des éditions de La Pléiade ou celles, ordinaires, d'éditions usées, usagées, trouvées au hasard des rues – sont des conquêtes de papier, une appropriation amoureuse, iconoclaste, hérétique, par l'encre, l'huile et la couleur, l'encaustique, le graphite, du livre, de ses espaces et de ses paysages de lignes. Jean-Christophe Norman les fit et les fait entrer *dans* sa surface, son périmètre de marche, dessiné ou pictural, indéfini. Et soudain, ils – les livres –, elle – la littérature – se font substrat de l'œuvre. Et la littérature permet la peinture, l'autorise, la libère. Et le livre – devenu image d'une totalité romanesque au bout de toutes ses opérations plastiques – soutient le paysage, pictural. À la façon d'une toile. Le livre devient tableau et peinture. En fragment de page, en diptyque, en fresque. Il devient le lieu de l'horizon retrouvé, celui que Jean-Christophe Norman vit, enfant, dans un tableau de Léonard de Vinci, au musée du Louvre : *La Vierge, l'Enfant Jésus et sainte Anne*, que le peintre toscan débuta en 1503 et laissa inachevé à sa mort. Le jeune visiteur fut attiré par le paysage montagneux d'un bleuté lointain, découpé par une ligne de crête, d'où se détachent les figures bibliques. Cet arrière-

15 Exposition «Matières», Centre Dürrenmatt Neuchâtel, 2 octobre 2016-26 février 2017. «Jean-Christophe Norman, *Matières – Stoffe*», *Cahier*, n° 14, Neuchâtel, Centre Dürrenmatt éditeur, 2016.

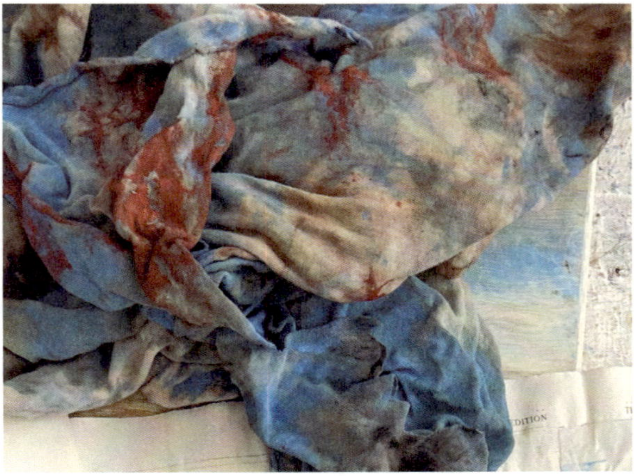

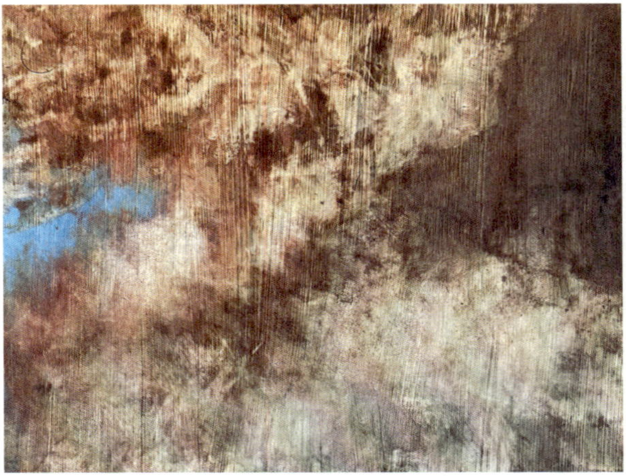

fond ouvre le tableau vers un autre récit, le paysage indistinct se fait sensation pure, mouvement, possibilité, mobilité. Jean-Christophe Norman fait revenir *devant* cet instant du là-bas pictural. Il peut, alors, *dire* la peinture. Il peut *montrer* la peinture.

Annecy, 18 novembre 2020 –
Paris, 16 janvier 2021

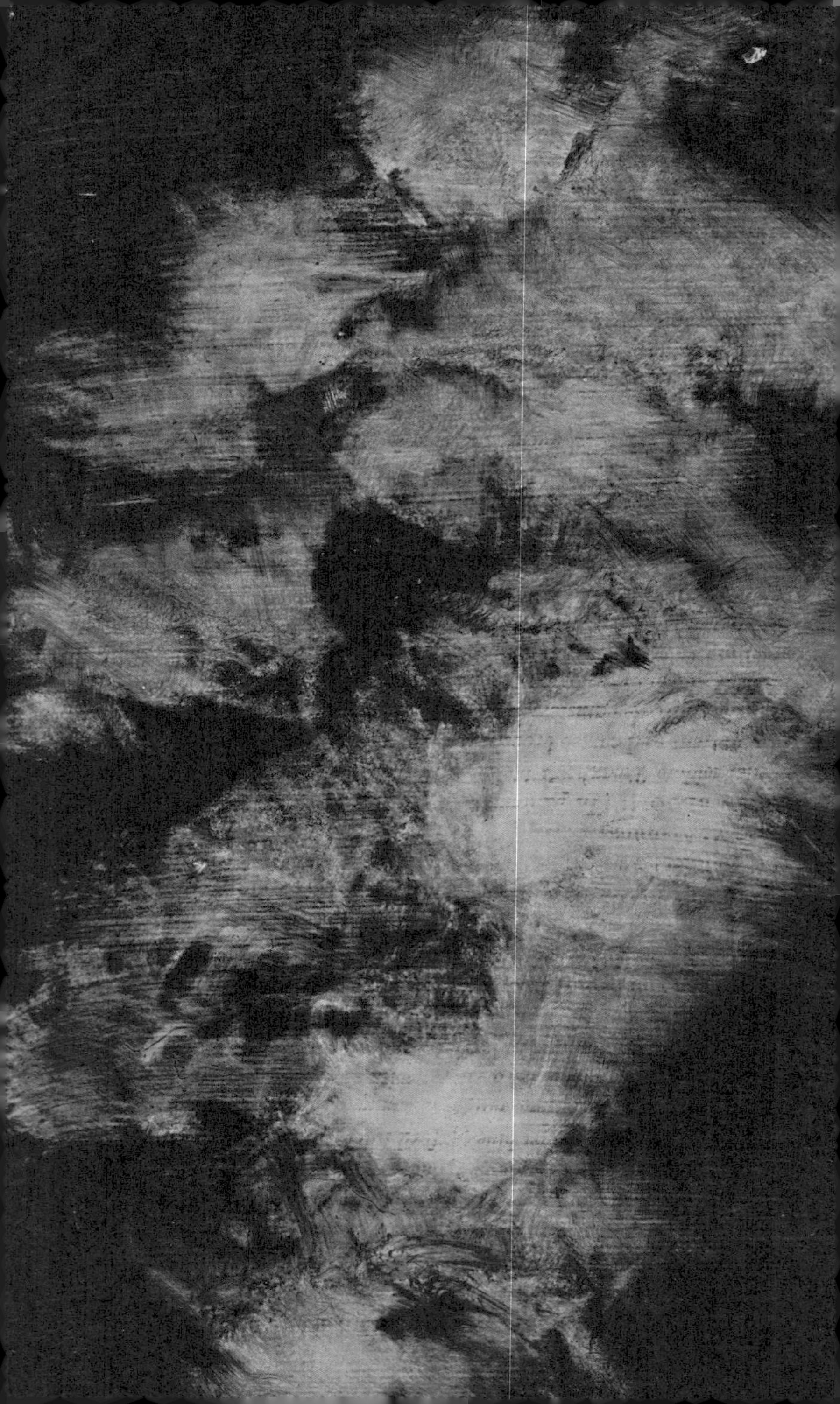

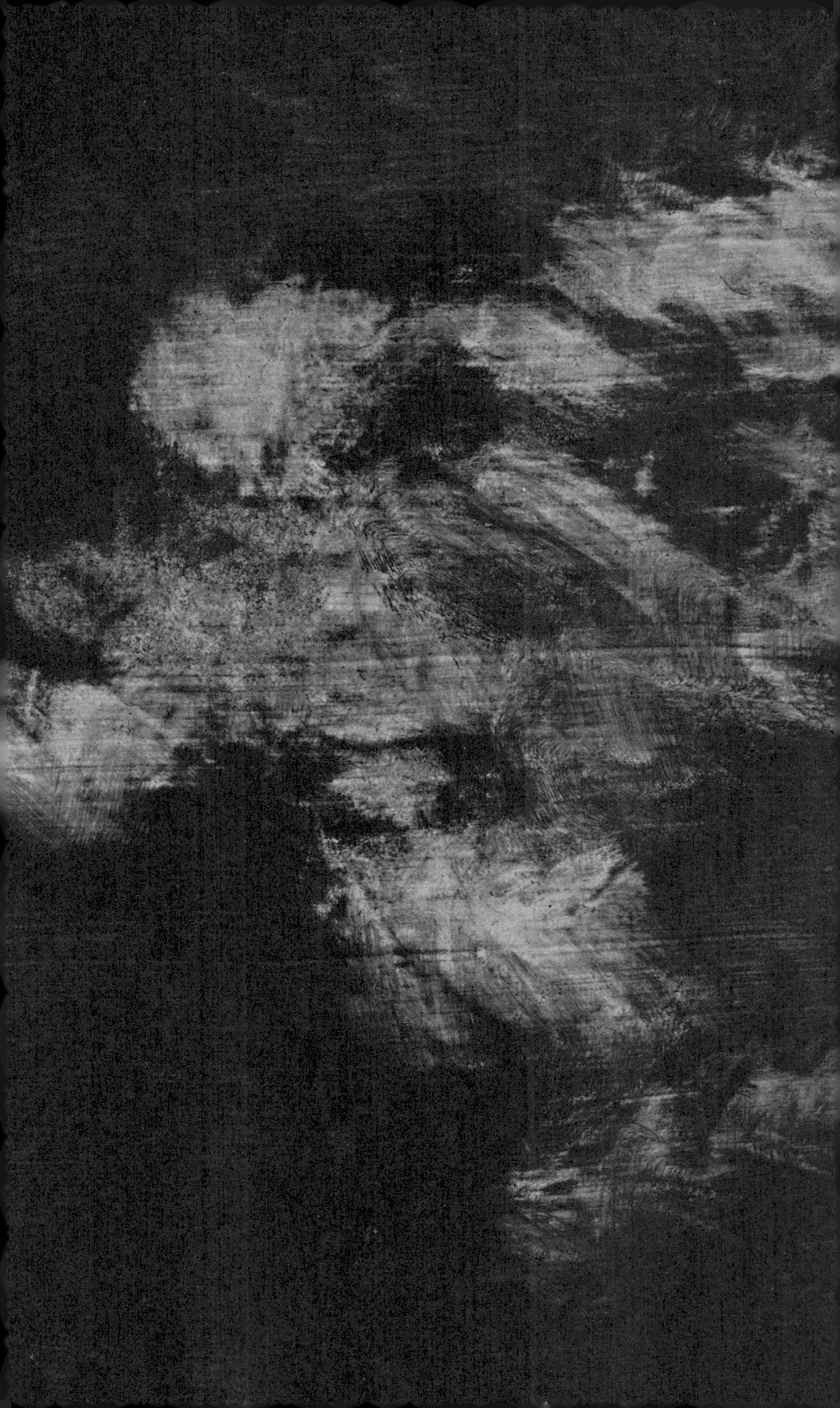

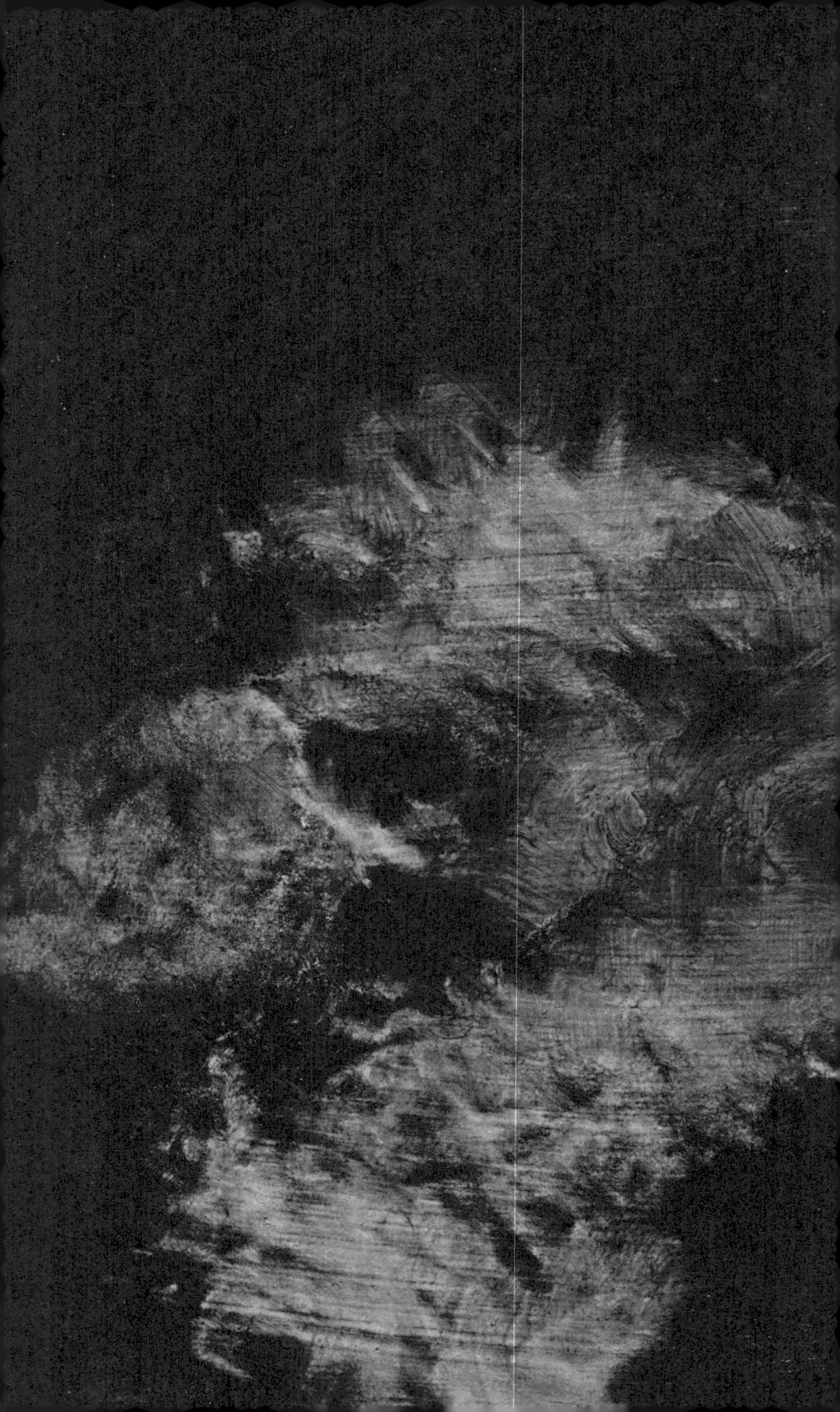

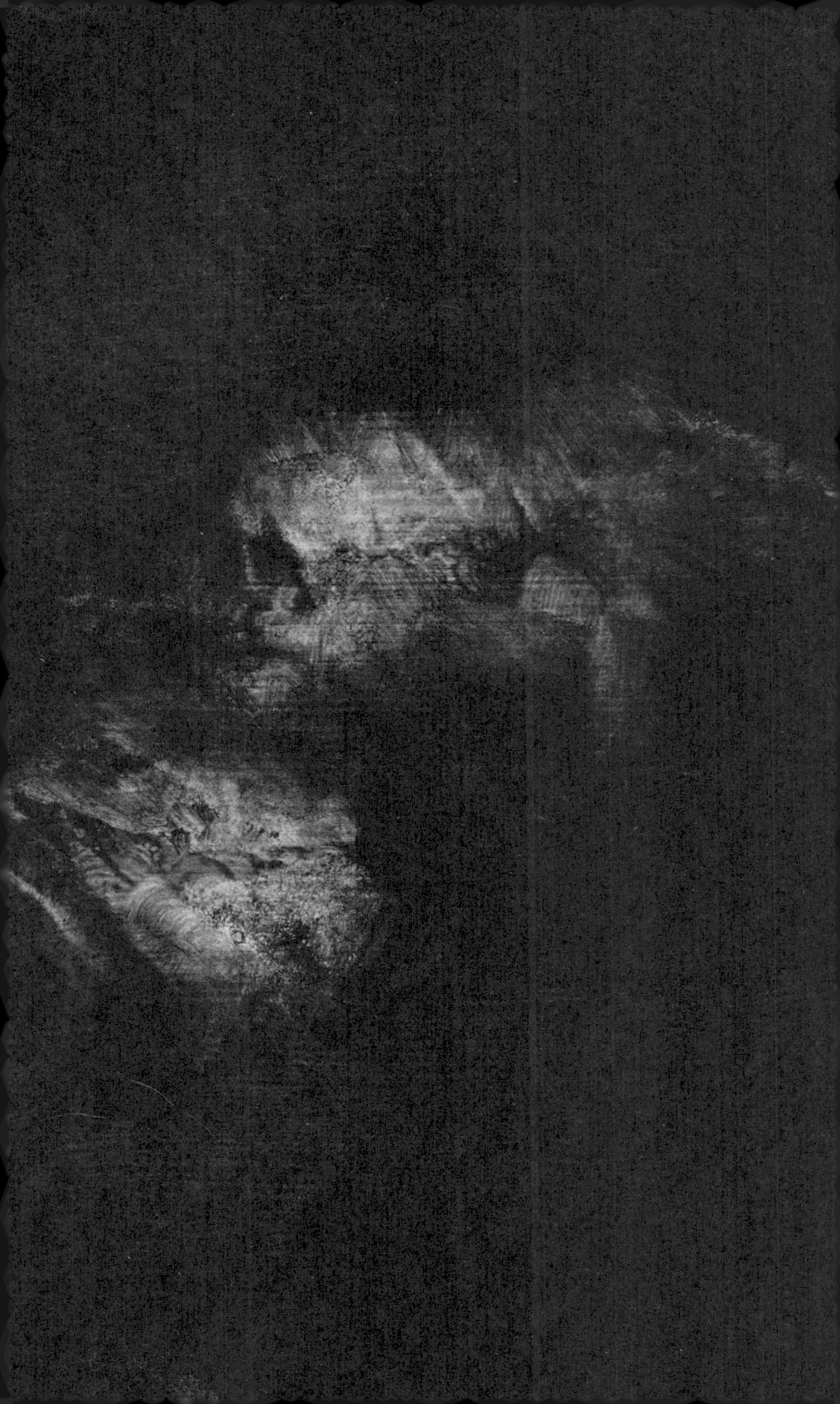

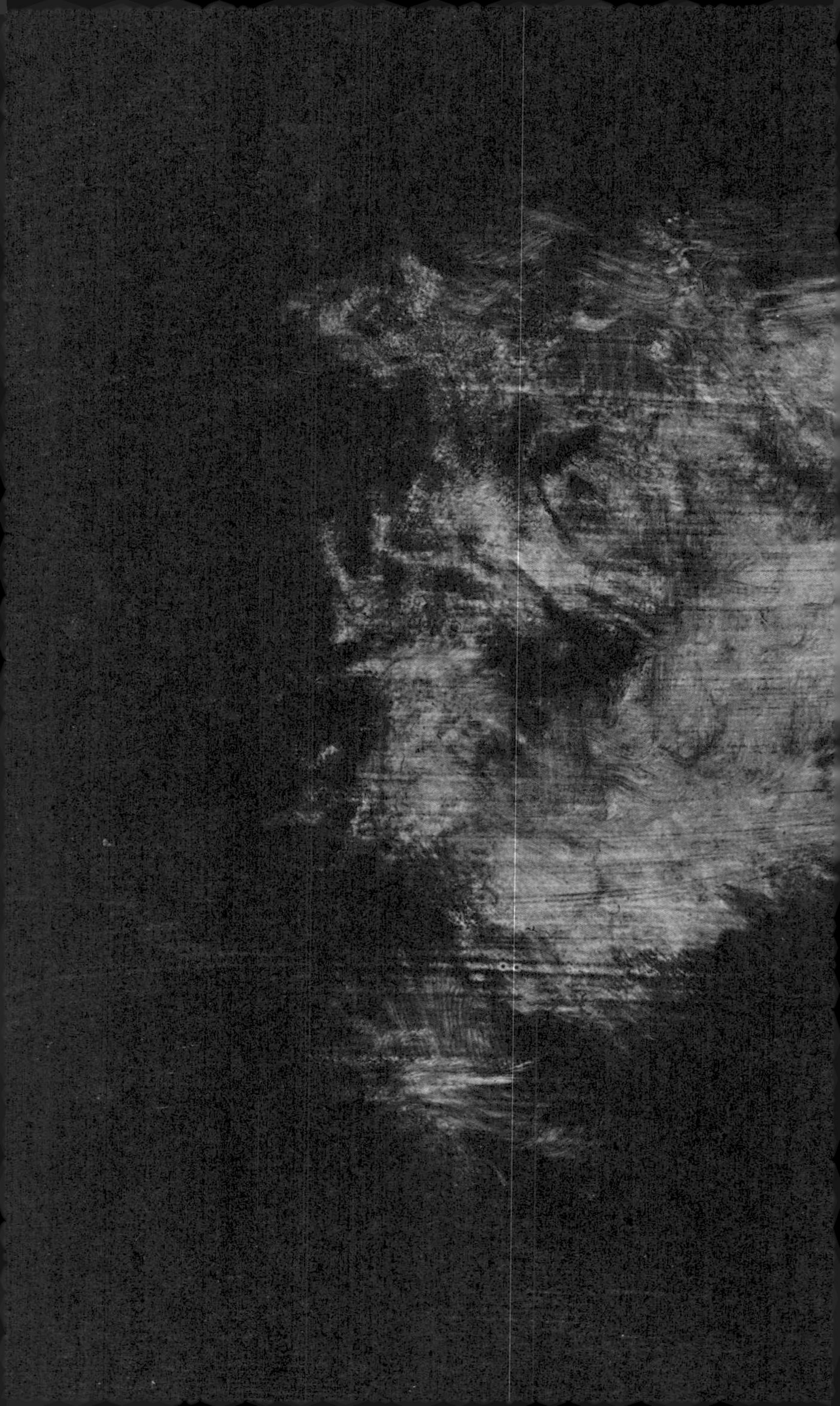

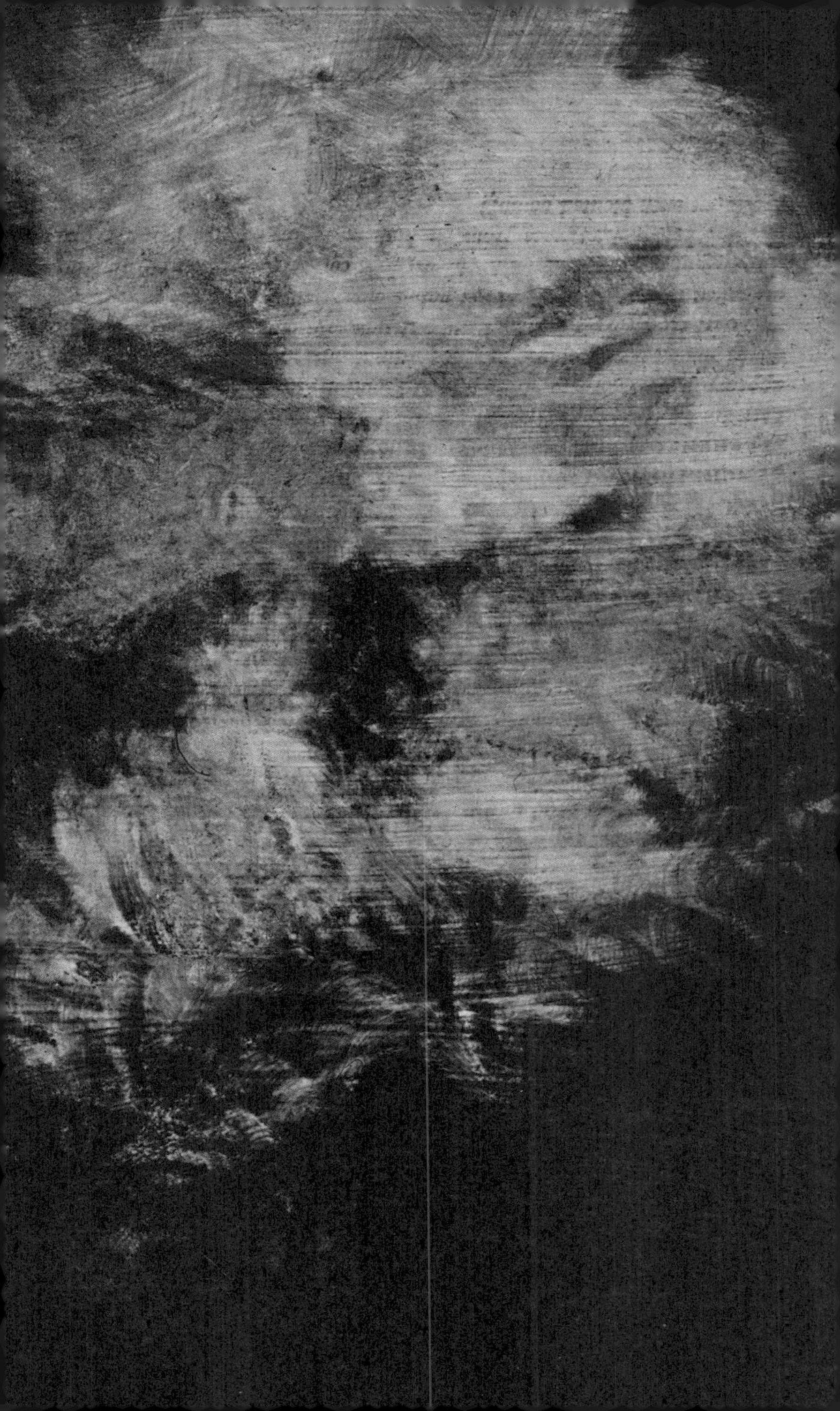

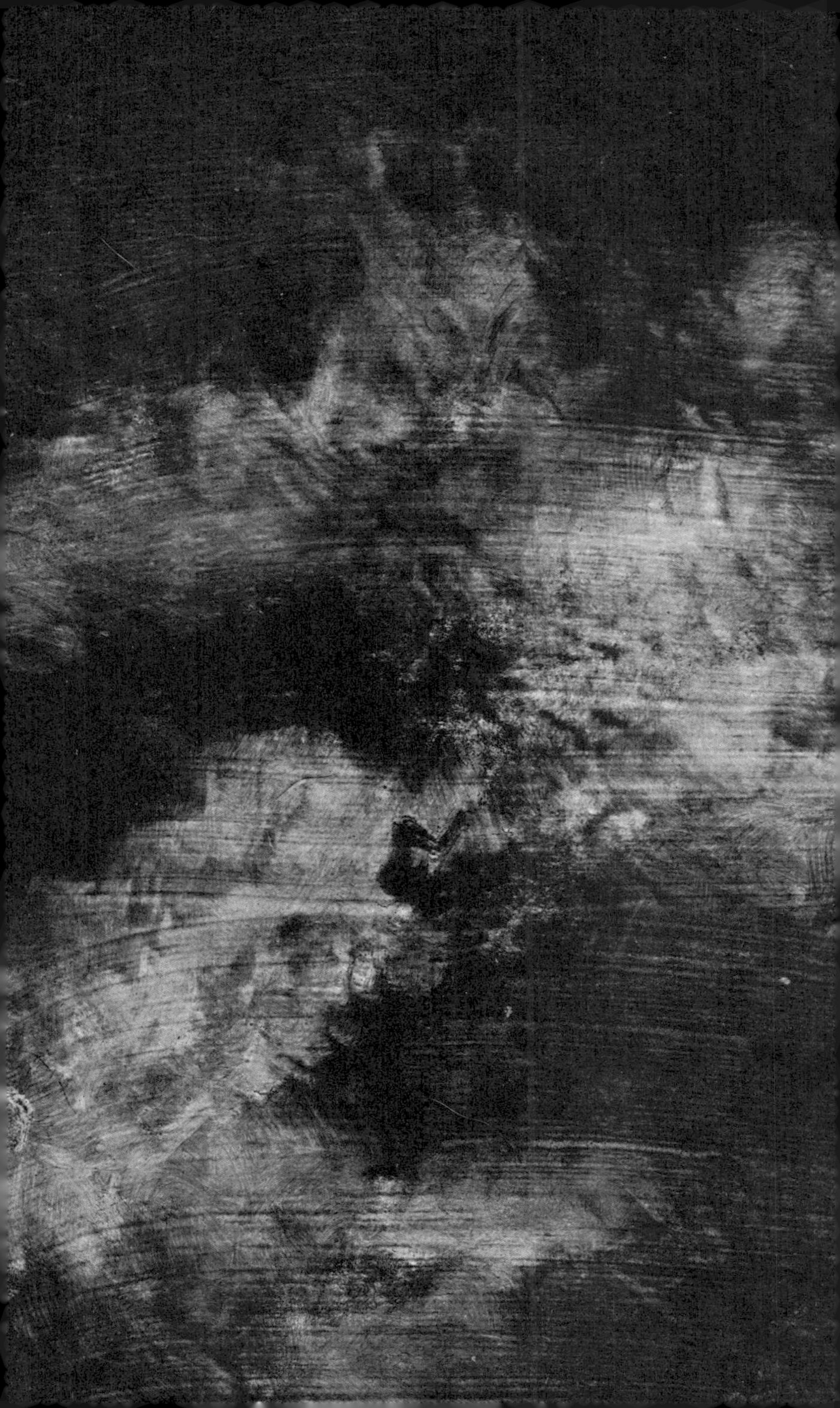

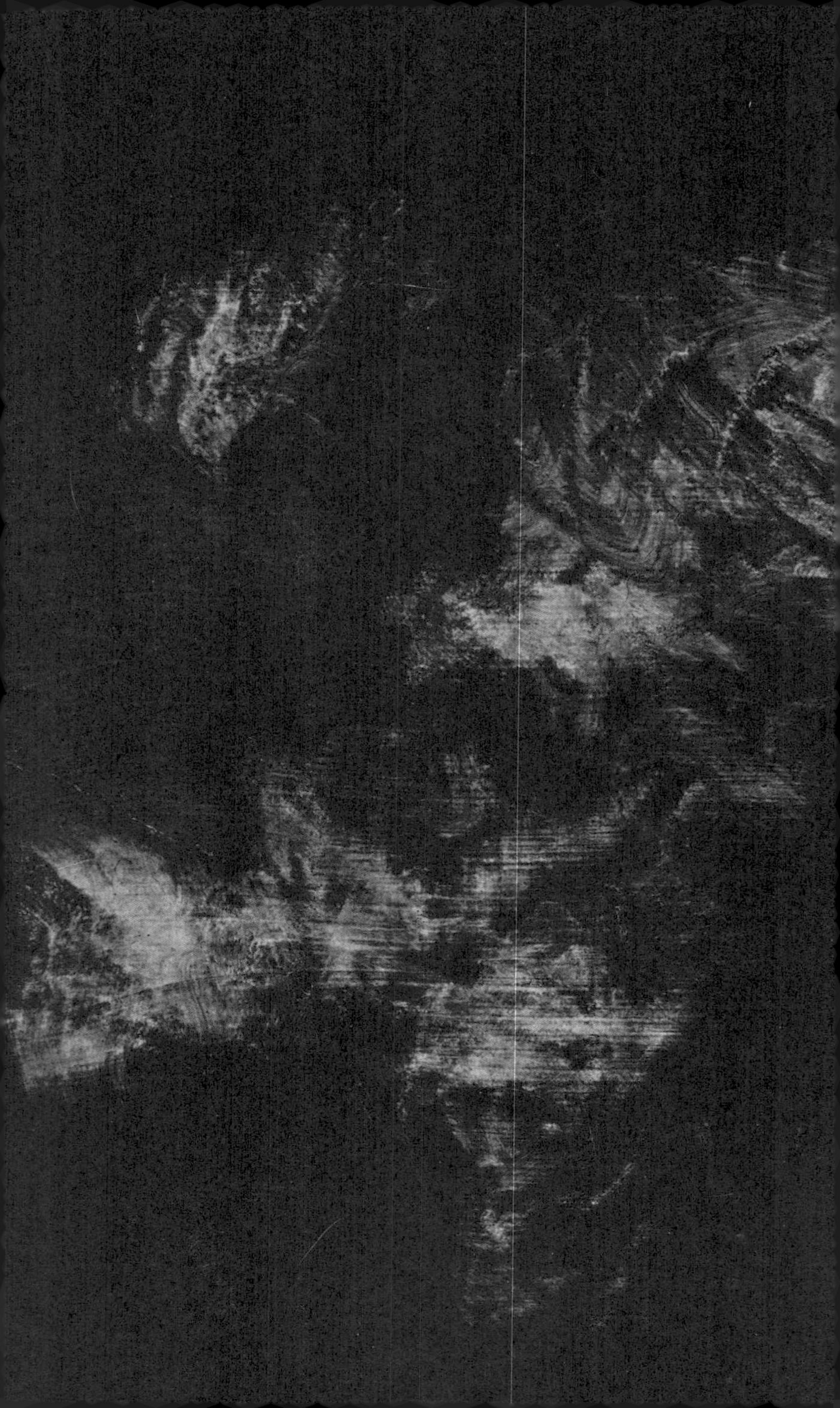

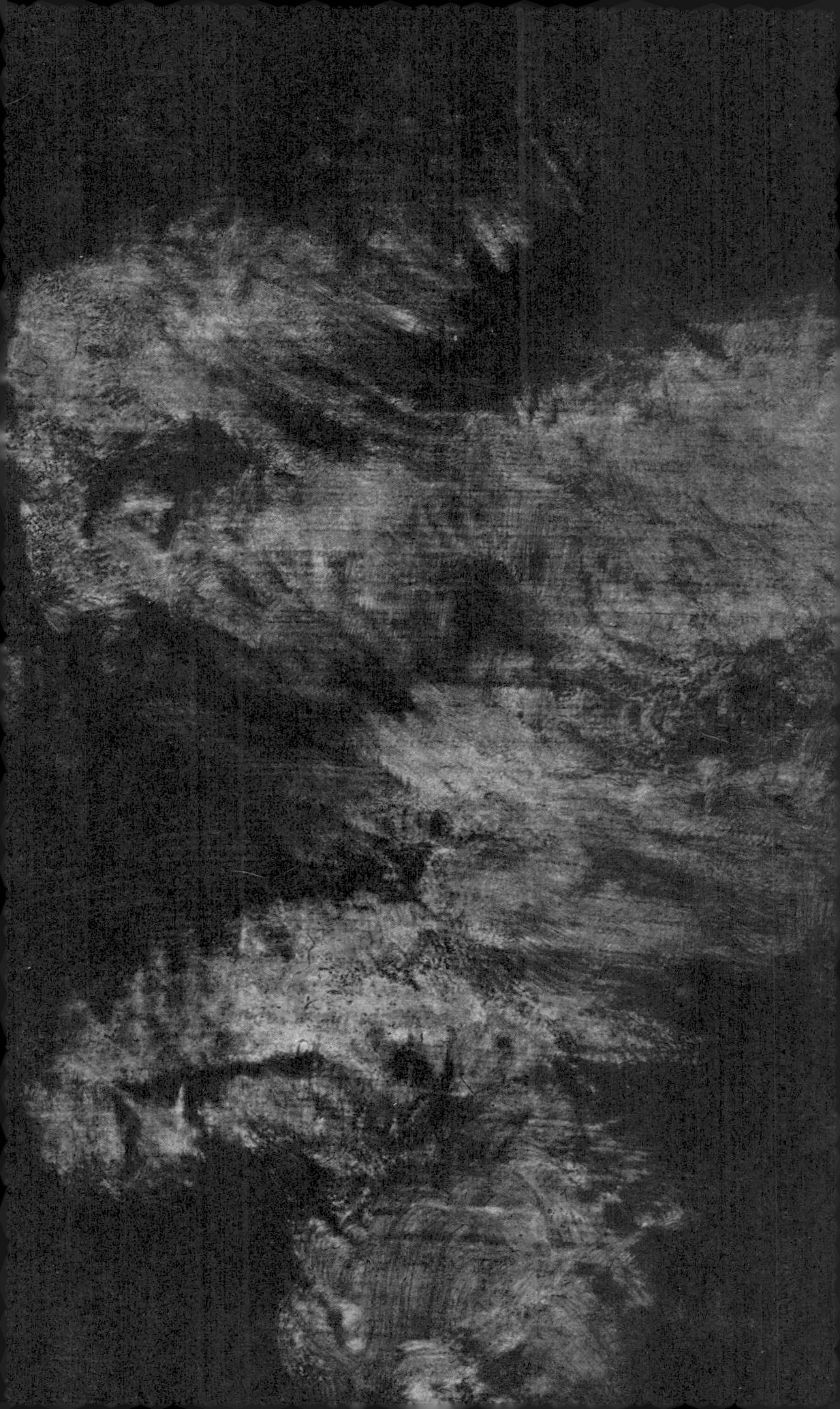

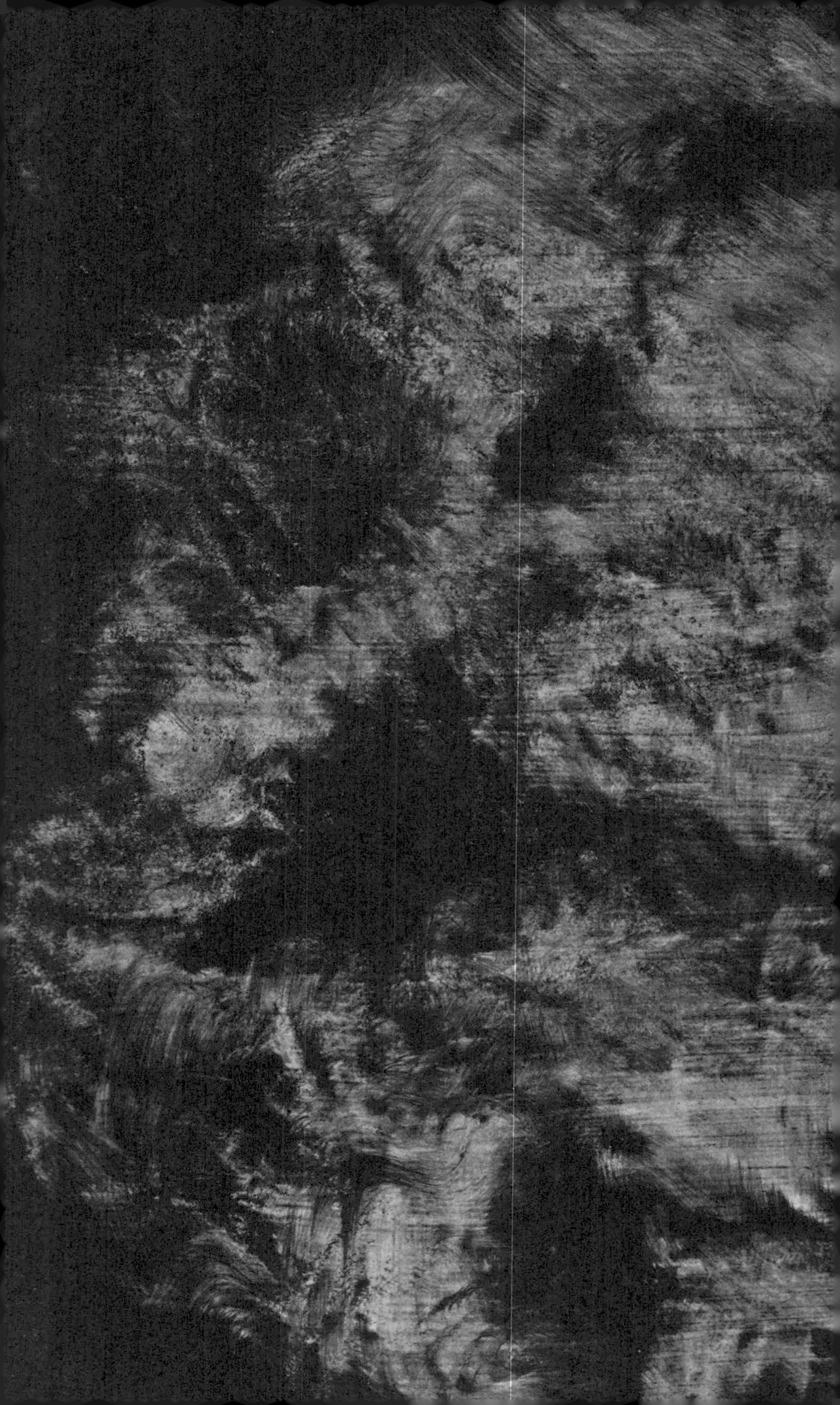

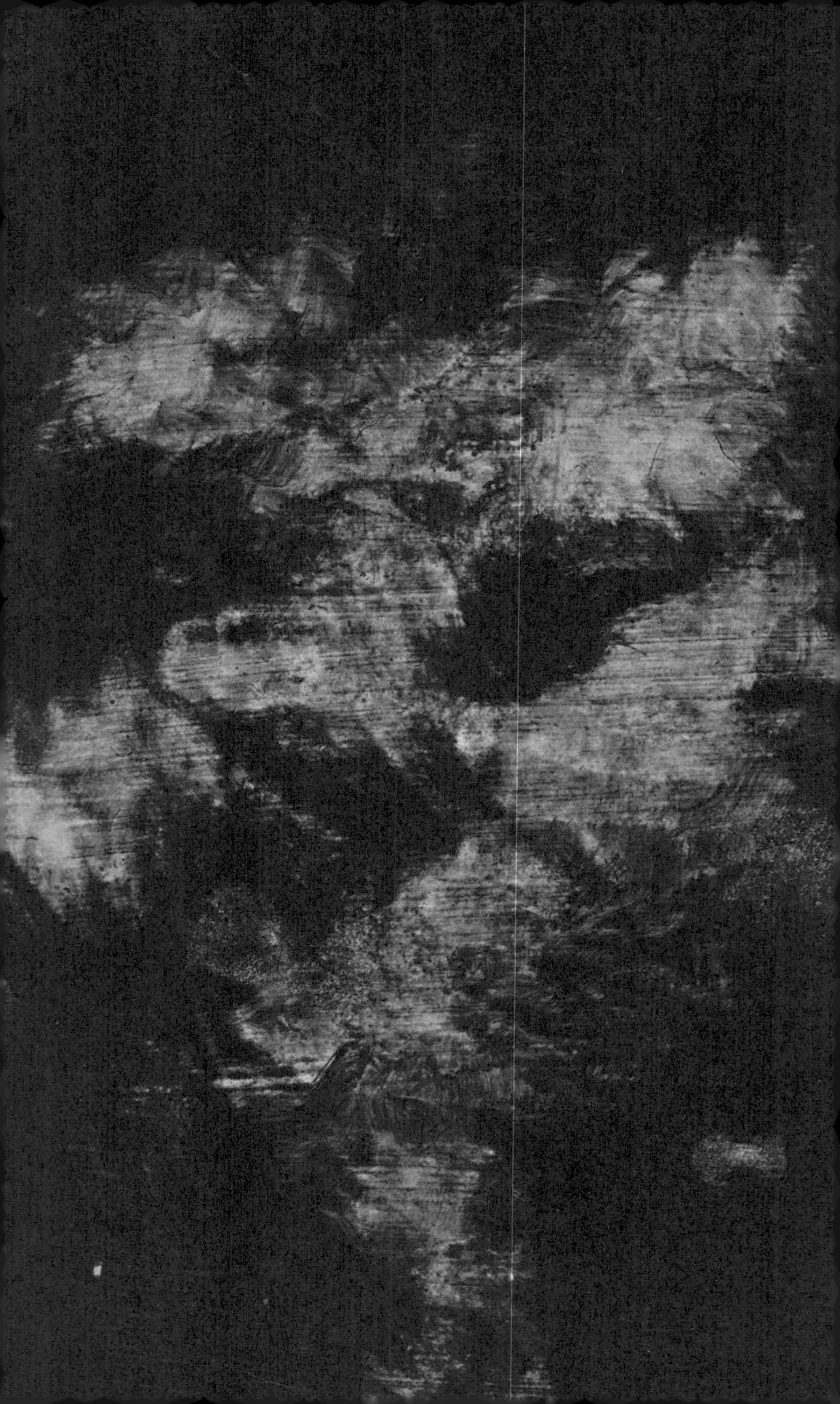

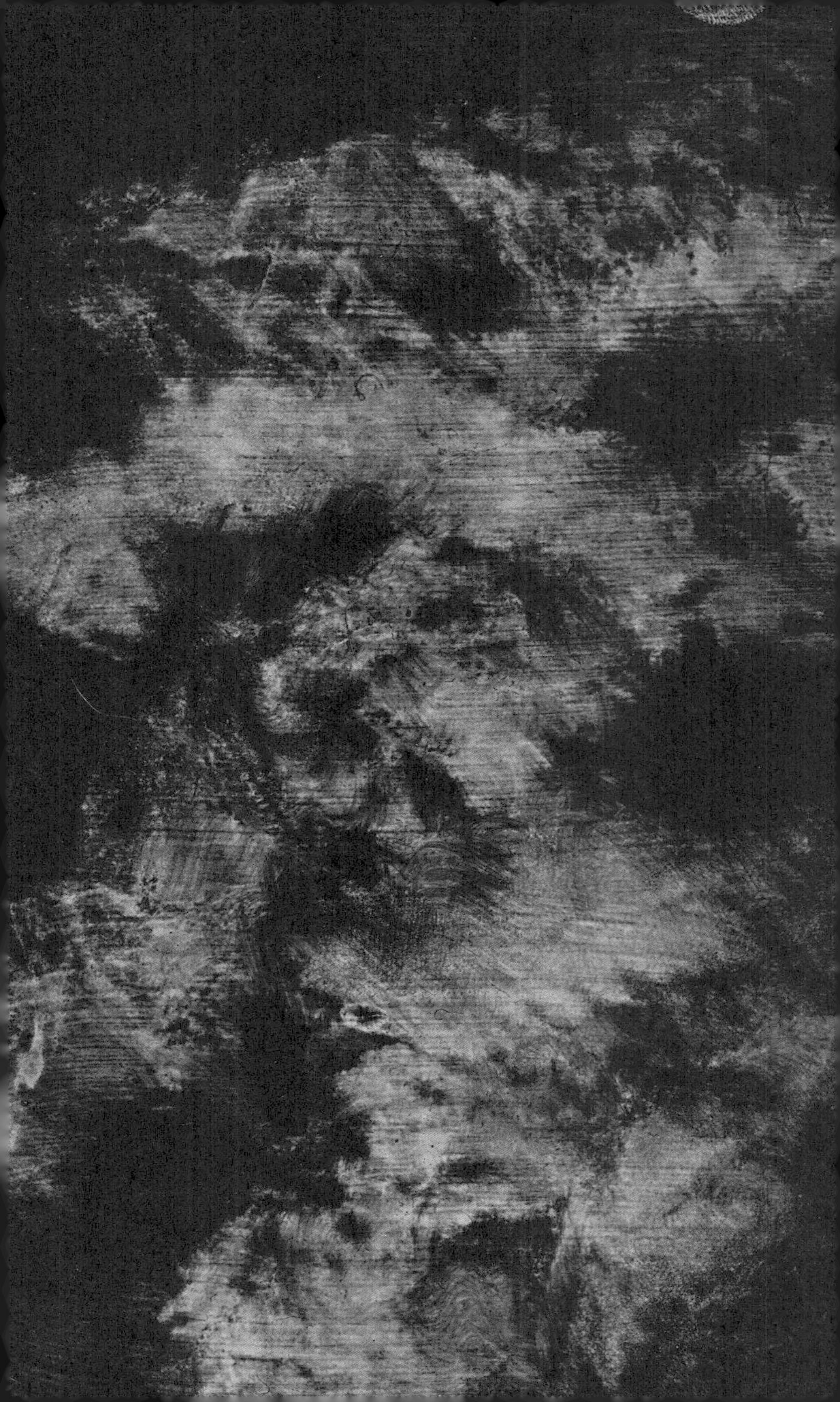

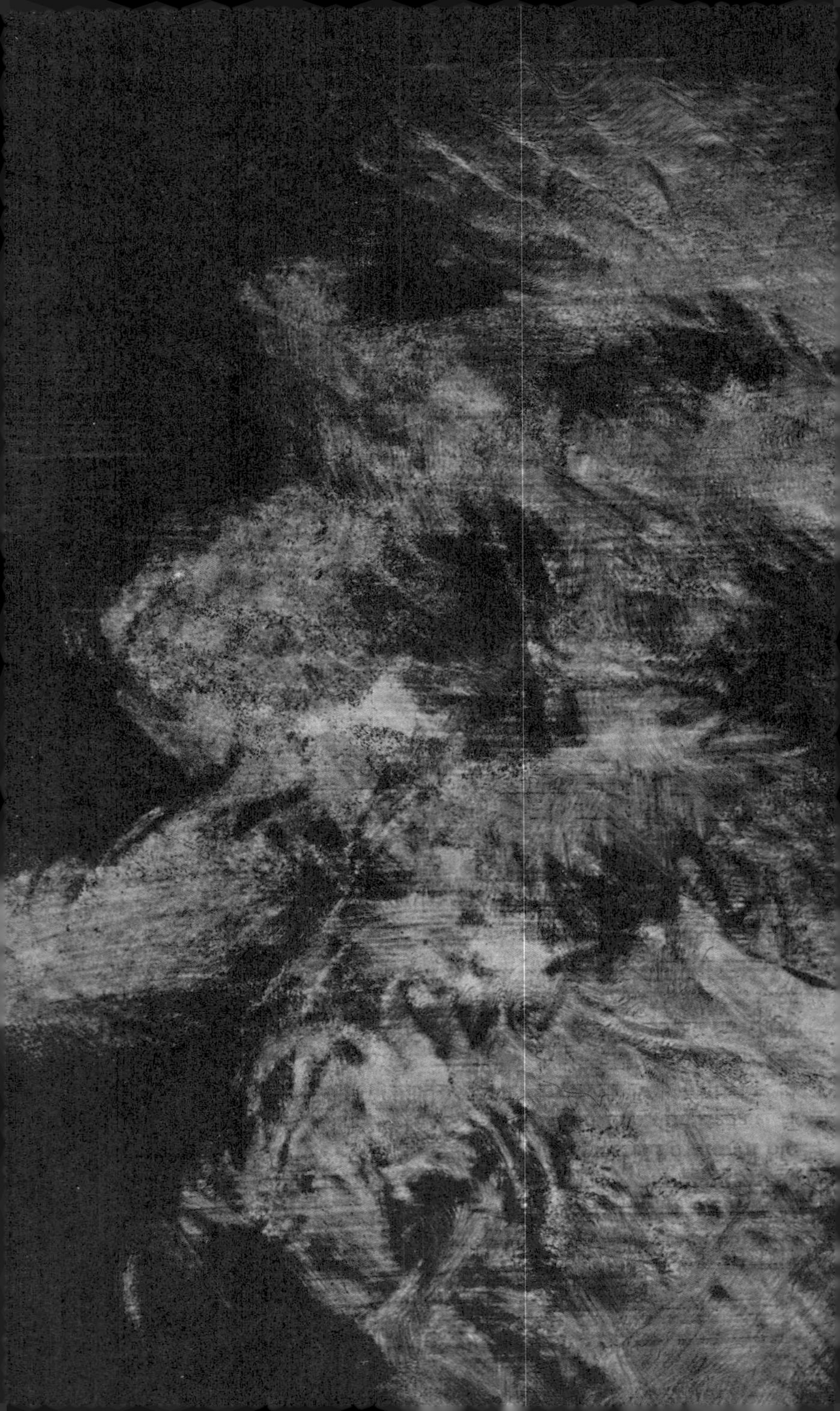

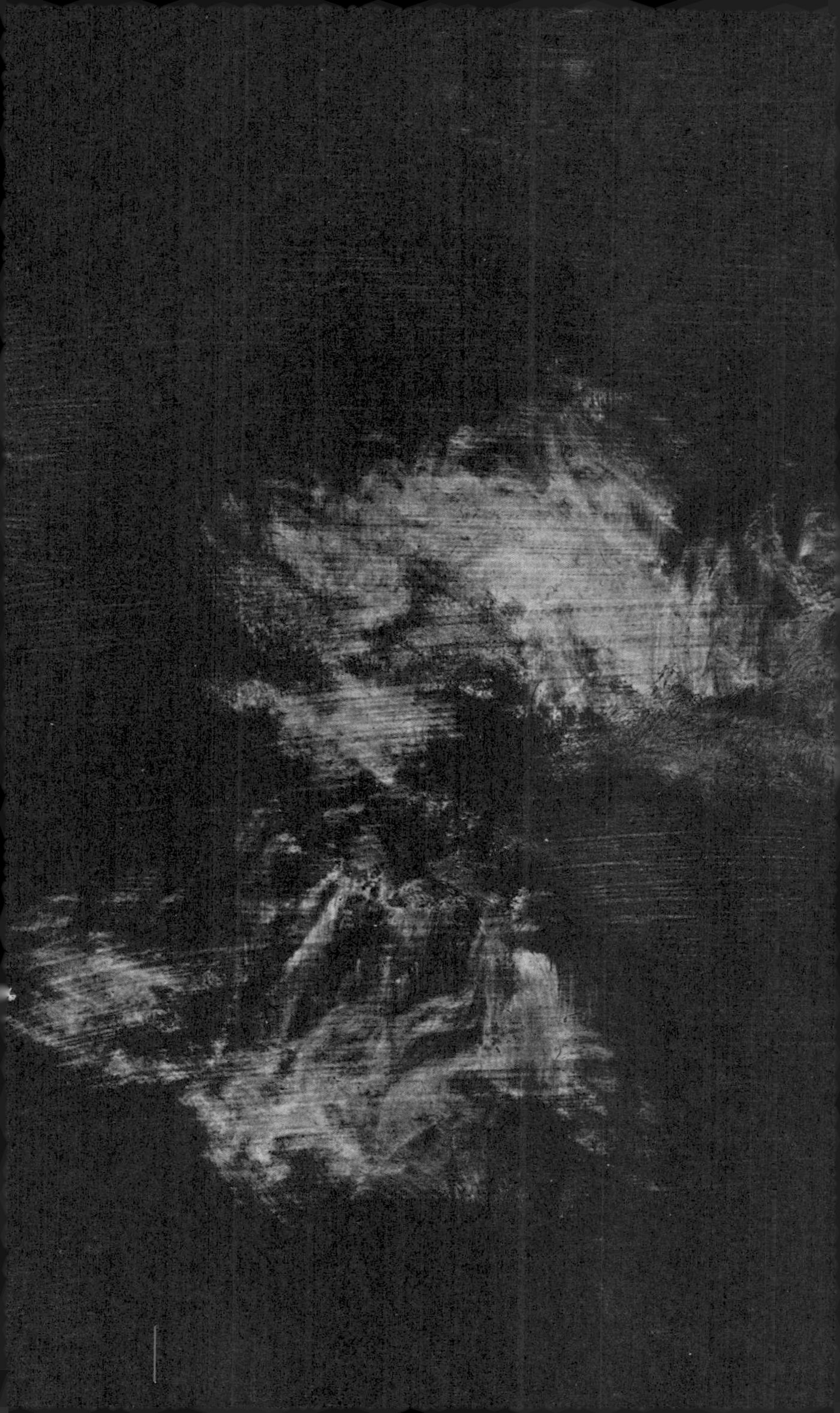

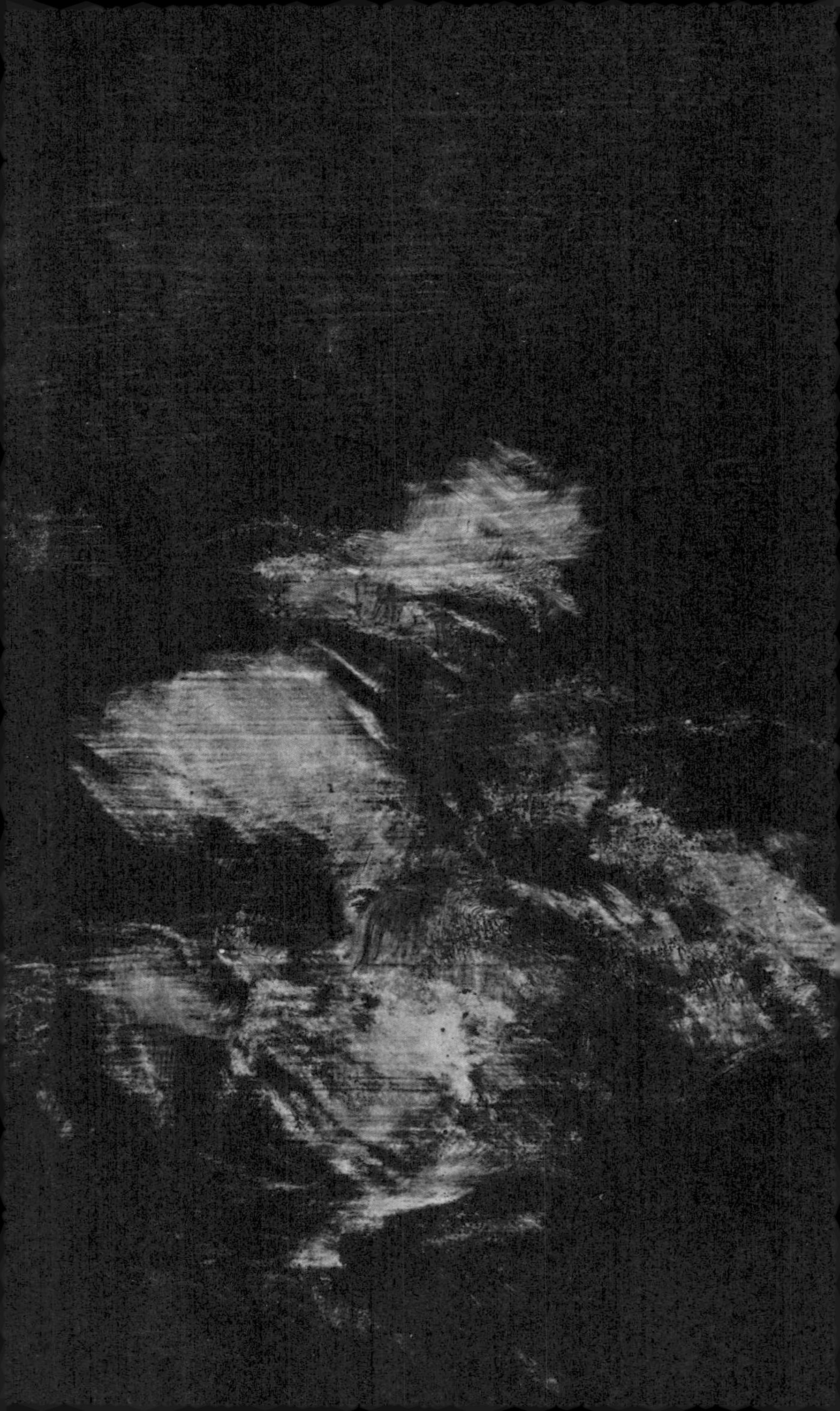

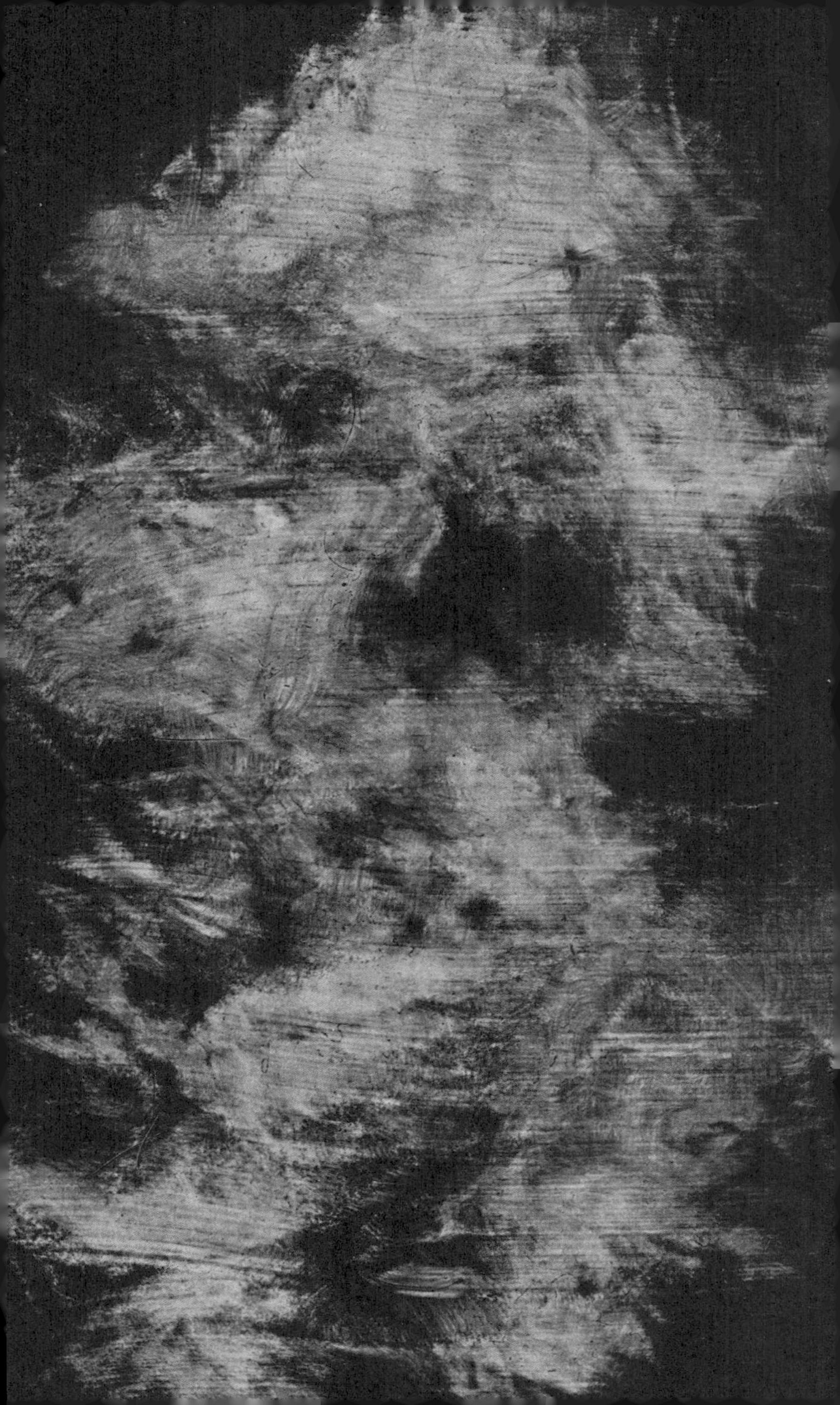

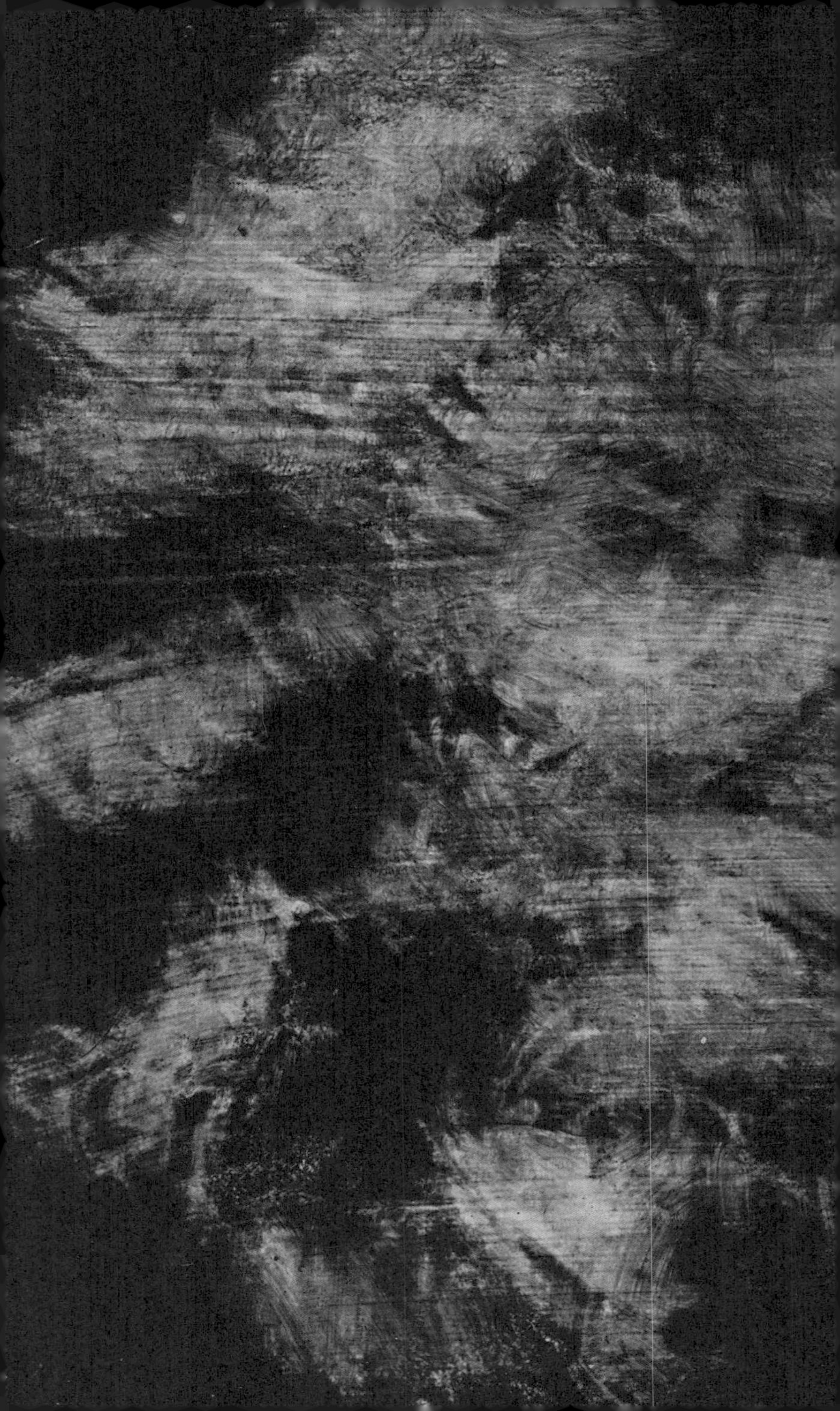

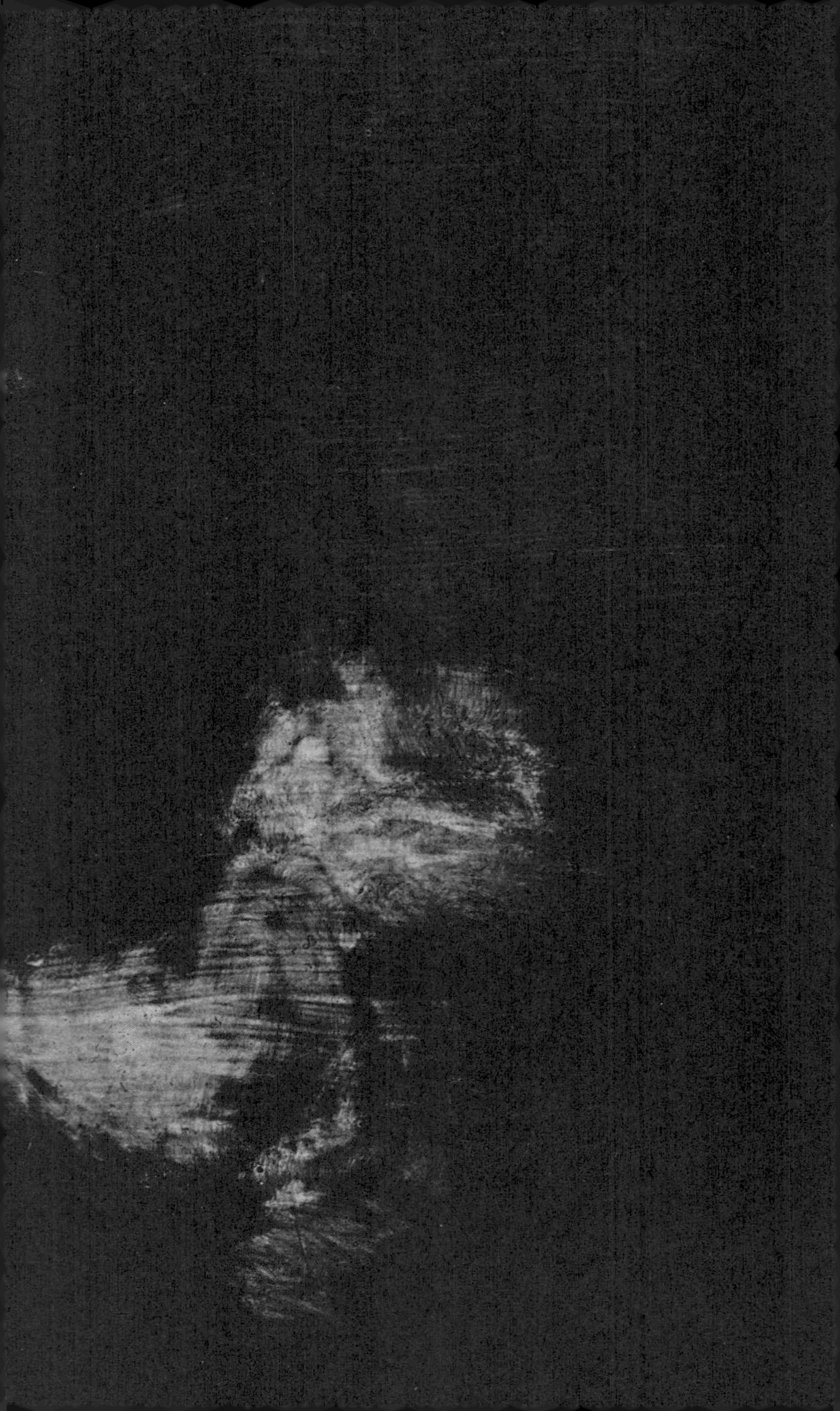

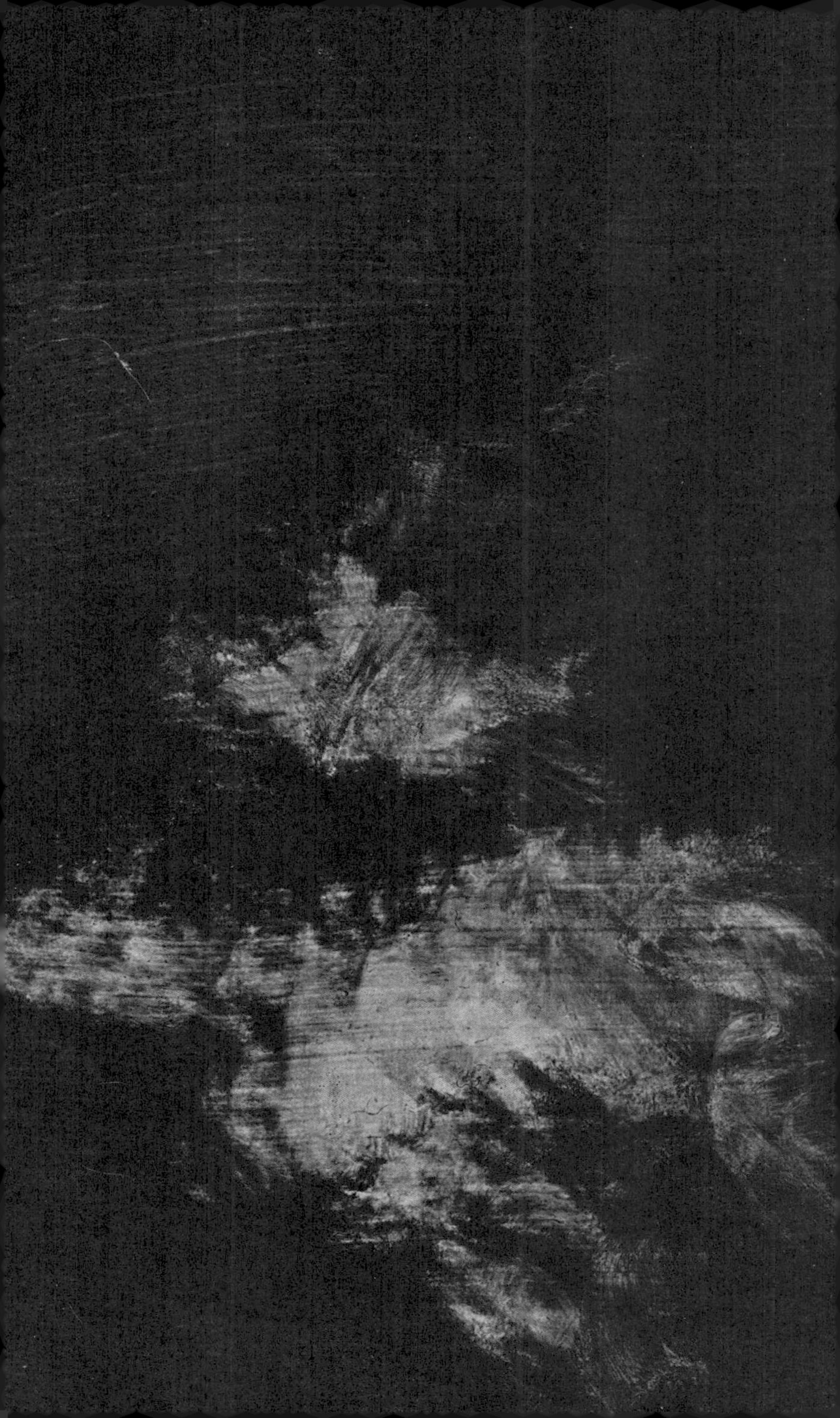

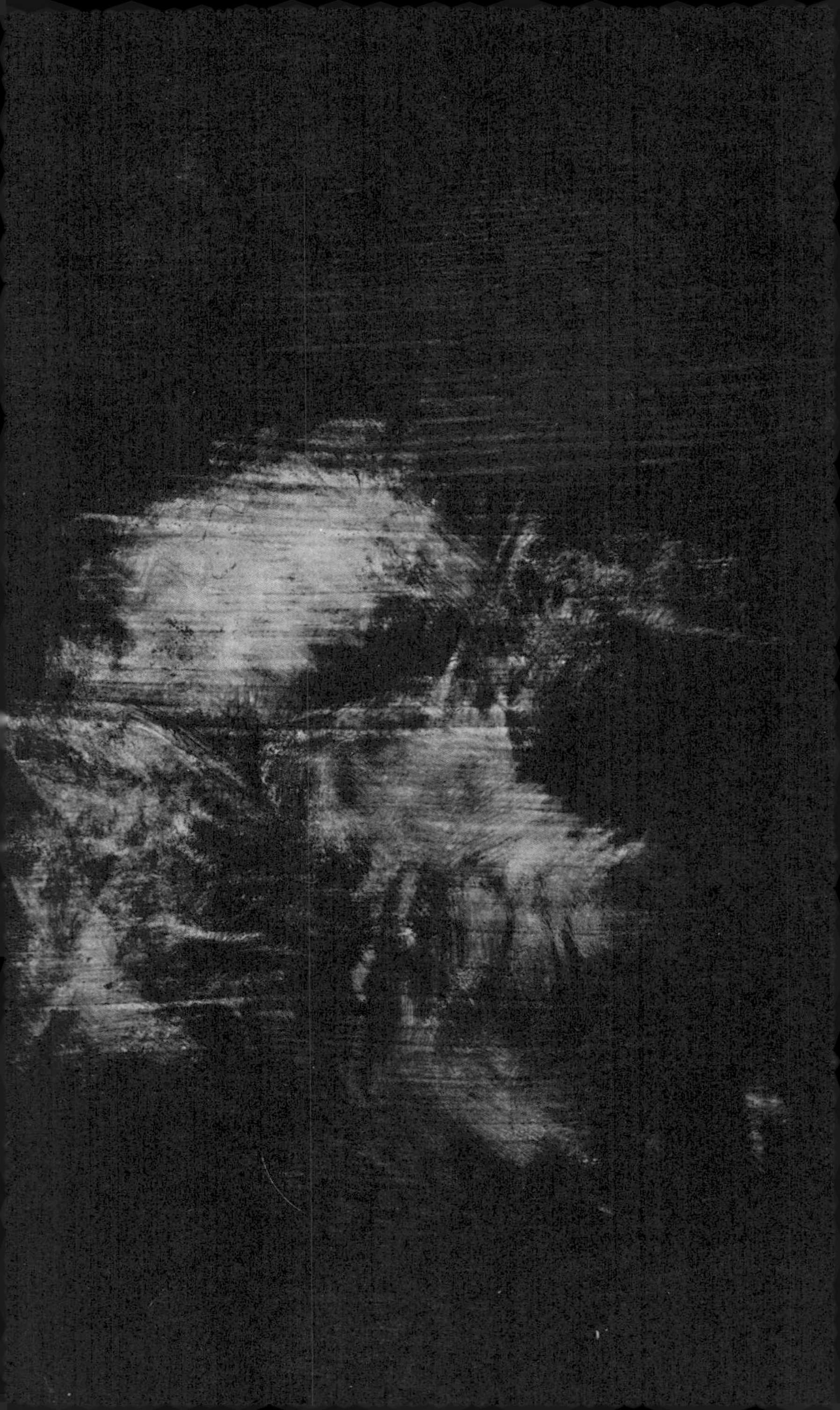

# TIRER DANS L'ESPACE *OU* RETOURS SUR SIGNES

J. EMIL SENNEWALD

## Des tours

*Grand Mekong Hotel* est le récit du voyage de Jean-Christophe Norman au Cambodge en 2015[1]. Ce voyage fut entrepris en poursuivant le projet « Ulysses, a long way » commencé en 2012. Sans retour à la ligne, l'artiste écrivait sur le sol, à la craie blanche, les douze épisodes du roman de James Joyce, publié quatre-vingt-dix ans auparavant. La pratique artistique de Jean-Christophe Norman travaille l'écriture littéraire

## De retours

Le printemps 2017 est doux. Agréable pour venir te rendre visite à Vitry-sur-Seine pendant que t'y es en résidence. Tu prépares un projet, comme souvent un projet de taille : réécrire le récit *Grand Mekong Hotel* (223 pages) sur la plus grande cimaise du MAC/VAL. D'habitude accroupi dans la rue, ici tu te tiens debout devant ce mur habillé par un échafaudage. Tu as calculé qu'il te faudrait douze

en développant sa dimension matérielle, esthétique et spatiale[2]. Il le fait autrement que l'artiste Sharka Hyland qui dessine des lettres en leur forme imprimée. Il se distingue de la peintre Irma Blank qui explore la dimension picturale de l'écriture manuelle. Et il s'attache moins à la dimension automatique du geste d'écriture que Hanne Darboven. Jean-Christophe Norman «tire» dans l'espace en s'exposant au public. Ses traversées urbaines prennent à la lettre ce qu'englobe le mot anglais pour «dessiner». «*To draw*» implique le désir qui induit le fait de tirer une ligne, son attrait et son attraction[3]. Le geste de Jean-Christophe Norman ressemble à la main qui tire en lançant une ficelle. Ce faisant, l'artiste poursuit un double mouvement, tendant, à l'instar d'un Fred Sandback, le fil (rouge). Si on considère sa ligne à la craie par terre comme tendue, elle relève d'un effet spatial[4].

La signature d'*Ulysses* par terre dans les rues de la capitale a duré... semaines pour l'achever, mesuré la taille de l'écriture pour que la cimaise puisse contenir le texte intégral. Une exploration précise, à l'intérieur, pendant que l'air du mois de mai embaume le musée. On m'a invité à accompagner le projet. Installé au pied du mur, je ne vois à cet instant que les premières lignes, loin en haut des parois. Tu me fais remarquer la différence avec «Ulysses, a long way»: là, tu réécris «des lignes continues qui s'insinuent, et qui insinuent, dans des villes de par le monde, que les choses se mettent en marche»; ici, tu retrouves le retour à la ligne d'écriture, interrompue par l'angle du mur. Inscrit dans l'alternance de tes explorations entre l'intérieur et l'extérieur, c'est aussi un retour à la ligne que tu as tiré dans l'espace au Cambodge. Le double sens de ce retour dessine l'importance de l'acte d'écrire, de ce qu'incarne le dessin qui en résulte. Ces traits et coups, lignes et boucles qui rappellent des signes que personne n'a jamais écrits, comme des vols d'oiseaux ou

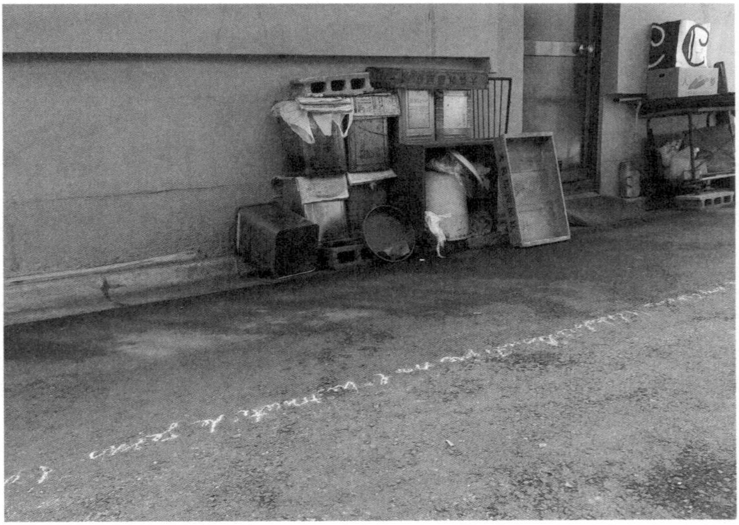

pitale cambodgienne suscite un autre effet spatial. Elle suit un plan que Jean-Christophe Norman sous-tend dans son périple. Il suit le dessin de la disposition de l'appartement où habitait Marguerite Duras, rue Saint-Benoît à Paris, et où elle a appris le « dégoût civilisateur ». L'écrivaine née à Gia Đinh près de Saigon a réécrit son roman autobiographique *L'Amant* sept ans après sa parution, et publié le texte sous le titre *L'Amant de la Chine du Nord*. Les deux récits sont, quant à eux, issus du roman *Un barrage contre le Pacifique*, publié en 1950. des traînées de limaces sur la terre mouillée au petit matin, vibrent comme des taches noires sur le mur qui devient membrane. La surface se transforme en support. Une transformation que tu travailles à d'autres endroits.

Nous montons au studio de la résidence du MAC/VAL, où tu me présentes le projet que tu poursuis en parallèle: recouvrir, page par page, le roman *Moby Dick* à la mine de plomb. Exposé ouvert sur ton bureau comme un cachalot échoué, le livre mat miroite comme le zinc des toits de Paris. C'est ce que tu fais : changer l'échelle,

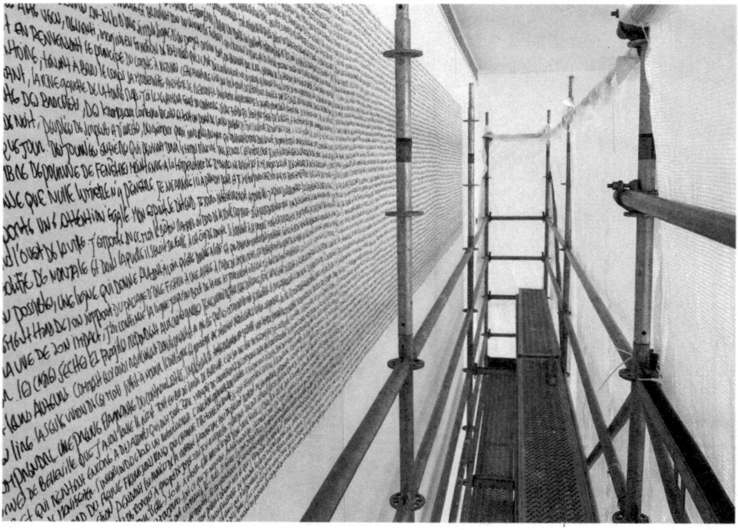

Une suite de réécritures qu'on pourrait qualifier du terme husserlien d'«esquisses»: la mise en attente d'une présence qui, comme une ombre[5], évoque l'unité originaire de ce qu'elle dessine. Ces esquisses tissent une histoire douloureuse. Marguerite Duras y qualifie «la perle de l'Empire colonial» qui serait l'Indochine, «rien qu'un grand bordel»: ce livre incarne «l'ombre du colonialisme[6]». C'est après sa lecture que Jean-Christophe Norman a l'idée, en 2009, de dessiner le tracé de l'appartement de Duras sur le Mékong par les moyens de renverser les perspectives, ramener au plus près ce qui est éloigné, mettre à distance ce qui est intimement proche. Lorsque cela pourrait se résumer à une pratique de fiction, ton approche est celle de l'expérience physique. Incarnés, tes traits tirent dans l'espace, comme ces «Cartes postales du mont Fuji» que tu as postées au long de ta marche entre Besançon et Marseille au mois de mai 2013. Ou bien cette série de tableaux noirs que tu as frottés sur les murs à Phnom Penh: il s'agit de creuser et de recreuser les sillons de l'écriture pour s'inscrire dans

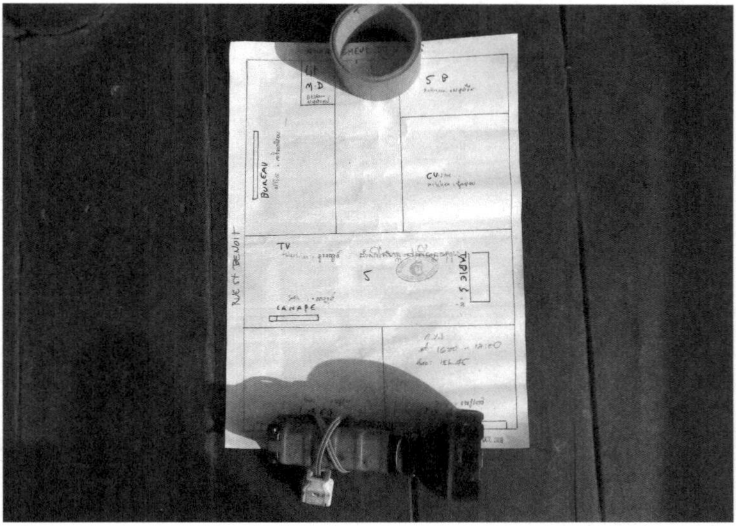

la navigation. Il va fonder sur les flots, à l'image des portraits d'Oscar Muñoz où se rejoignent le dessin et son ombre juste au moment de leur disparition[7]. Deux ans après qu'il a conçu cette idée, Jean-Christophe Norman rencontre « par hasard », comme il raconte[8], Benoît Jacquot dans les rues de Paris. Il demande au cinéaste proche de Duras de dessiner de mémoire le plan de cet appartement qu'il connaissait bien. Le dessin rectangulaire représente l'espace par un carreau sectorisé, indiquant les meubles également par des carreaux. la chair du monde. C'est ce que fait le « graphème » dont la mémoire est toujours celle d'un corps, jamais uniquement mentale. Tu nous fais nous souvenir de la force du trait, de ses coups et ses incises.

Debout devant la cimaise du MAC/VAL, je me souviens. De la fille de Butades, cette figure dont se servit Pline l'Ancien pour décrire les origines des pratiques artistiques. Selon lui, c'est en circonscrivant l'ombre de la figure de son jeune amant se préparant à partir, projeté par la lumière sur une paroi, que

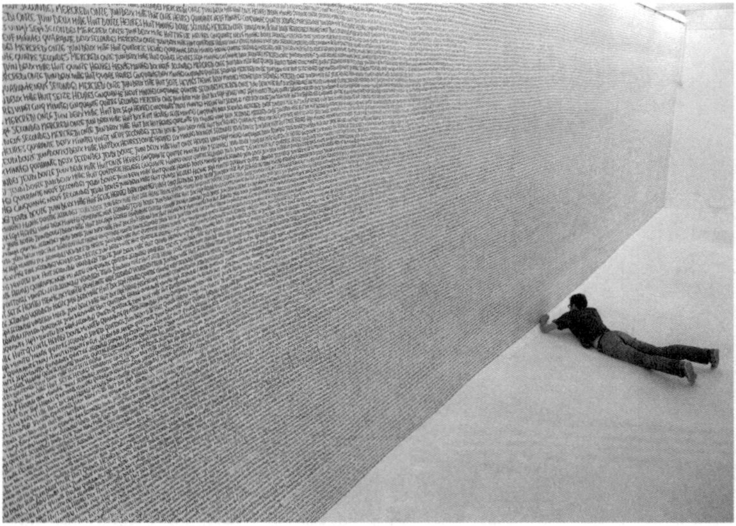

En prenant ce plan comme carte, l'artiste, tel un situationniste, le «sur-écrit[9]» comme espace[10].

Jacquot venait de réaliser, en 2004, *À tout de suite*, une histoire d'amour entre une fille des «beaux quartiers» et un garçon de Belleville, fils d'immigrés marocains. «Belleville, elle ne sait pas vraiment où c'est, l'inconnu dans Paris *intra muros*», écrira malicieusement Libération à la sortie du film[11]. À la lumière de l'histoire de Duras, cette ignorance se lit comme un prolongement de l'ombre coloniale. C'est dans cet «inconnu de Paris» cette fille d'un potier de la plus ancienne cité grecque, Sicyone, inventa le dessin. Le peintre néoclassique Jean-Baptiste Regnault a représenté les vecteurs du mouvement de la fille de Butades dessinant. J'en ai déduit, dans un essai rédigé en 2010 qui me revient maintenant à l'esprit, que l'acte de dessiner instaure un espace dynamique. Une spatialité procédurale (comparable à la mémoire procédurale) qui répond au processus de l'image. Un déroulement qui fait exister l'image comme présence artificielle. Pour tenir son bien-aimé, la fille

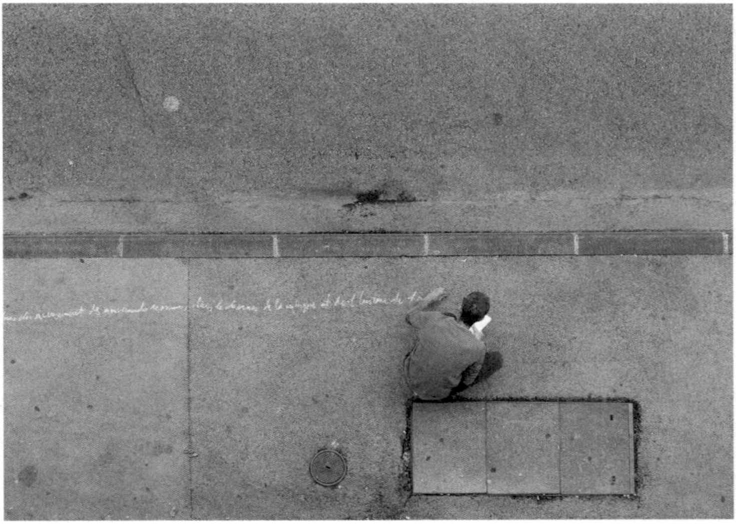

que Jean-Christophe Norman écrivait, accroupi dans la rue, le 27 septembre 2014, un autre passage d'*Ulysses*. Précisément, il dessinait cette ligne d'écriture sous le doux soleil d'un été indien à Paris, dans la rue au pied d'un immeuble de dix-huit étages, place des Fêtes, dans le XIX^e^ arrondissement. Lorsque le soleil tombant projetait l'ombre de la tour, il se croisait avec le mouvement horizontal. Cette *barre*, construite en 1972 dans le cadre de la « restructuration » du quartier Belleville ayant brutalement débuté en 1956 pour s'achever dans les an-

de Butades inverse les vecteurs spatiaux dans un geste d'*Aufhebung* : relevé, conservation et abolition. Il s'agit d'un processus de sublimation du désir : elle fige celui qui devrait partir pour rattraper son ombre. Pour faire image, elle *esquisse*. Pline l'Ancien écrit précisément : « *in pariete lineis circumscripsit* ». La circonscription étant aussi l'expression d'appropriation d'un espace qui le transforme en territoire, le chevalier romain Pline opère un transfert de la carte impériale au dessin de l'amant. En le dessinant, la fille de Butades occupe l'amant, en

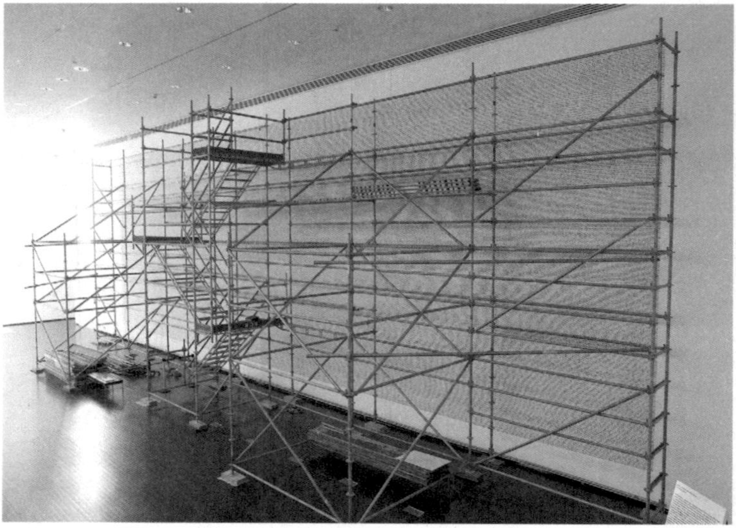

nées 1990 cite le style international, icône du modernisme. Y mettre de l'écriture *profondément moderne* n'est pas un geste anodin. Dessiner l'écriture par terre révèle l'ordre symbolique sous-tendu qui érige l'espace[12].

Sur le sol du quartier, Jean-Christophe Norman participe à la troisième édition de la Biennale de Belleville. D'identité insurrectionnelle, terre d'accueil, depuis la Commune, des «exclus de la Ville[13]», Belleville est, en ce mois de septembre 2014, en pleine gentrification. De nombreux·ses artistes se sont trace le plan: son père va opérer le transfert en terre cuite pour figer l'image. Une prise de possession qui inverse les actrices et acteurs du mouvement: son amant sur le point de partir est figé pour devenir, par son «ombre formidable et effrayante», un modèle pour la jeune fille qui, elle, se retrouve dans un constant mouvement d'aller-retour entre le modèle et son ombre. À ces mouvements divergents horizontaux se rajoutent ceux qui renversent, comme ton projet d'ériger l'écriture autobiographique issue d'un dessin au sol au mur du mu-

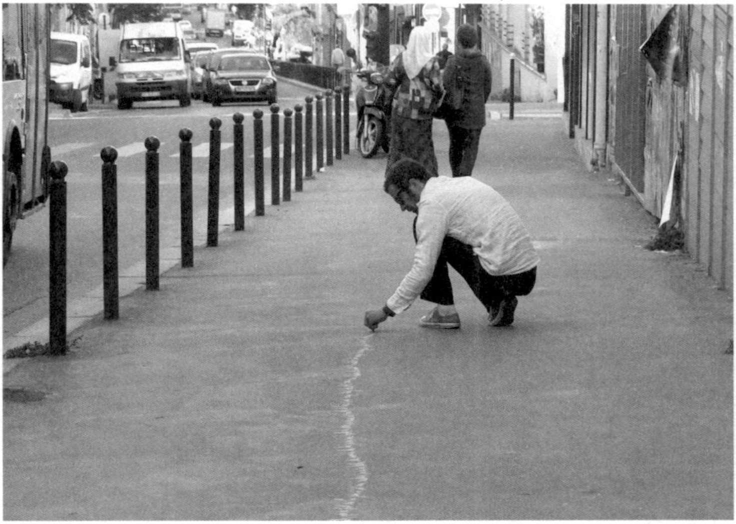

installé·e·s dans les ateliers municipaux où les logements sont loués à moindre coût. Écrire sur l'asphalte de cette rue est alors un geste artistique nullement innocent. En tirant sa ligne ici, l'artiste participe à la fois à la transformation dont il dessine les contours par son action. Comme *esquisses* d'un réel sociopolitique, son geste donne à voir une face, tout en mettant de l'ombre sur une autre. C'est l'aveuglement par l'acte de dessiner qui fait voir l'image de la ville. Contrairement à l'intervention de Françis Alÿs, qui se déplaçait onze ans sée, de faire passer les traces de l'horizontale à la verticale. Tout ce complexe spatio-cinétique institué par l'acte de dessiner est motivé par le désir d'habiter la mémoire. Désir entretenu par la répétition, à laquelle l'écriture et la réécriture donnent corps. Tant d'autre occasions pour lesquelles tu as réécrit des textes littéraires sur des murs ou même au plafond – Dürrenmatt à Neuchâtel en 2016, Borges à Échirolles en 2012, Hans Henny Jahnn à Besançon en 2010. Chaque répétition porte un autre trait sur le texte, l'inscrit dans un autre contexte mémoriel,

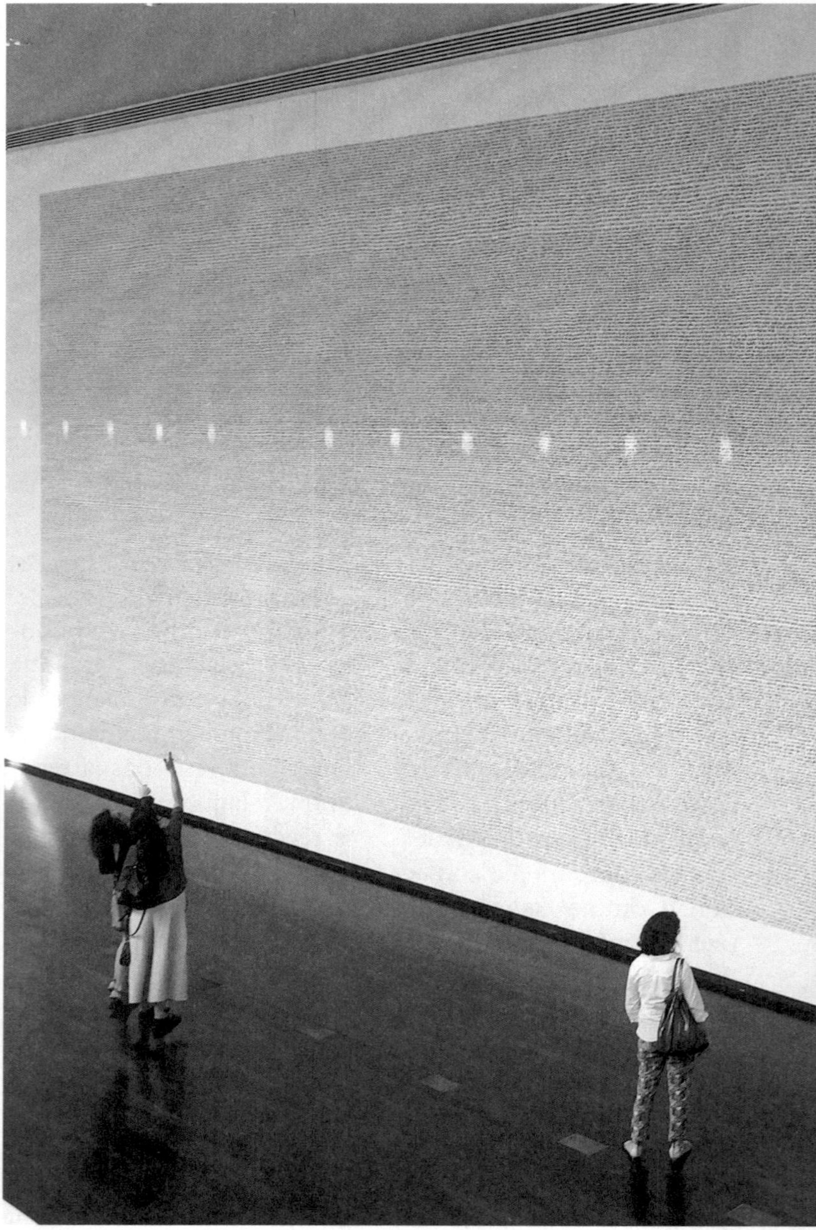

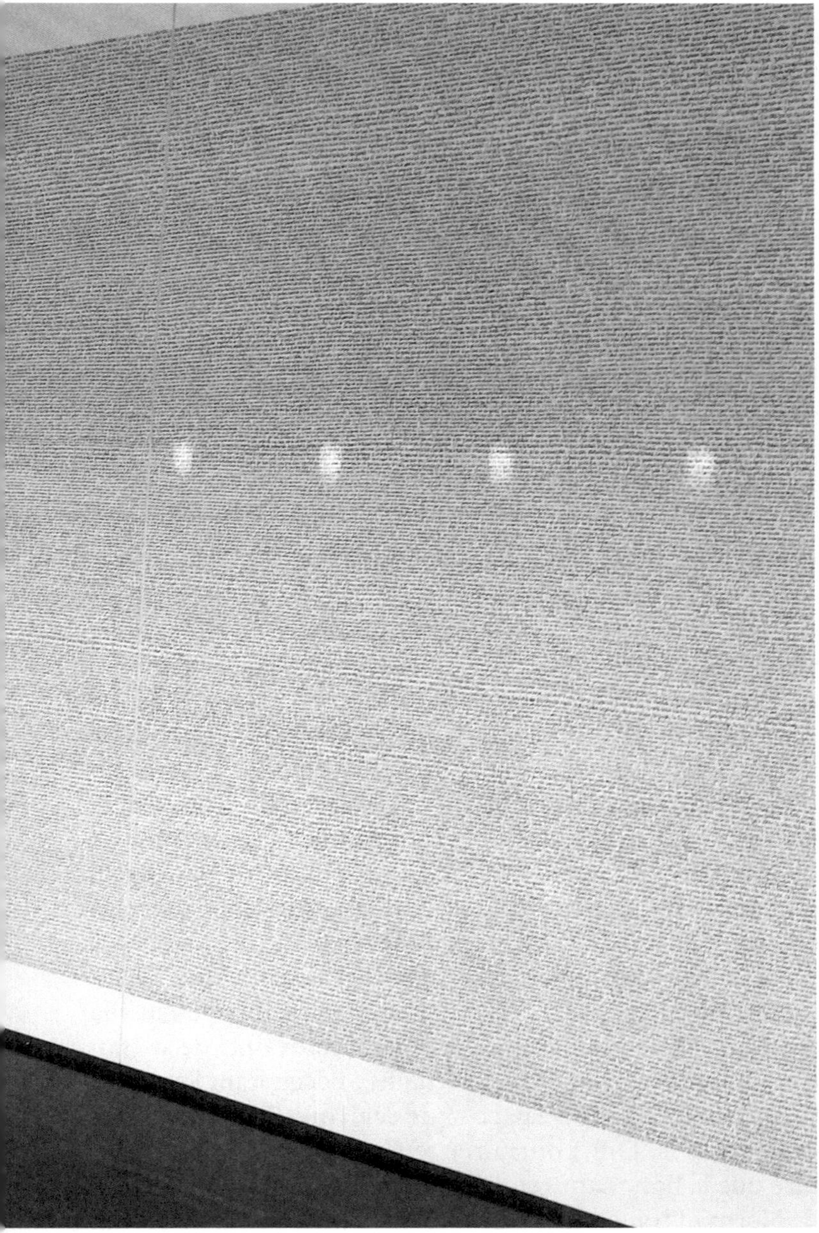

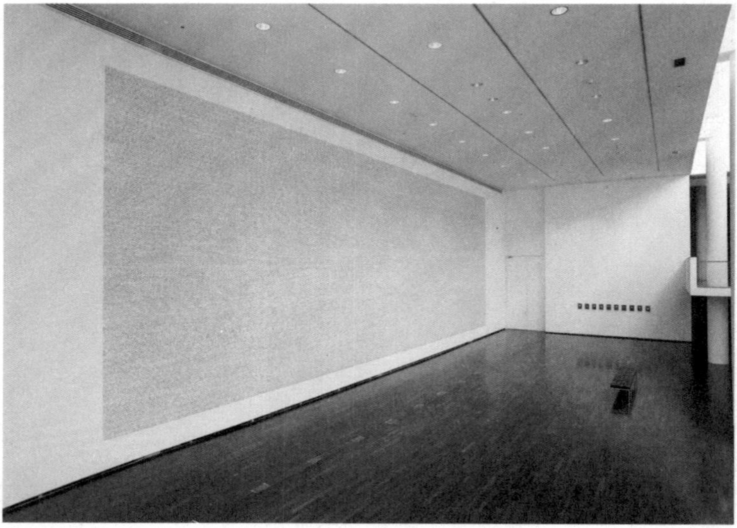

plus tôt avec un seau de peinture troué entre deux institutions d'art parisiennes, sans se soucier précisément de la figure du tracé [14], Jean-Christophe Norman signe. Sous le fil du dessin d'Alÿs, la rue se transforme, devient support. Sous le trait de Norman, elle devient signifiante. Le déplacement dessiné par terre expose le sol de la ville comme un ensemble de signes et de symboles. Il en fait un espace d'action. Y dessiner de l'écriture meut le sens de l'espace autrement [15]. On pourrait dire que la ligne sans retour de Norman transcende l'ali- comme en 2013, quand tu réécris, encore une fois, *Ulysses* sur trois bâches, par la suite tendues sur la façade de la cité d'Aigues-Mortes. Chez la fille de Butades, c'est comme si les traces de l'amant devenant portrait, tout comme son ombre, étaient retirées du sol pour être clouées au mur. En l'incluant dans un processus de *devenir-image pour elle*, la jeune fille lie intrinsèquement le dessin à la double contrainte de sa spatialité : nécessitant l'absence de celui qu'elle cherche à retenir, il faut qu'il parte pour retirer son image. Face à ton mur, l'écriture apparaît en

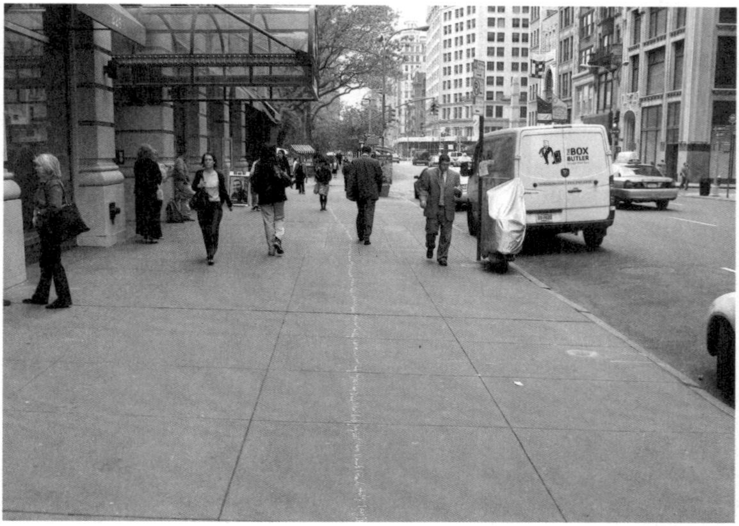

gnement significatif de l'espace urbain.

L'espace tiré par son geste ne préexiste pas au dessinateur, il poursuit son action. Ce que porte le geste de Jean-Christophe Norman – la matrice des lignes constituant l'espace urbain, constituée du discours et d'histoires, d'interrelations, de forces et de pouvoirs – ne devient virulent qu'au moment où il se déplace en tirant sa ligne sur cette constellation. Ce processus entraîne les spectatrices et spectateurs. À cet instant leurs pas sont suspendus tant qu'image. Admettons que l'image n'est pas figée, ni une reproduction immuable du réel. Imaginons que, pour exister (dans le sens de s'exposer, se rendre sur scène), elle a besoin de mouvements multiples et divers : des yeux, des corps, histoires, regards et connaissances. Surtout, l'image a besoin de ce qu'elle partagera avec le sujet qui la regarde : être dressée à la verticale, être *exposée*. Différente de la ligne dessinée par terre, ton écriture sur le mur est tout autant un *portrait* qu'elle témoigne d'un *redressement* des contours d'une vie par sa transfor-

par l'homme accroupi et sa ligne d'écriture, elles et ils deviennent des figures dans un espace partagé. Divisé par la ligne, qui rehausse la matrice qui la fait exister autant qu'elle la barre, cet espace ouvre la possibilité d'un commun tout en le poussant à la limite de l'annihilation.

**Notes**

1 Jean-Christophe Norman, *Grand Mekong Hotel*, Grenoble, De l'incidence éditeur, 2016.

2 Pour un synopsis, cf. Magali Nachtergael, «Art contemporain et écriture: la "new literature"?», *L'Art même*, n° 55, 2012, p. 4-6.

3 Cf. W. J. T. Mitchell, *Que veulent les images? Une critique de la culture visuelle*, Dijon, Les presses du réel, 2014, p. 80.

4 Cf. J. Emil Sennewald, «Exposé en galerie. Sans s'en douter, on a envie de pleurer, un peu», *Feuilles volantes*, n° 9, MAC/VAL, mai 2017. Disponible en ligne: http://www.macval.fr/IMG/pdf/feuille_volante_9.pdf.

5 Le terme allemand qui traduit «esquisses», *Abschattungen*, renvoie à l'ombre.

6 L'anthropologue américaine Ann Laura Stoler parle de ce que la traduction française appelle «le dessous du colonialisme» dans le documentaire de Nathalie Masduraud et Valérie Urrea, *Pornotropic. Marguerite Duras et l'illusion coloniale*, Arte, 2019. La version allemande mentionne «*der Schatten des Kolonialismus*».

7 Cf. Elizabeth Matheson, «Traces et disparitions dans l'œuvre d'Oscar Muñoz», Ciel variable. Art, photo, médias, culture, n° 81, automne 2009. Disponible en ligne: http://cielvariable.ca/numeros/ciel-variable-81-made-in-china/traces-et-disparitions-dans-loeuvre-doscar-munoz-elizabeth-matheson/.

8 Cf. «Jean-Christophe Norman # Phnom Penh», entretien de l'artiste avec Sophie Lapalu,

mation en image, encore et encore.

«Bien des années auparavant, je gravissais des parois abruptes: parois rocheuses, pentes de glaces, une vie au bord du vide. Un scénario tout tracé.» C'est ton récit, une confession, scène d'une conversion. Trois ans plus tard, le livre est dressé devant moi. Ses pages sont décollées, il a vécu, presque comme tu as fait vivre *La Vie de peintre de Pablo Picasso* en frottant le livre sur les murs de Malaga. Ce que tu fais aux livres révèle que tout ouvrage est toujours aussi image, corps visuel de lettres mises en page, d'espaces créés par la disposition du noir des lettres sur le blanc du papier. Sur les quelques photographies qui témoignent dans ce livre de ta présence à Phnom Penh, apparaît la ligne continue de l'écriture blanche sur le noir de l'asphalte. Une autre inversion, opérée telle que celle entre sol et mur. Un autre mouvement transformé en image. Tout à coup je me rends compte d'une récurrence, sinon d'une répétition : les photographies qui documentent ta présence dans l'espace, ton corps accroupi, ta main en train d'écrire. Vues par l'œil du portraitiste, ces images ne documentent pas uniquement l'intervention passée. Ce sont d'autres étapes d'une transformation – j'ai envie d'écrire : *transsubstantiation* – du texte en image, d'un corps en ce qu'il soutient comme mémoire.

accessible sur son site « De l'action à l'exposition », 21, 22 et 24 mars 2015.

9 Un néologisme permettant d'évoquer le terme allemand *überschreiben* (« écraser, écrire par-dessus ») et ses implications à la fois magnifiantes et éblouissantes, tel le verbe « surexposer ». Cf. Jean-François Lyotard, « After Six Months of Work... (1984) », dans *30 Years After* Les Immatériaux : *Art, Science and Theory*, éd. par Yuk Hui et Andreas Broeckmann, Lüneburg, meson press, 2015. Accessible en ligne : https://meson.press/wp-content/uploads/2015/03/9783957960313-30-Years-Les-Immateriaux.pdf.

10 Pour la dimension du territoire et de la cartographie en lien avec l'action du dessin, cf. Jean Cristofol, « Le déplacement des bords », *in Walking the Data / Plotmap. Projet de recherche 2015-2018*, École supérieure d'art d'Aix-en-Provence / FAI-AR, Formation supérieure d'art en espace public, 2020. Disponible en ligne : https://walking-the-data.esaaix.fr/?path=Le%20d%C3%A9placement%20des%20bords.

11 Didier Péron, « Haut la main ! », *Libération*, 8 décembre 2004. Disponible en ligne : https://next.liberation.fr/cinema/2004/12/08/haut-la-main_502080.

12 Cf. Mark Wigley, *The Architecture of Deconstruction. Derrida's Haunt*, Cambridge (Mass.), MIT Press, 1993.

13 Patrick Simon, « Belleville, une mémoire pour l'avenir », *Hommes et Migrations*, n° 1168-1, 1993, p. 6-12, ici p. 8.

14 Francis Alÿs, *The Leak*, Paris, 2003.

15 Différemment des graffitis muraux qui attaquent le code de la ville comme « lieu d'exécution du signe comme d'une sentence de vie et de mort ». Cf. Jean Baudrillard, *Kool Killer ou l'insurrection par les signes*, Paris, Éditions Les partisans du moindre effort, 2005, p. 10.

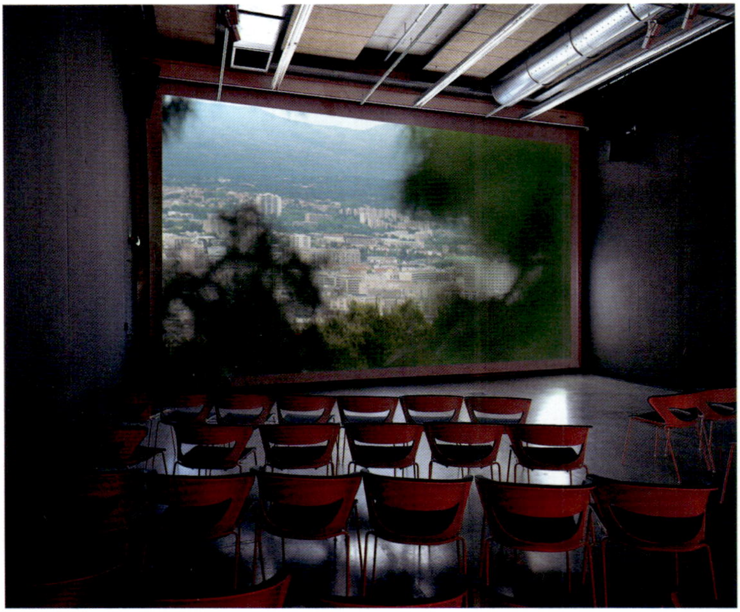

Exposition au Frac
Provence-Alpes-Côte d'Azur

**16/10/21 – 16/01/22**

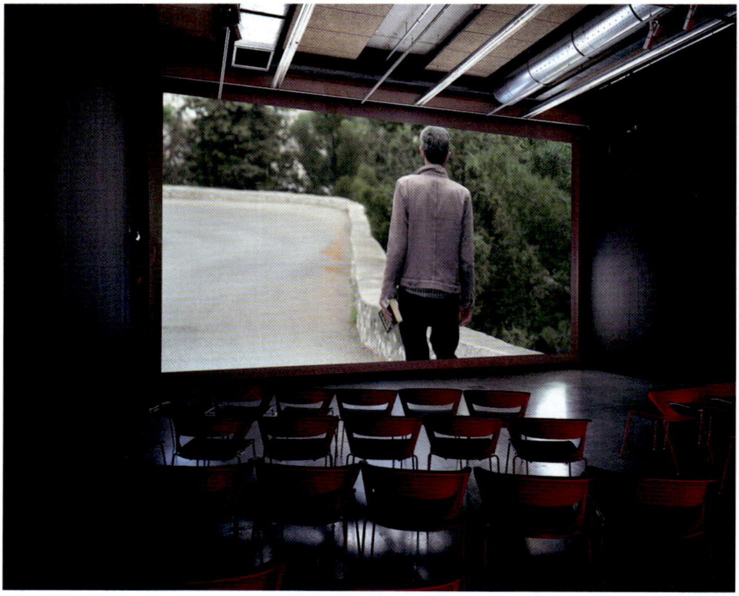

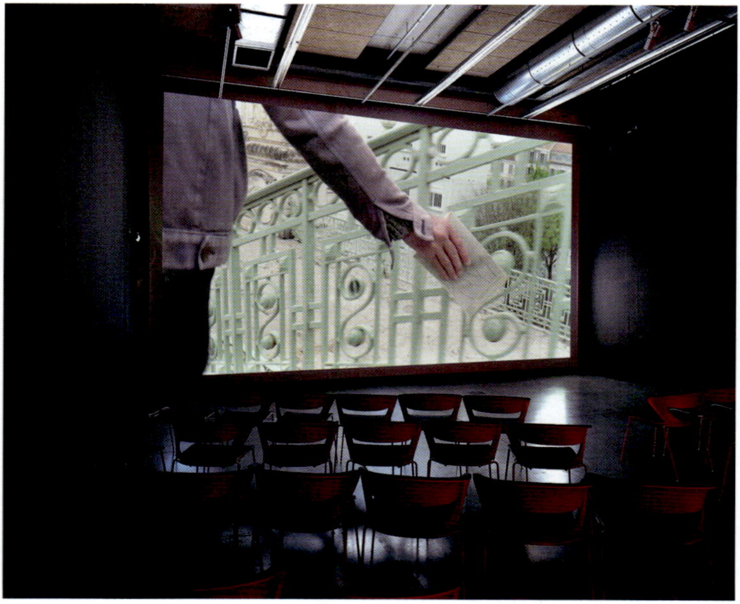

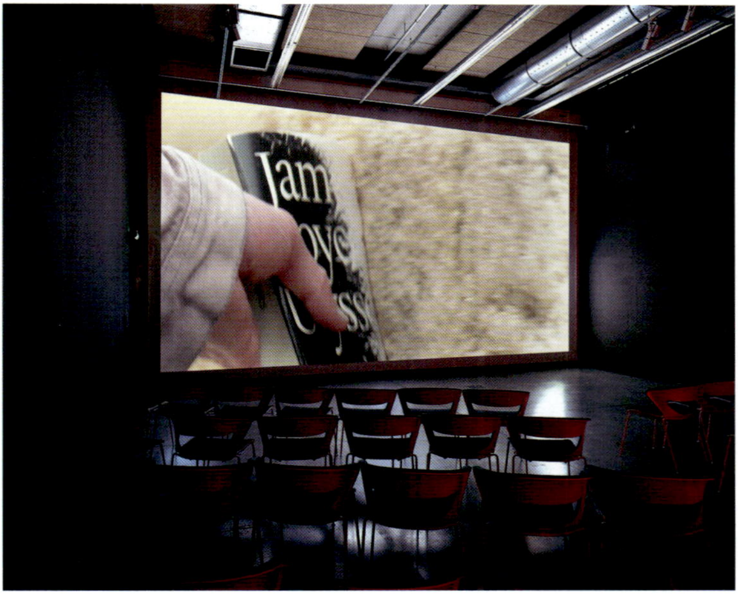

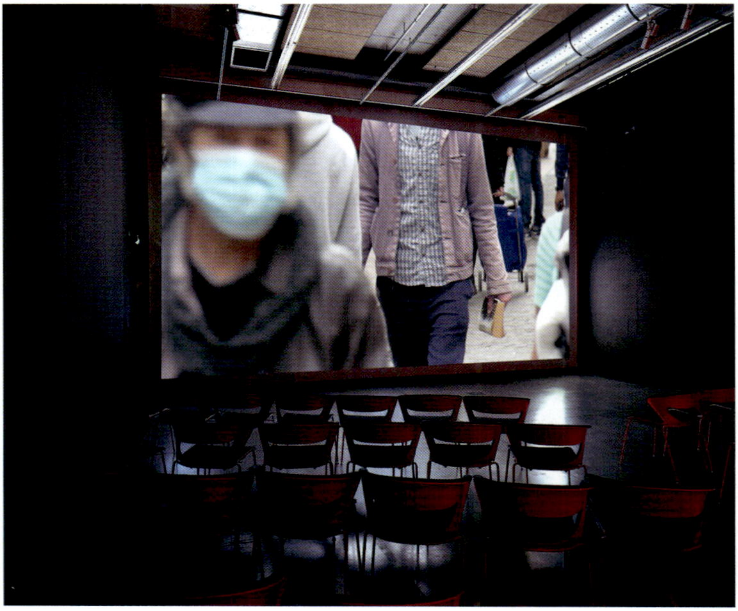

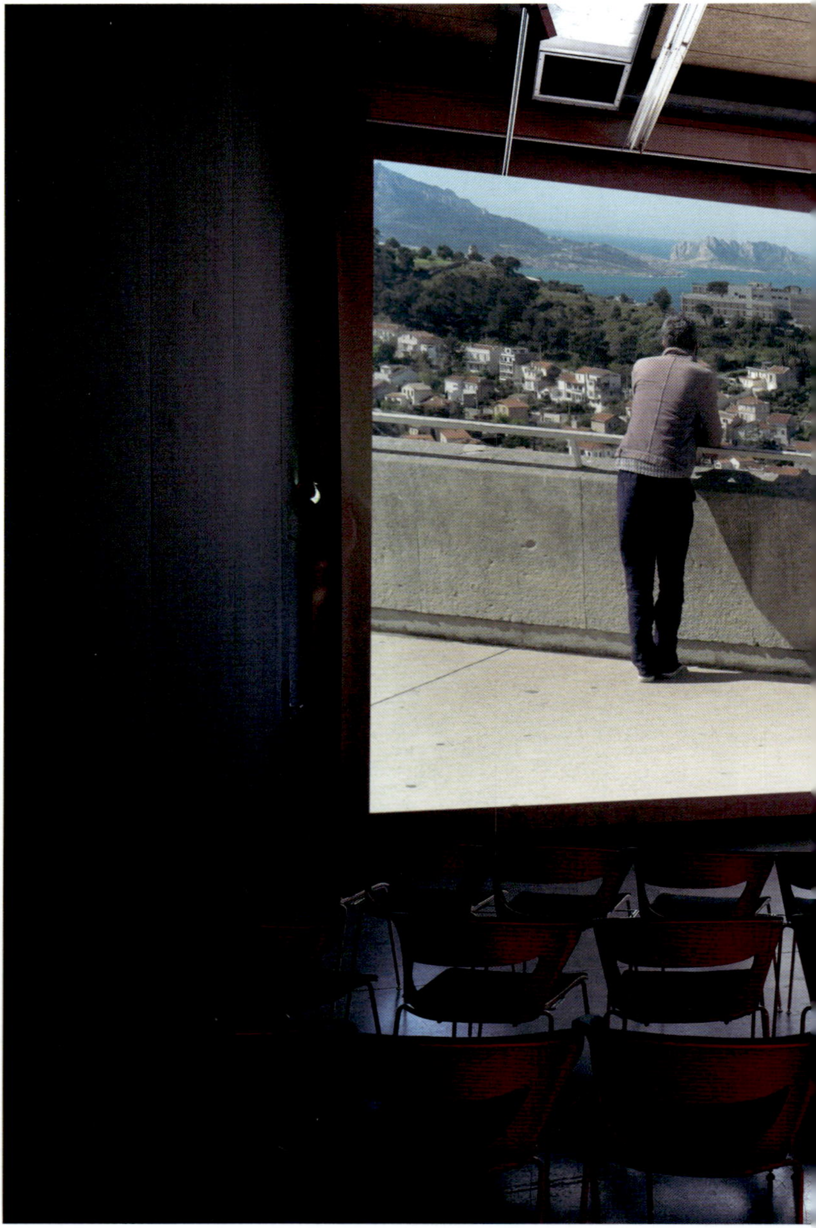

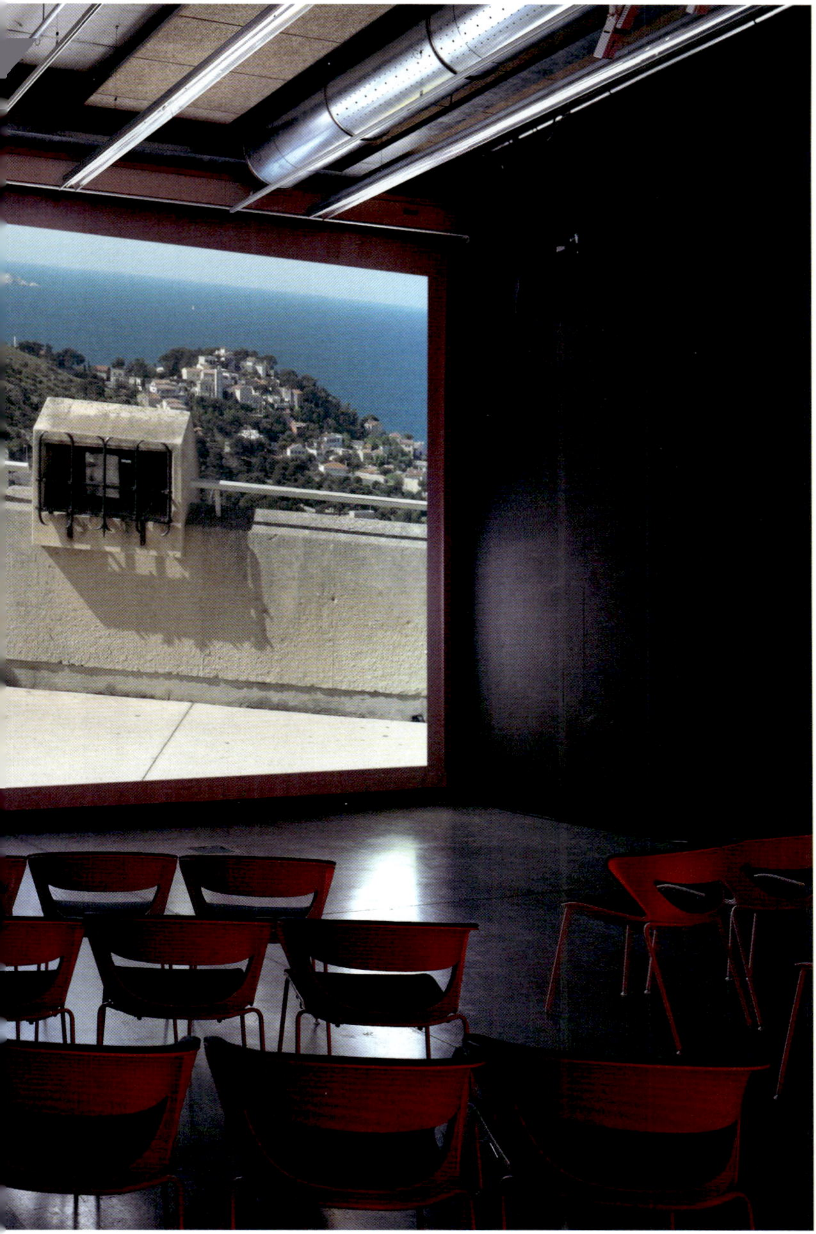

Exposition au Frac
Provence-Alpes-Côte d'Azur

**16/10/21 – 16/01/22**

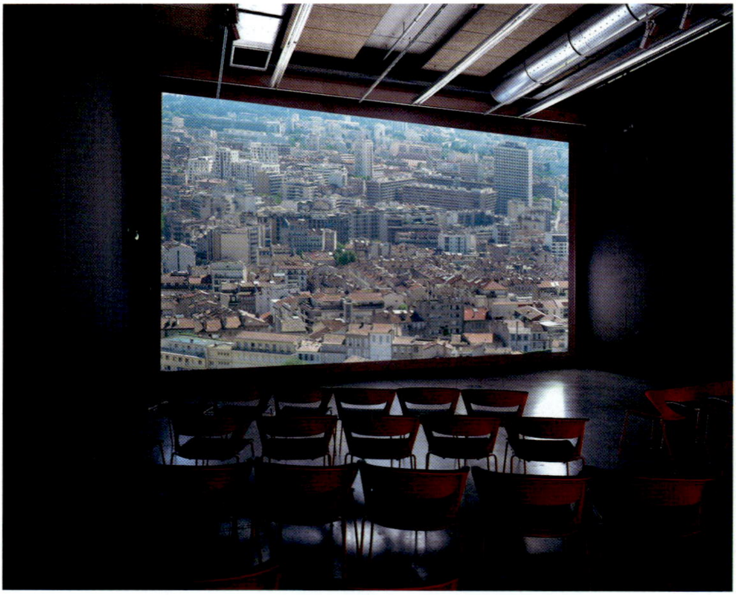

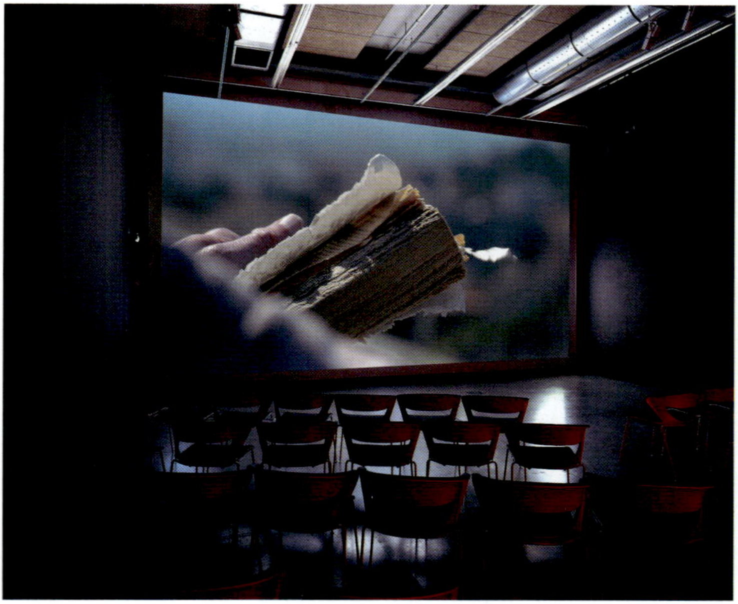

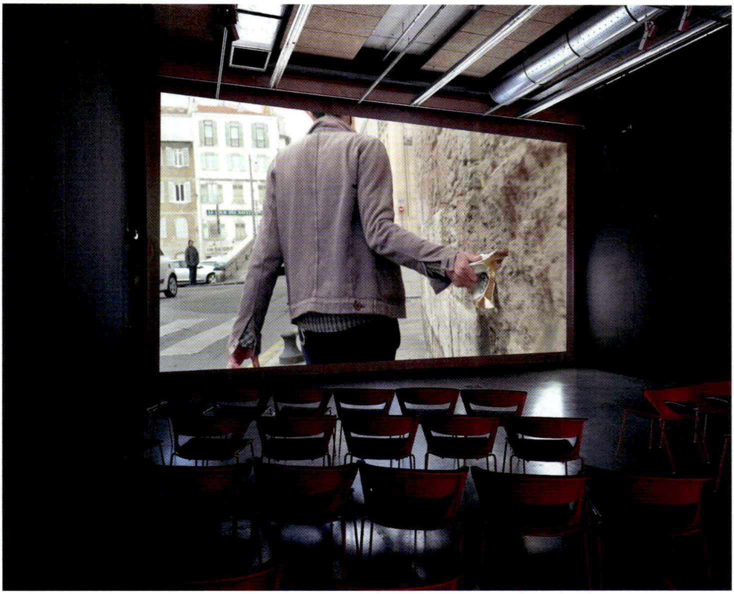

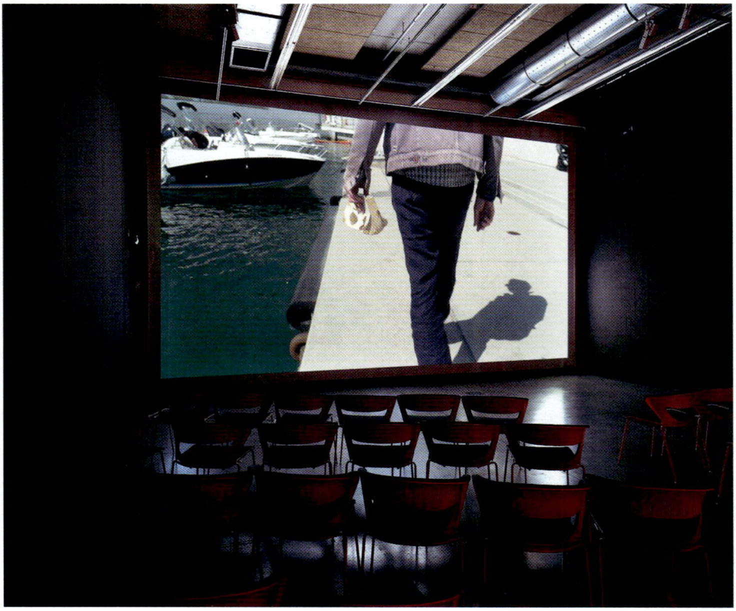

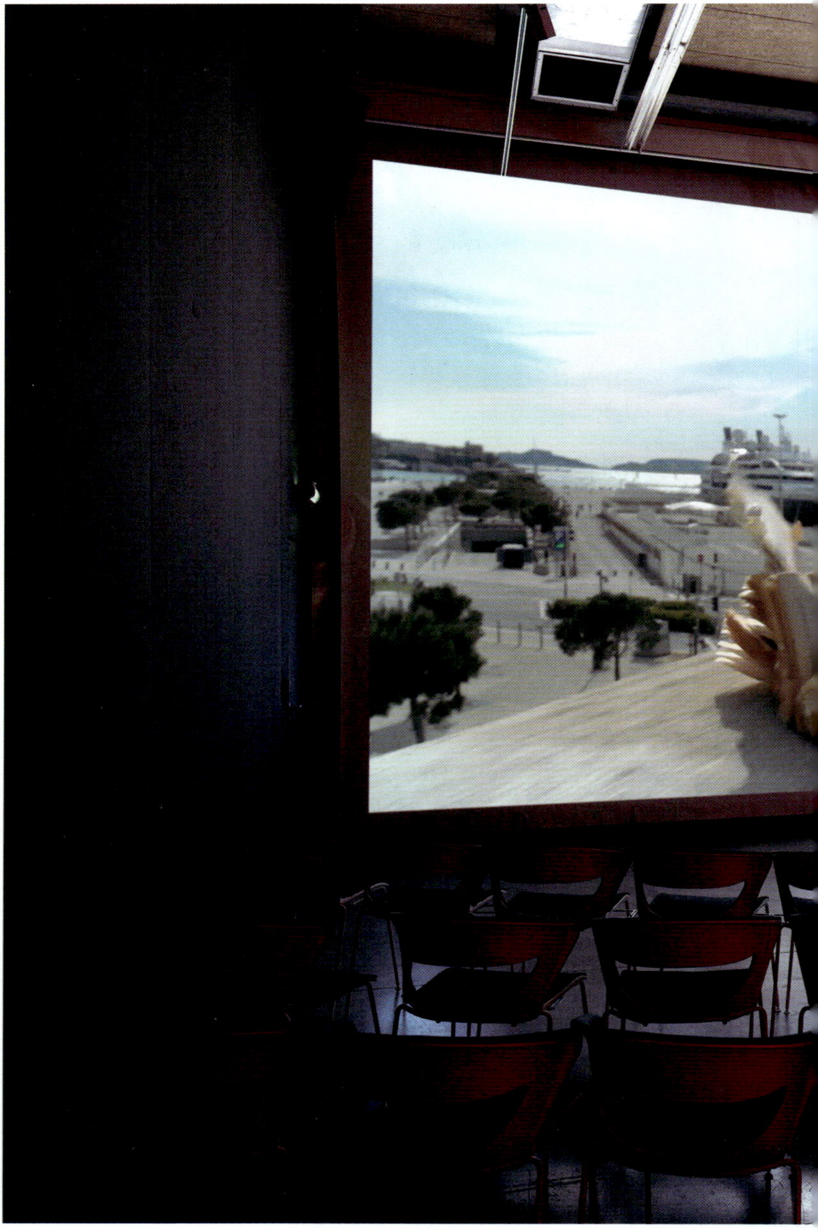

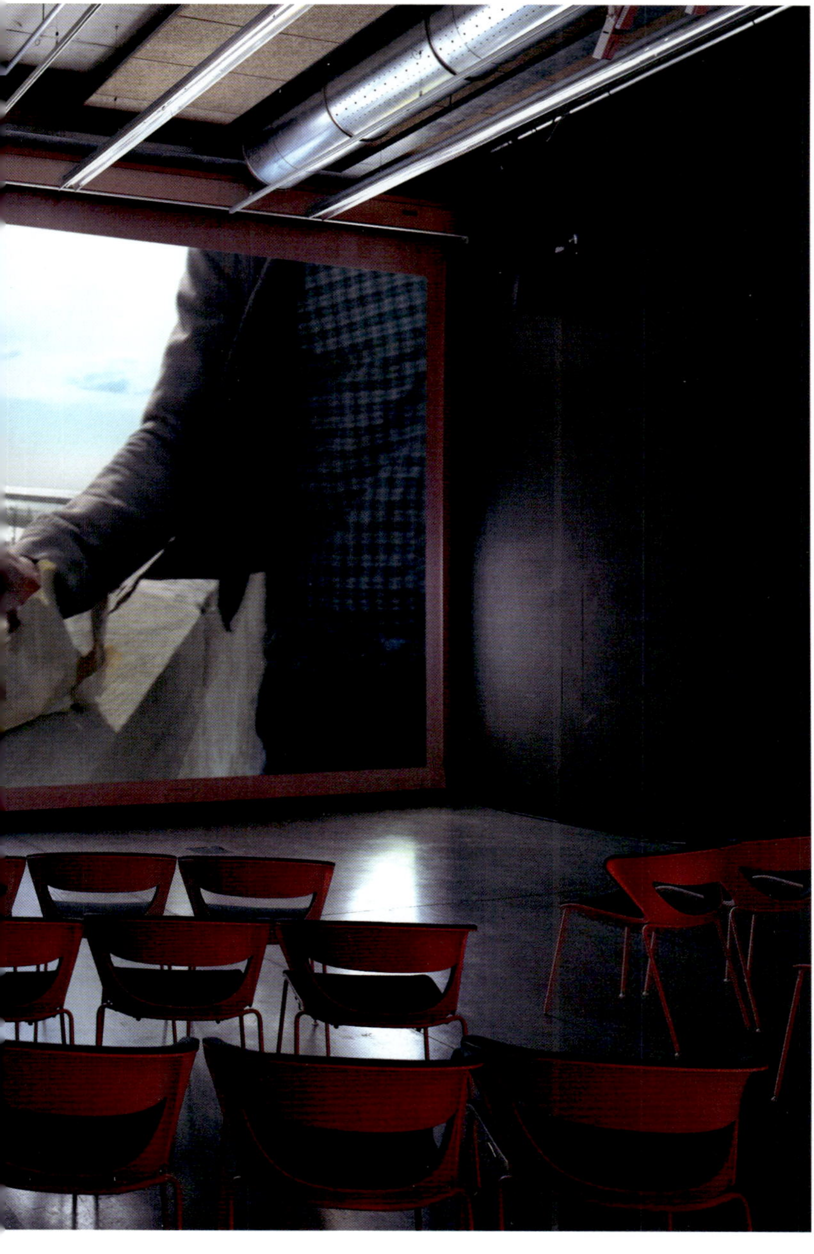

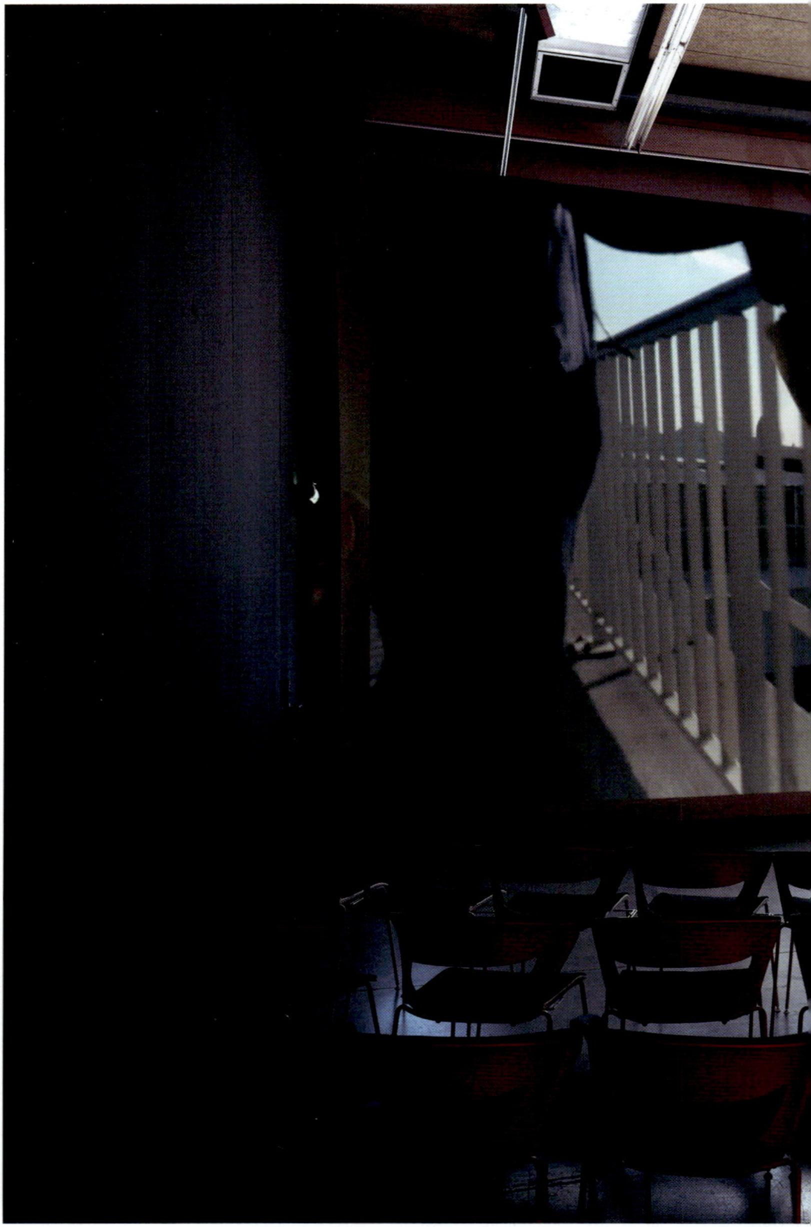

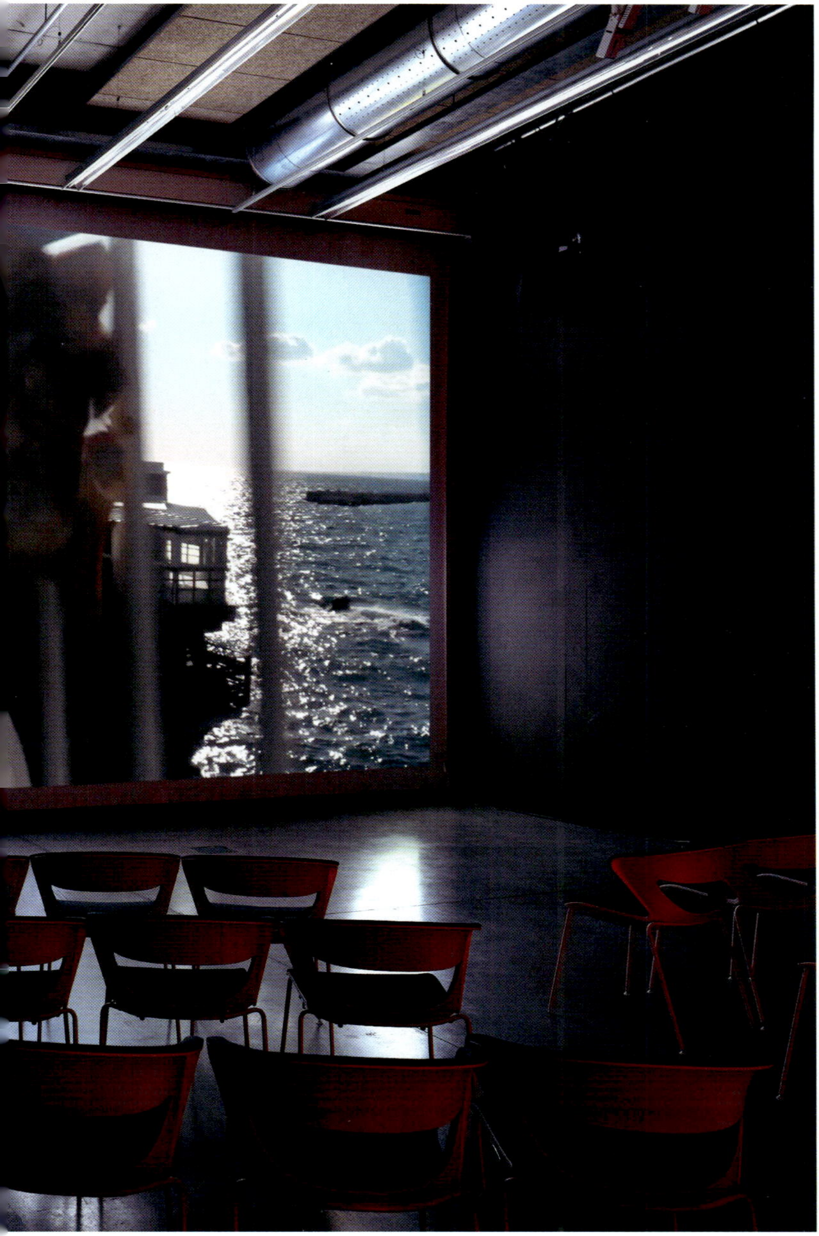

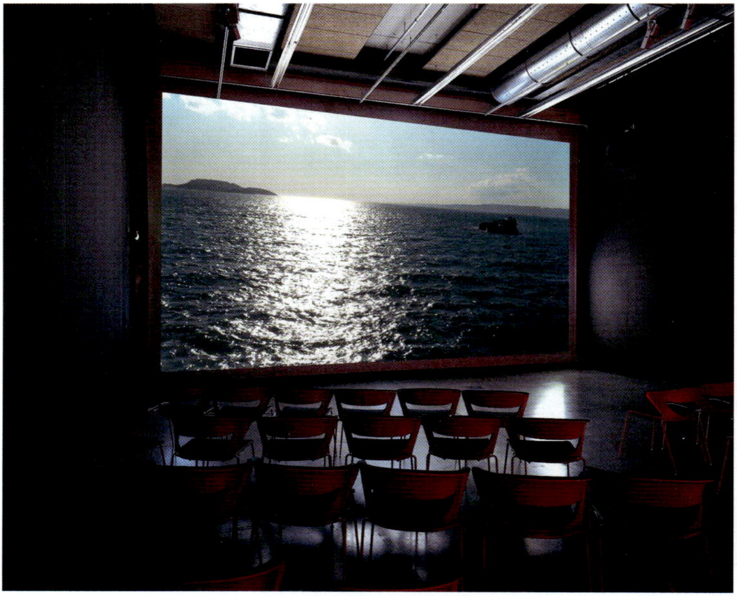

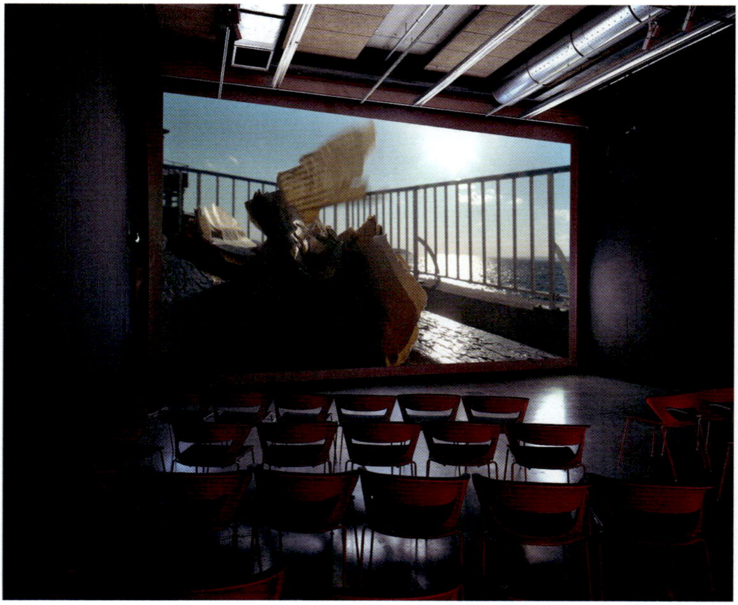

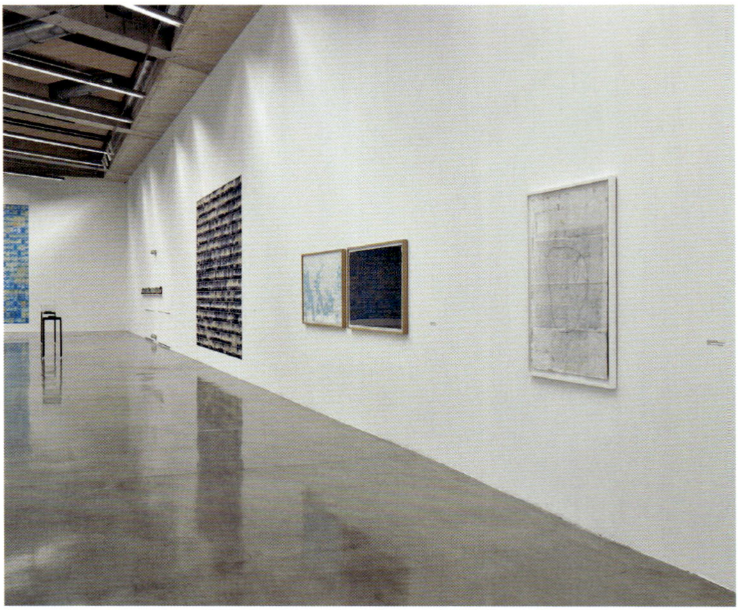

Exposition au Frac
Provence-Alpes-Côte d'Azur

**16/10/21 – 16/01/22**

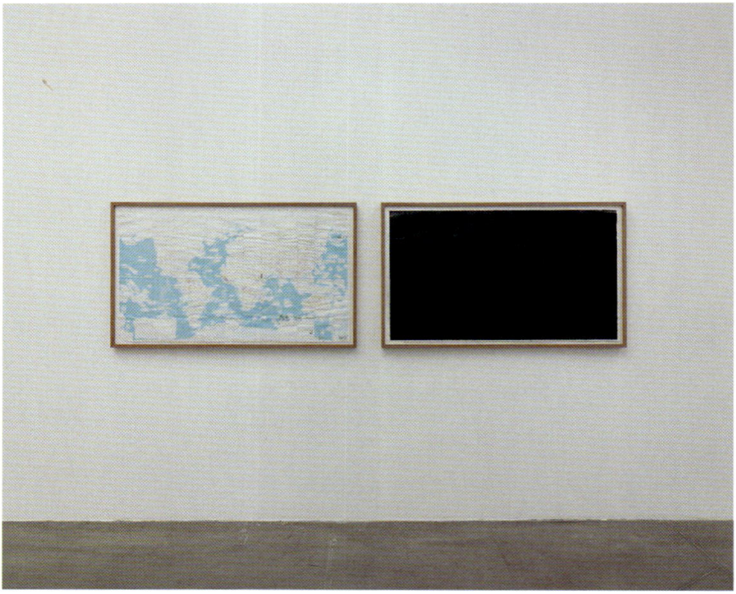

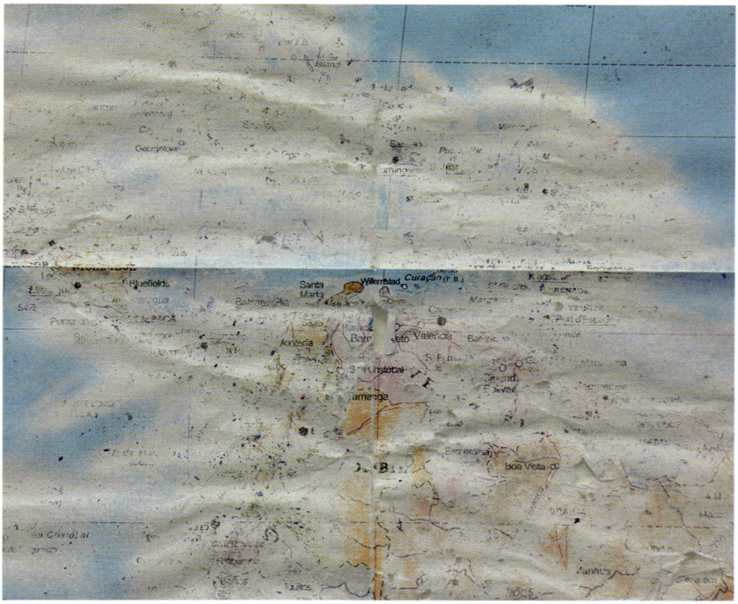
Georgetown
Bluefields
Santa Marta
Willemstad
Curaçao (P.B.)
Valencia
Boa Vista
Manaus

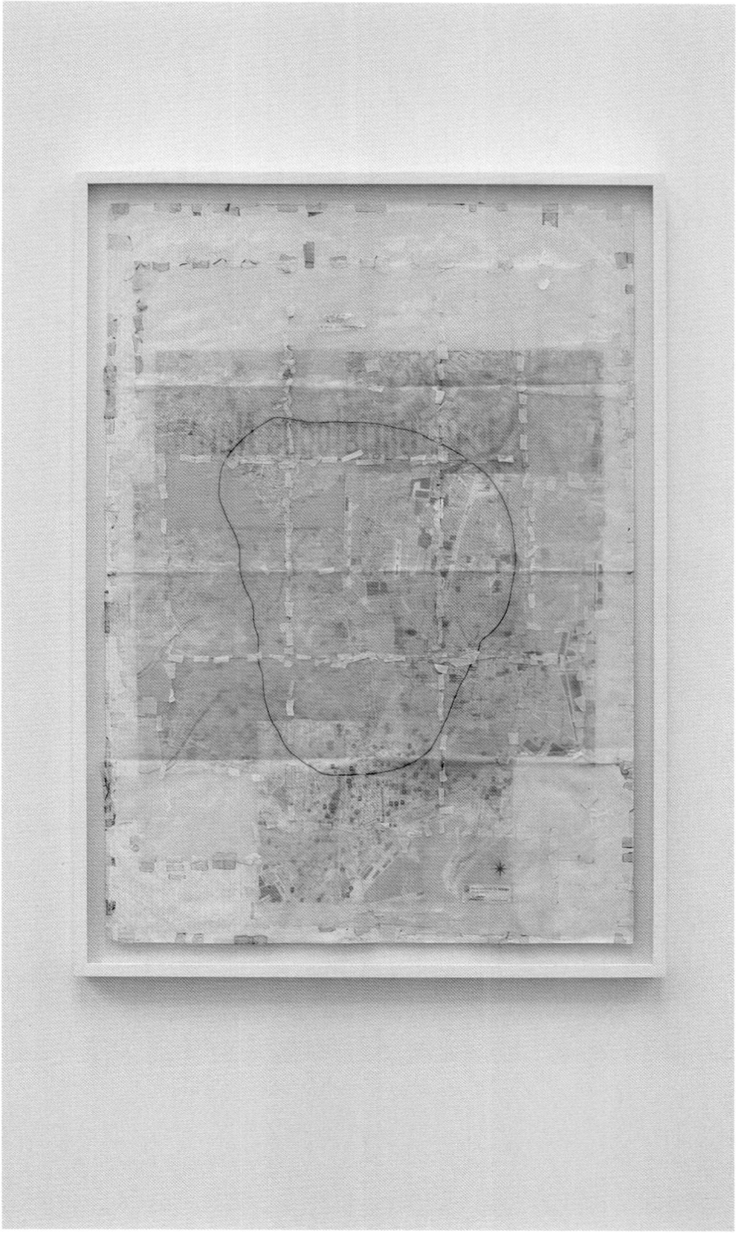

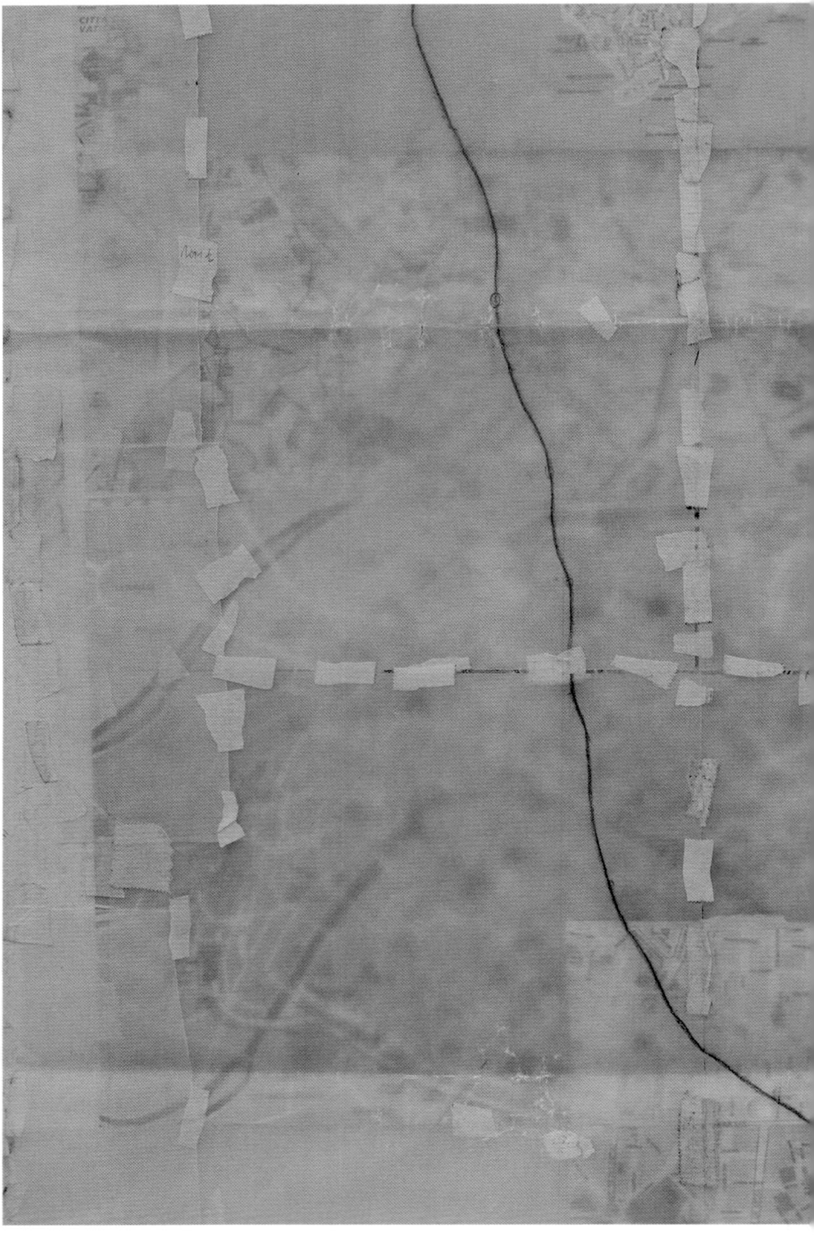

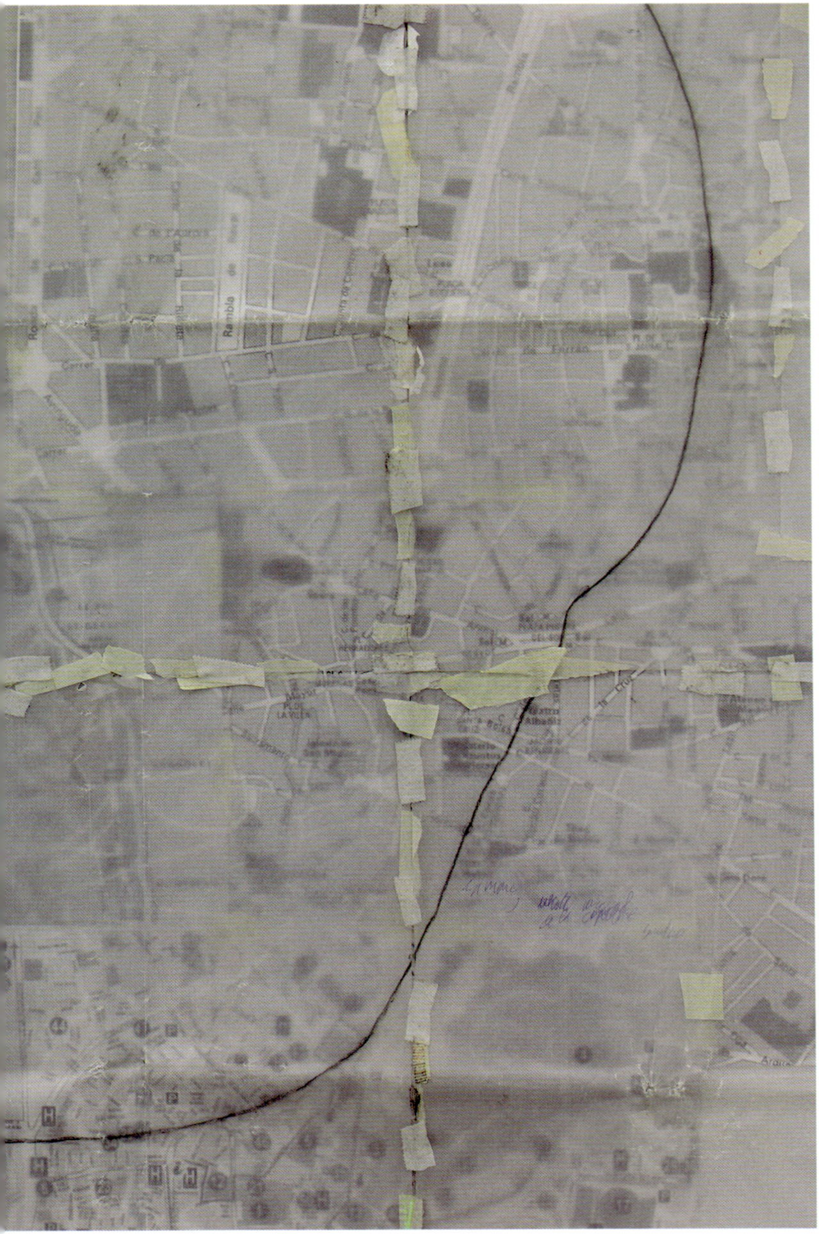

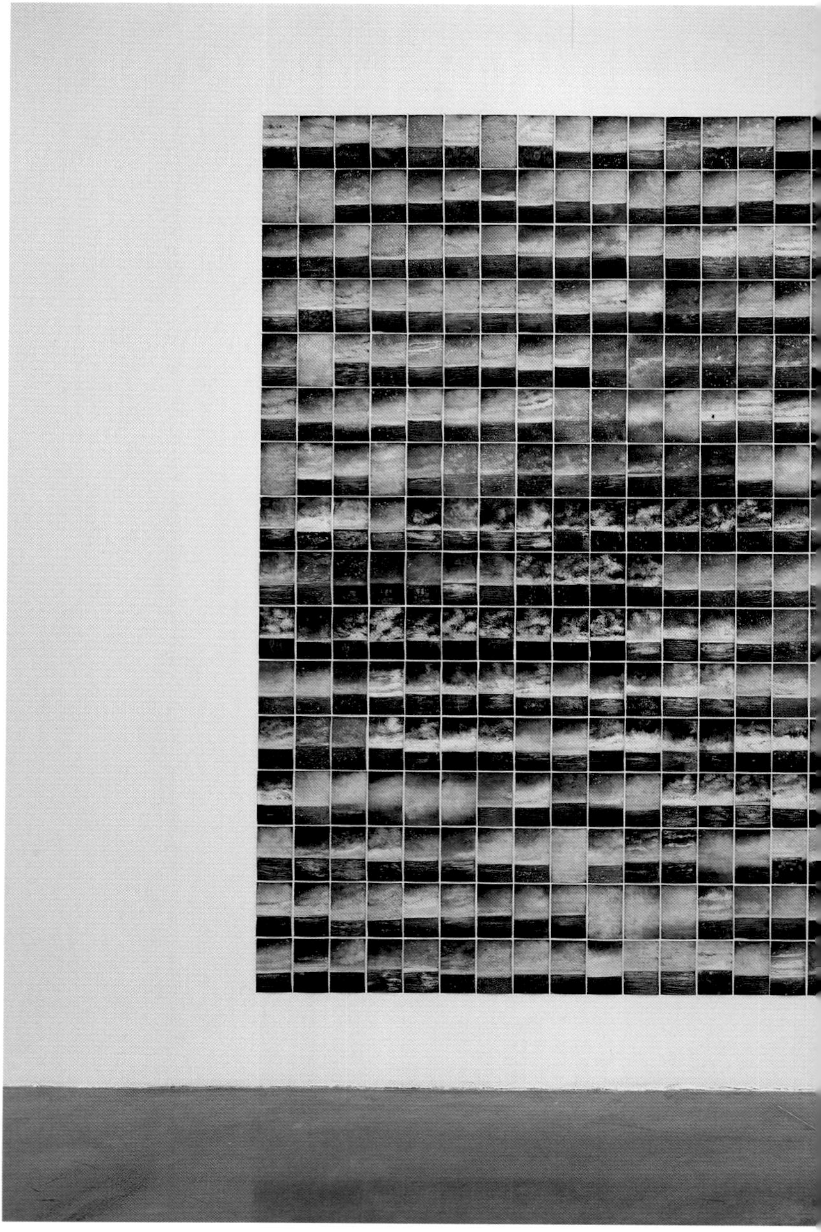

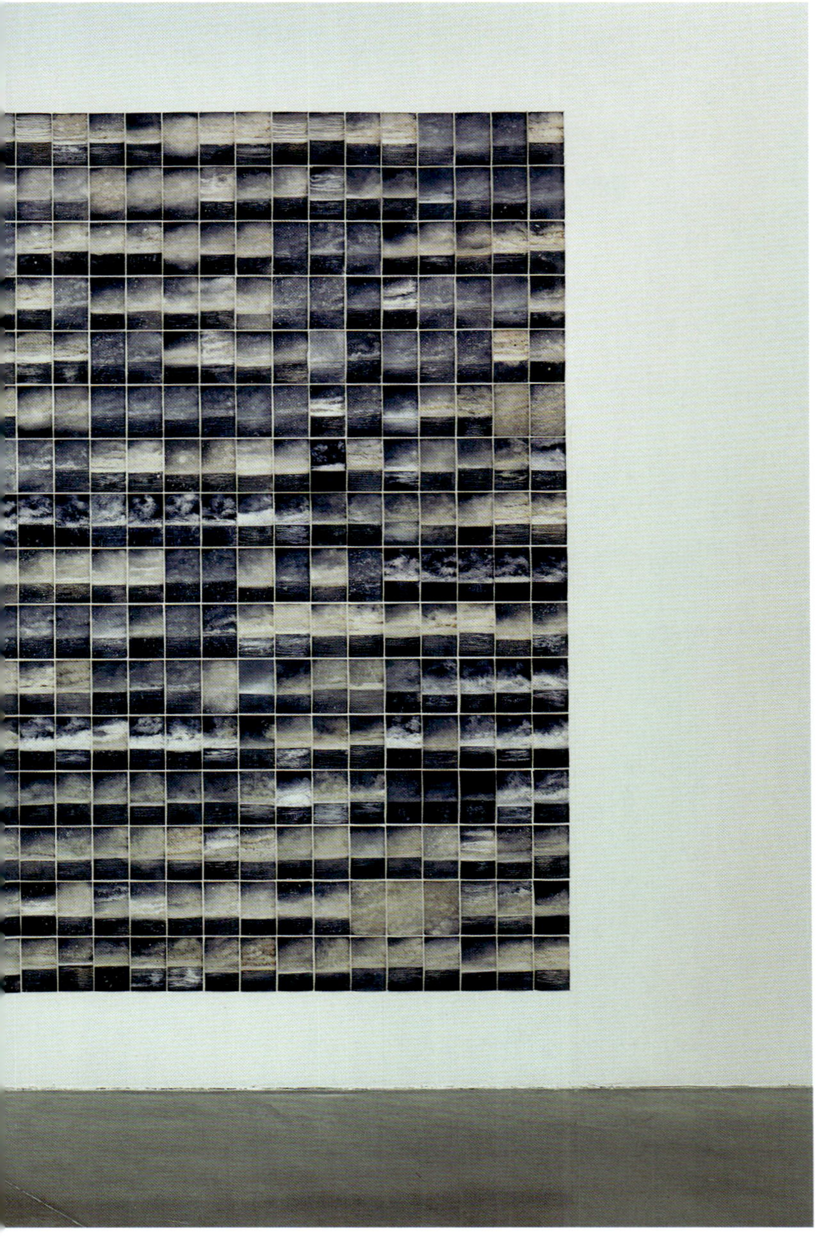

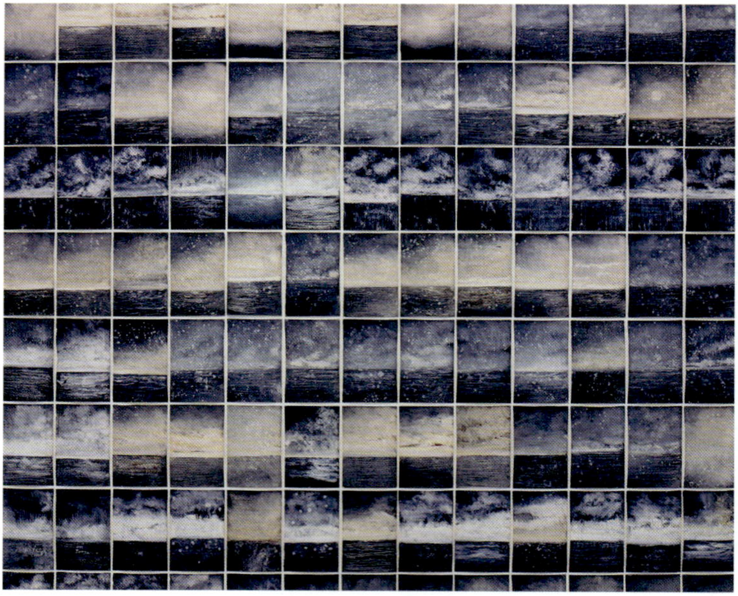

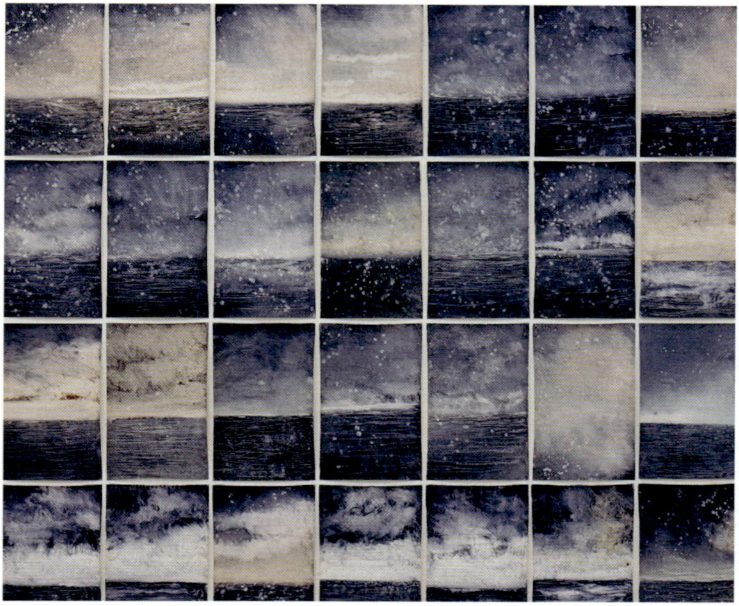

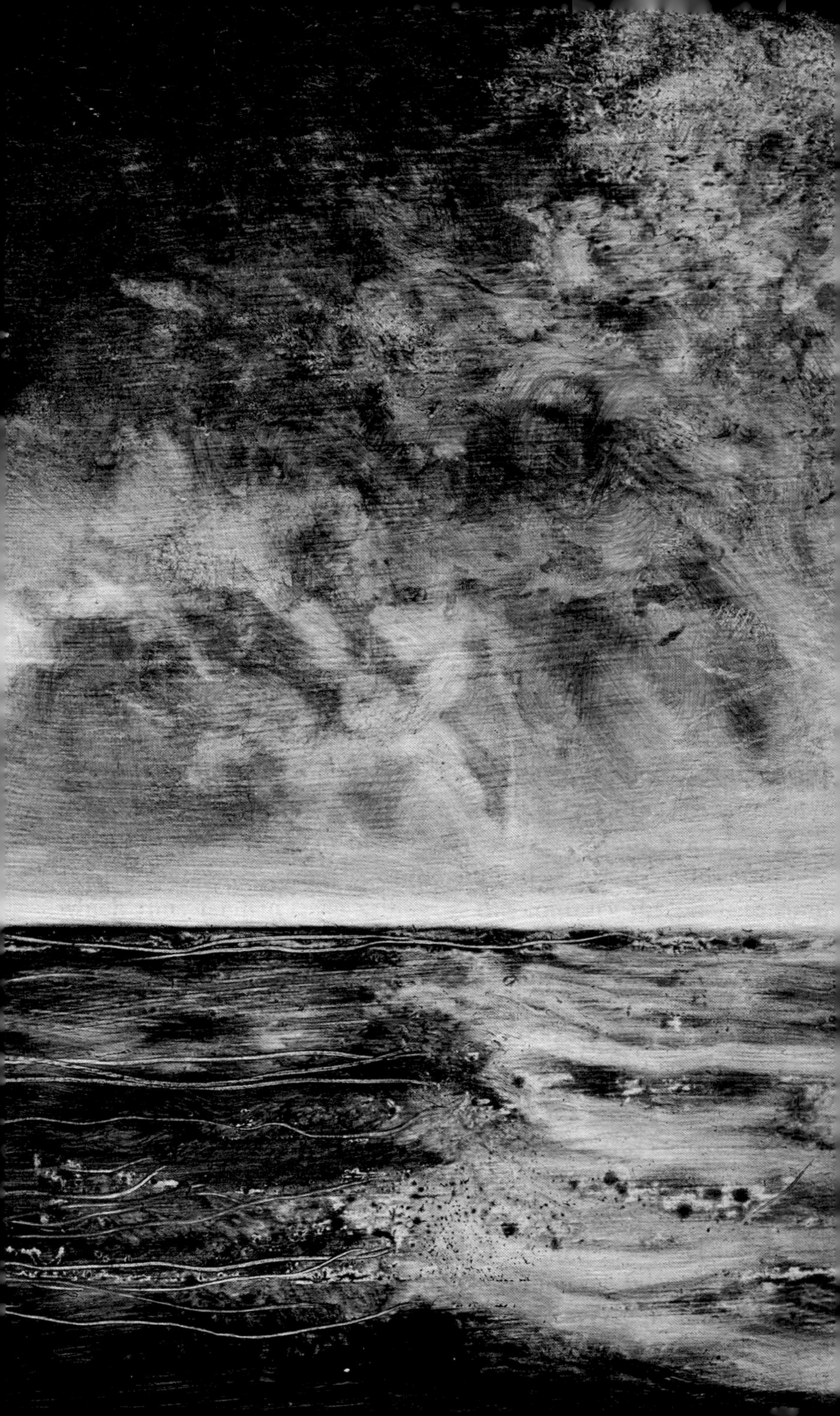

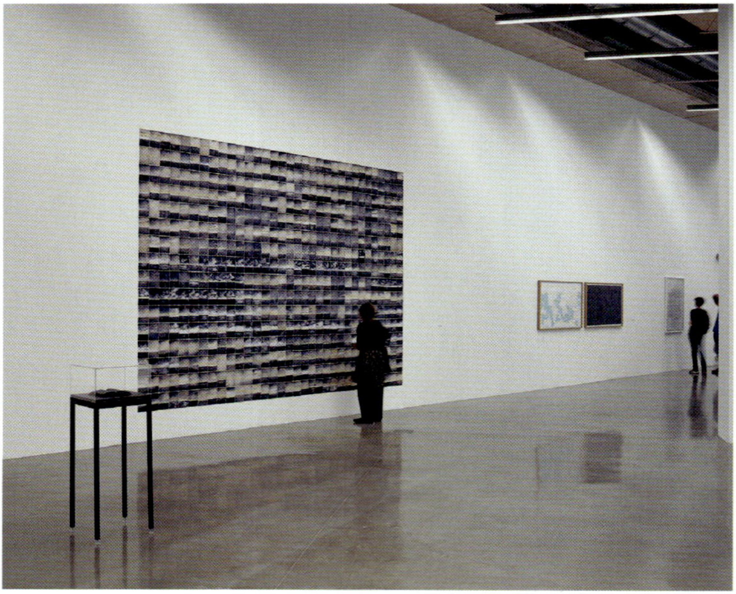

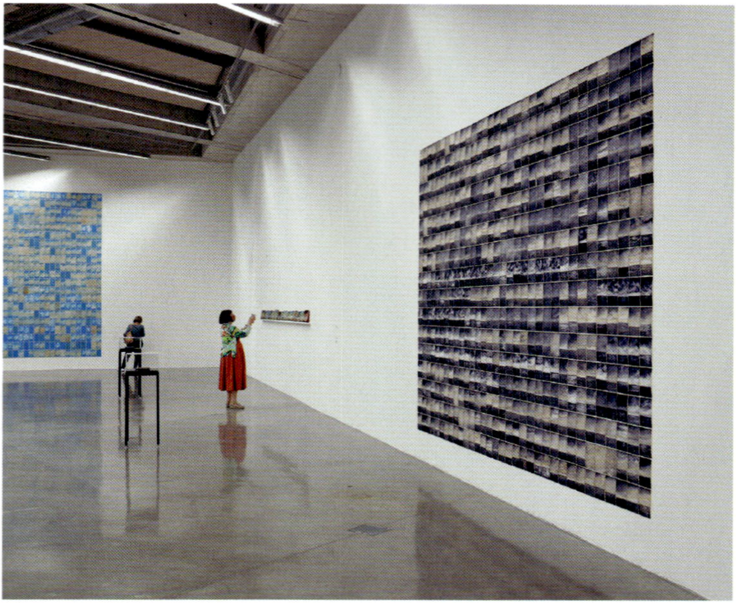

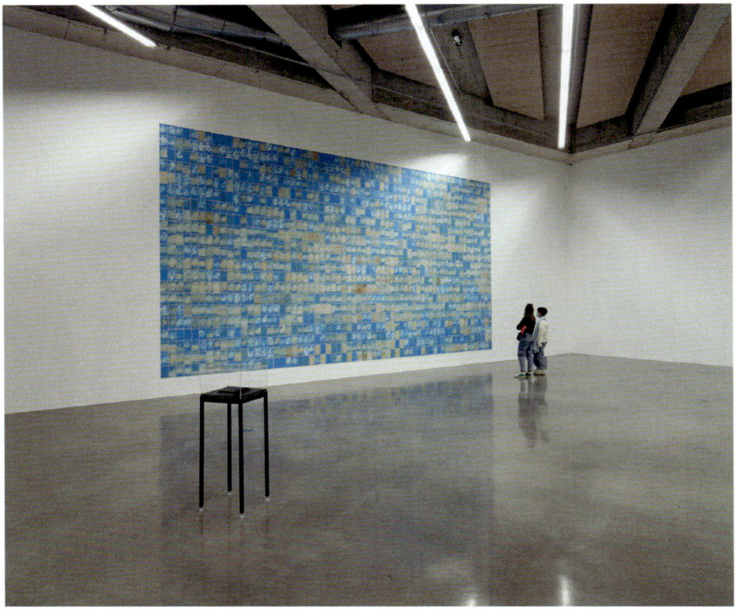

Exposition au Frac
Provence-Alpes-Côte d'Azur

**16/10/21 – 16/01/22**

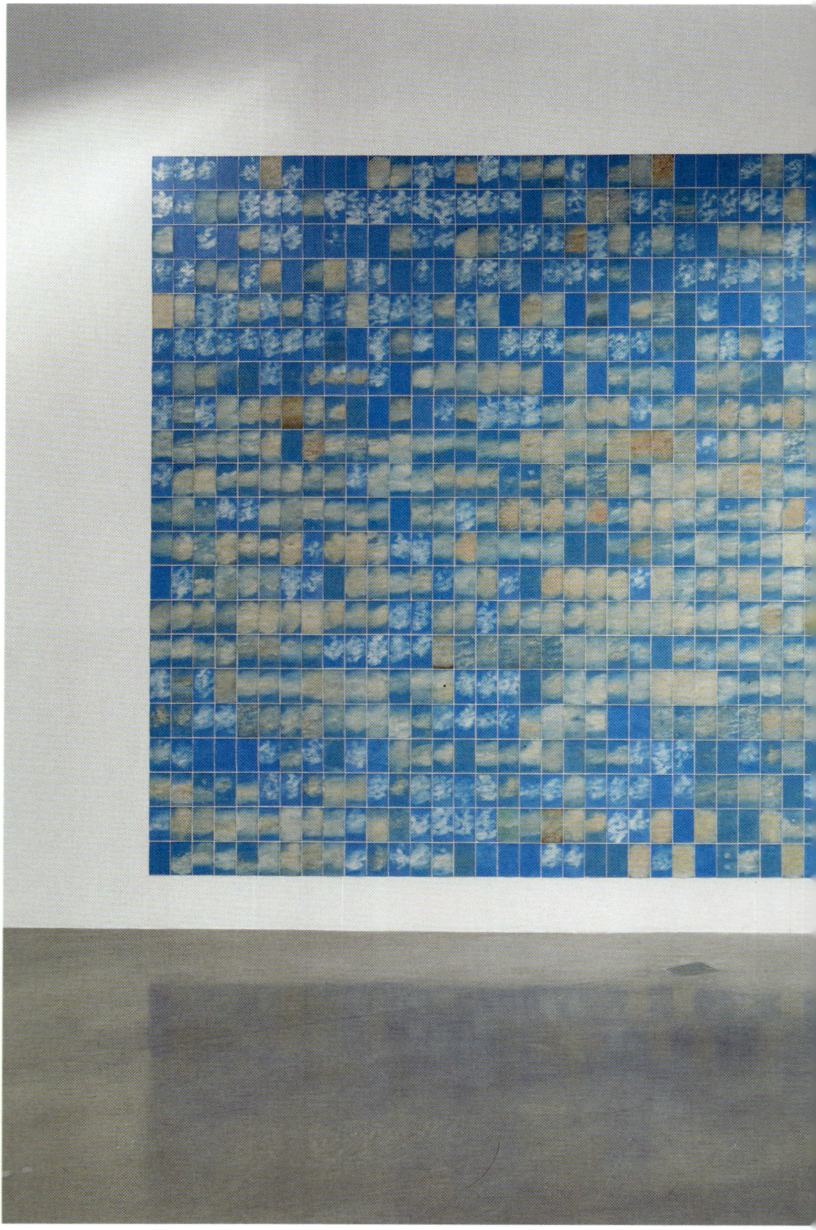

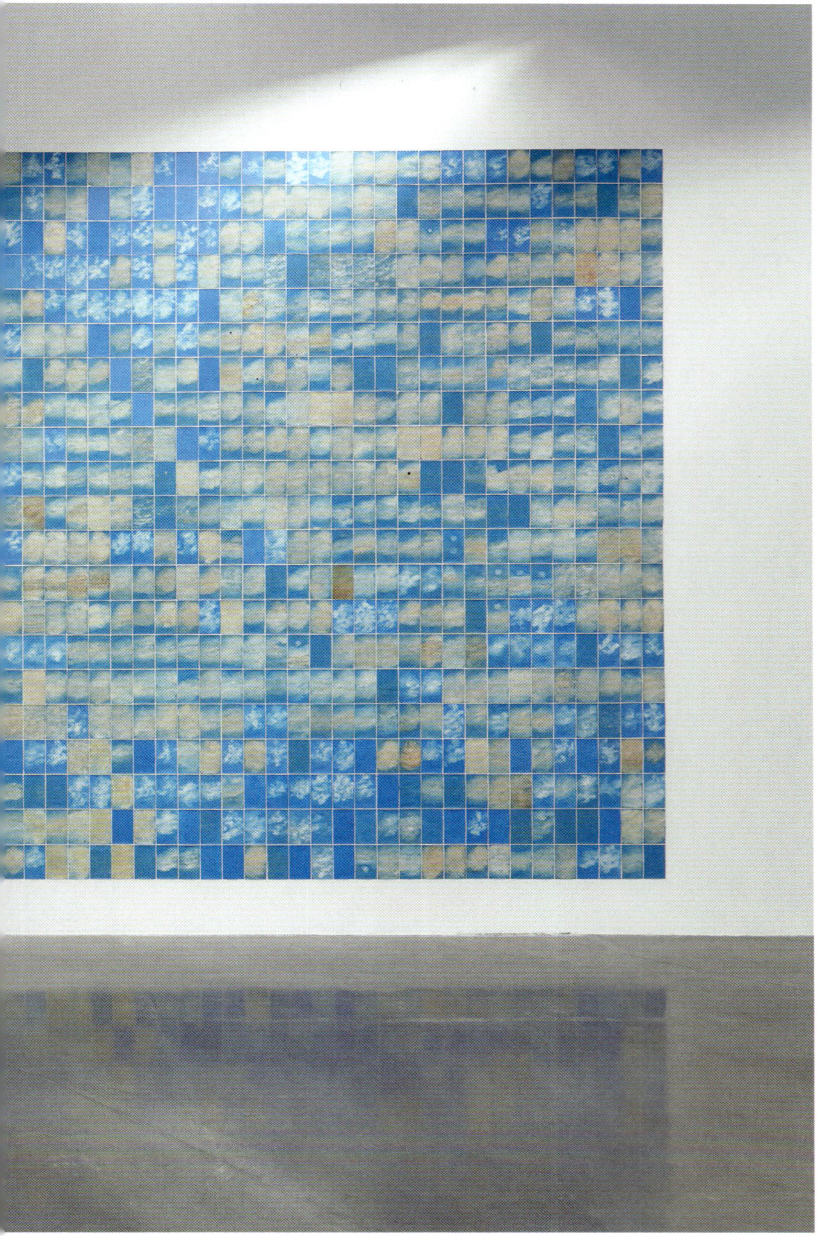

Exposition au Frac
Provence-Alpes-Côte d'Azur

**16/10/21 – 16/01/22**

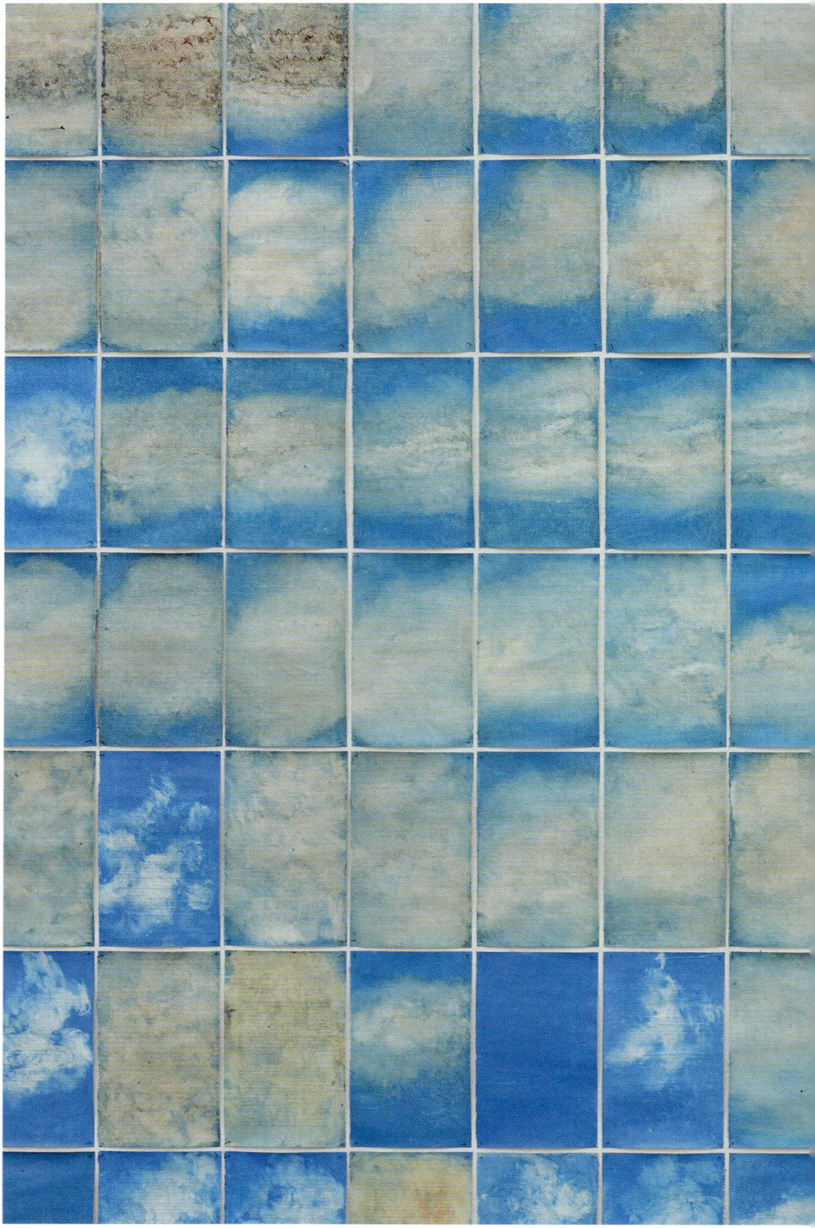

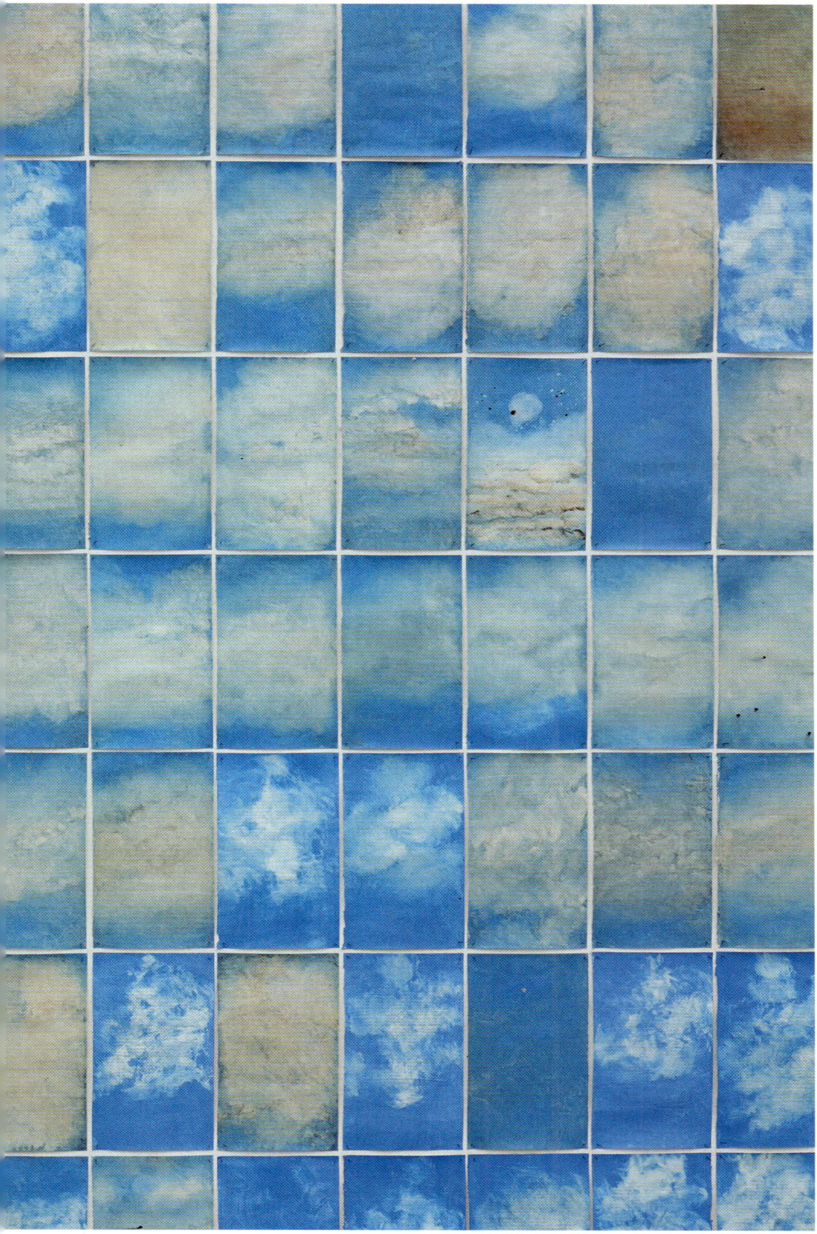

Exposition au Frac
Provence-Alpes-Côte d'Azur

**16/10/21 – 16/01/22**

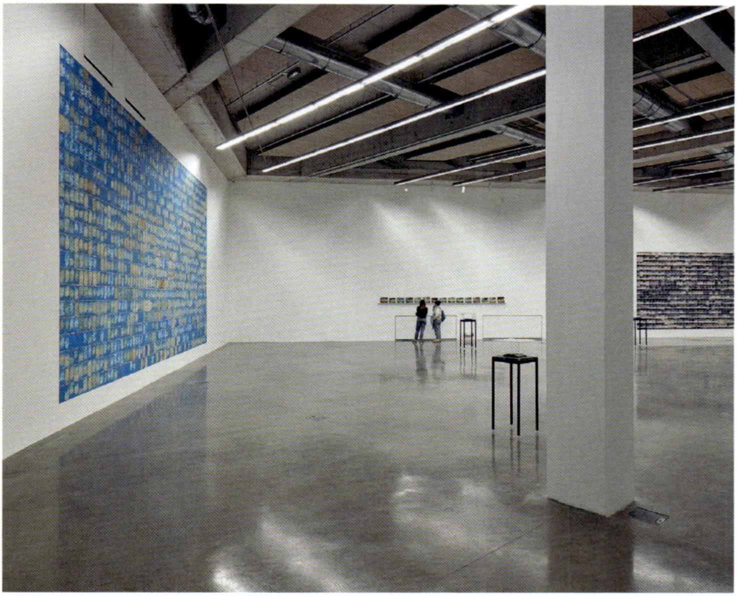

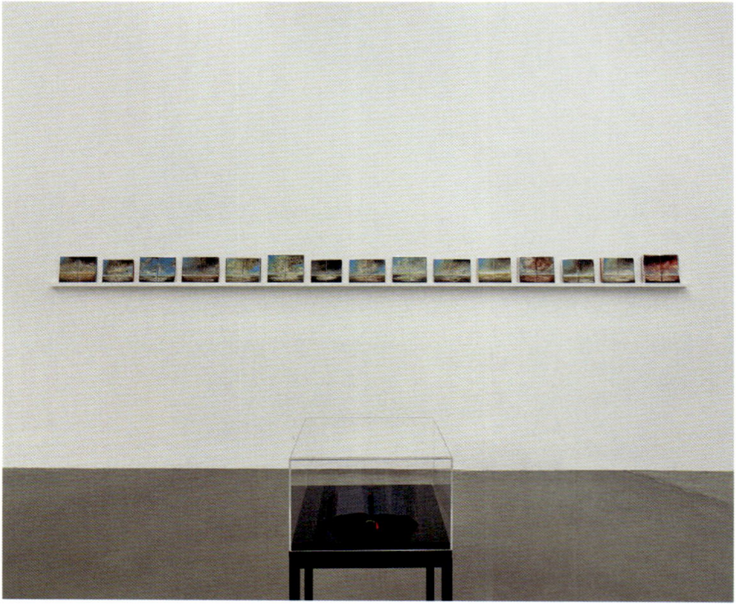

Exposition au Frac
Provence-Alpes-Côte d'Azur

**16/10/21 – 16/01/22**

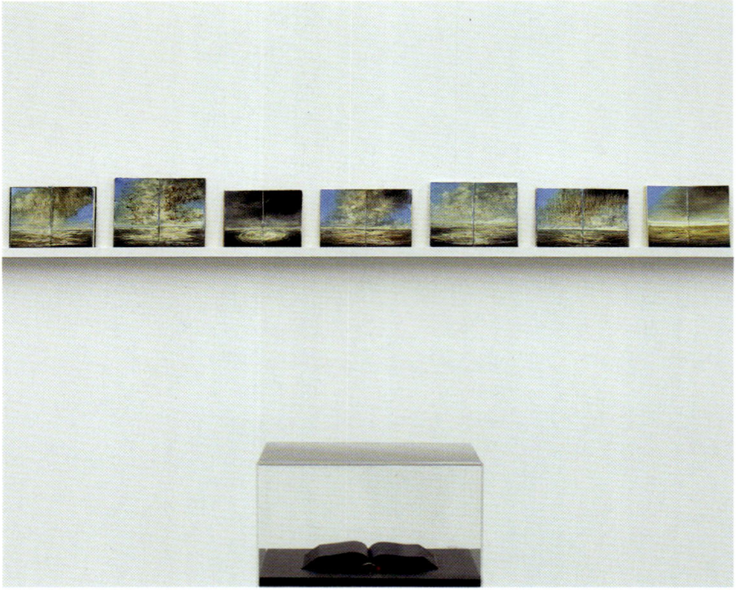

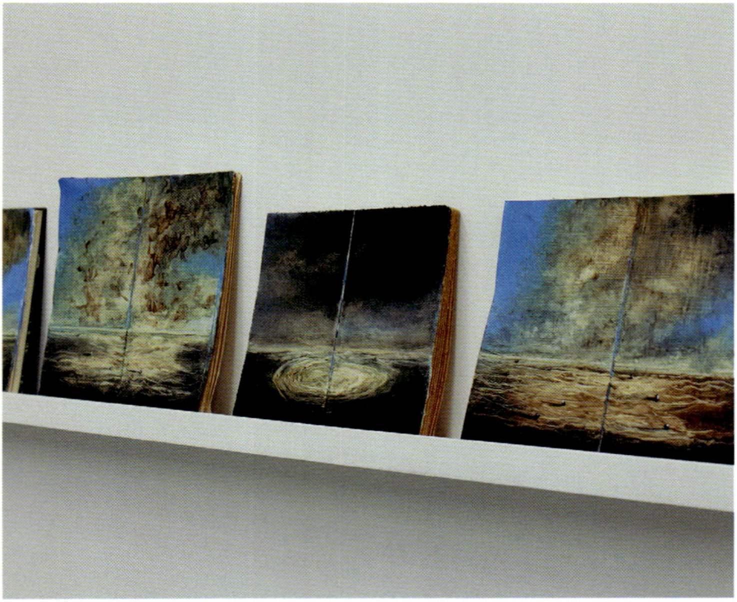

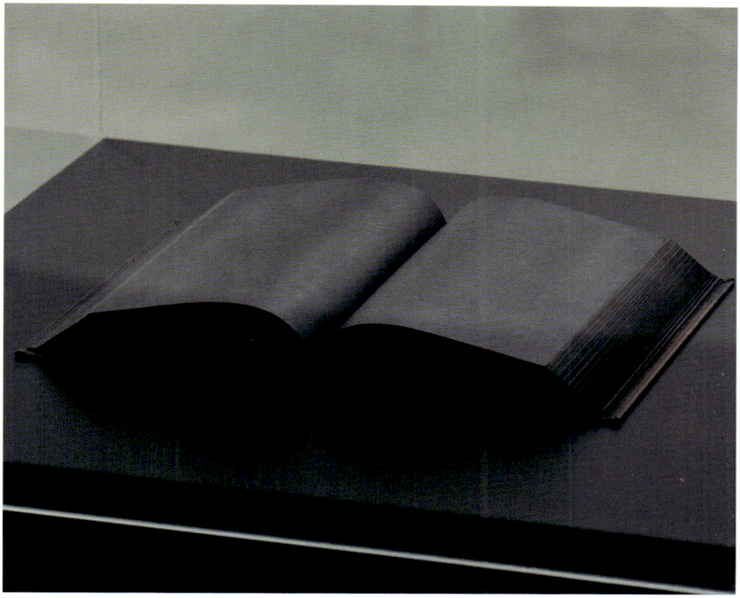

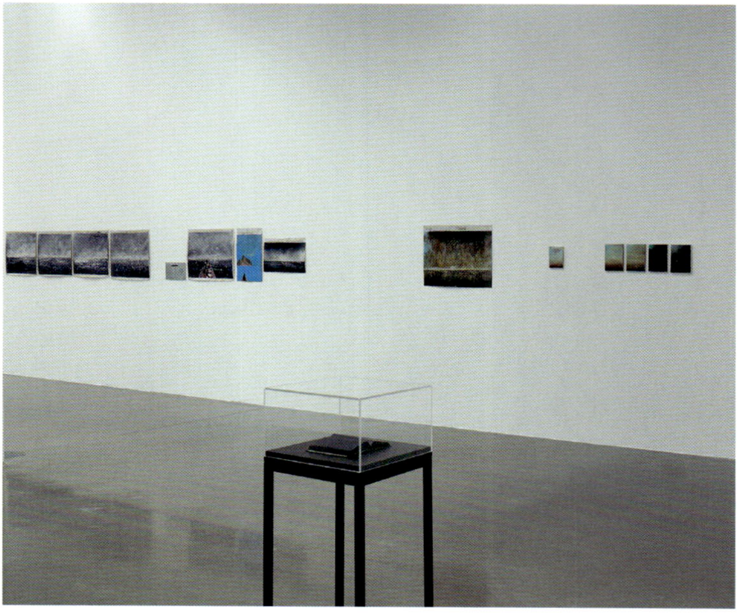

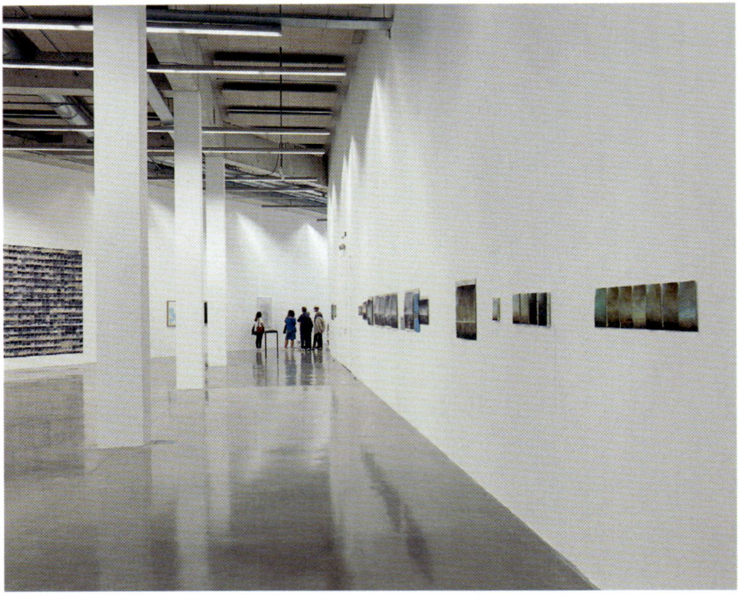

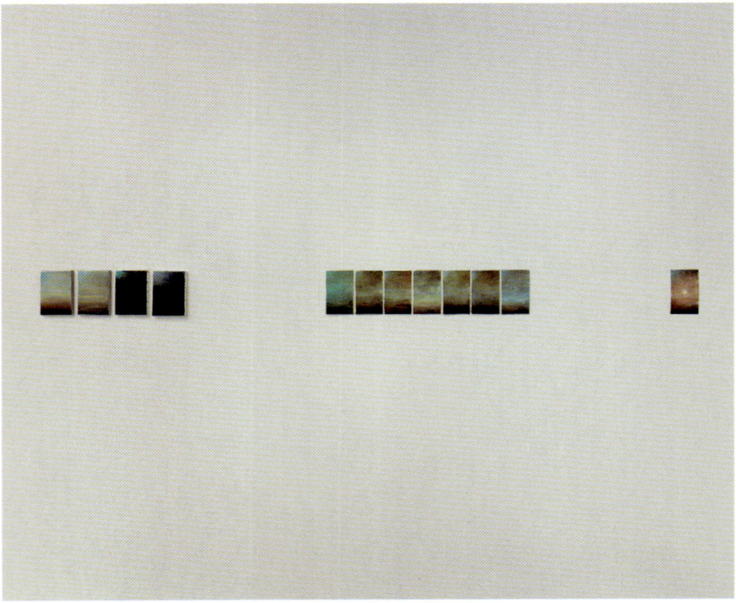

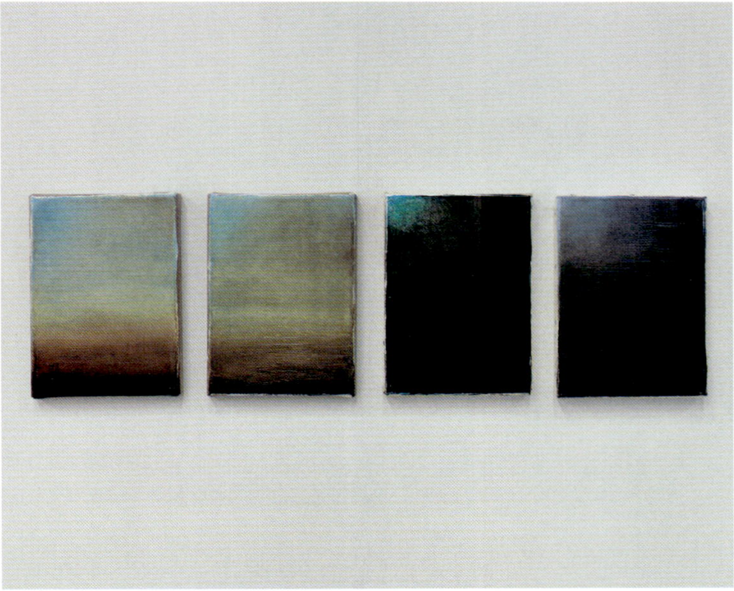

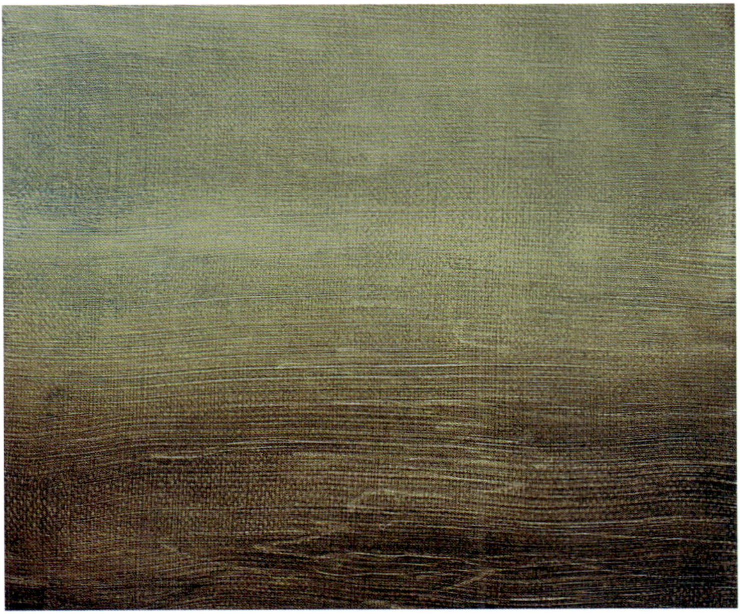

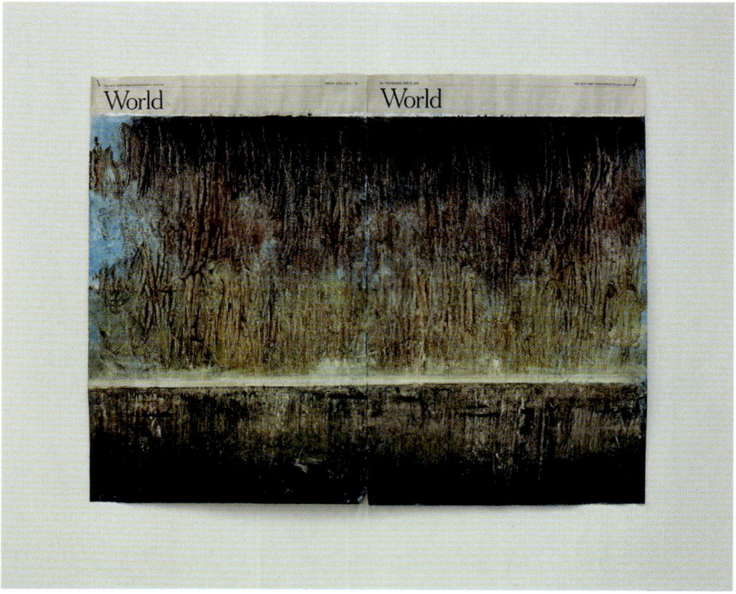
World
World

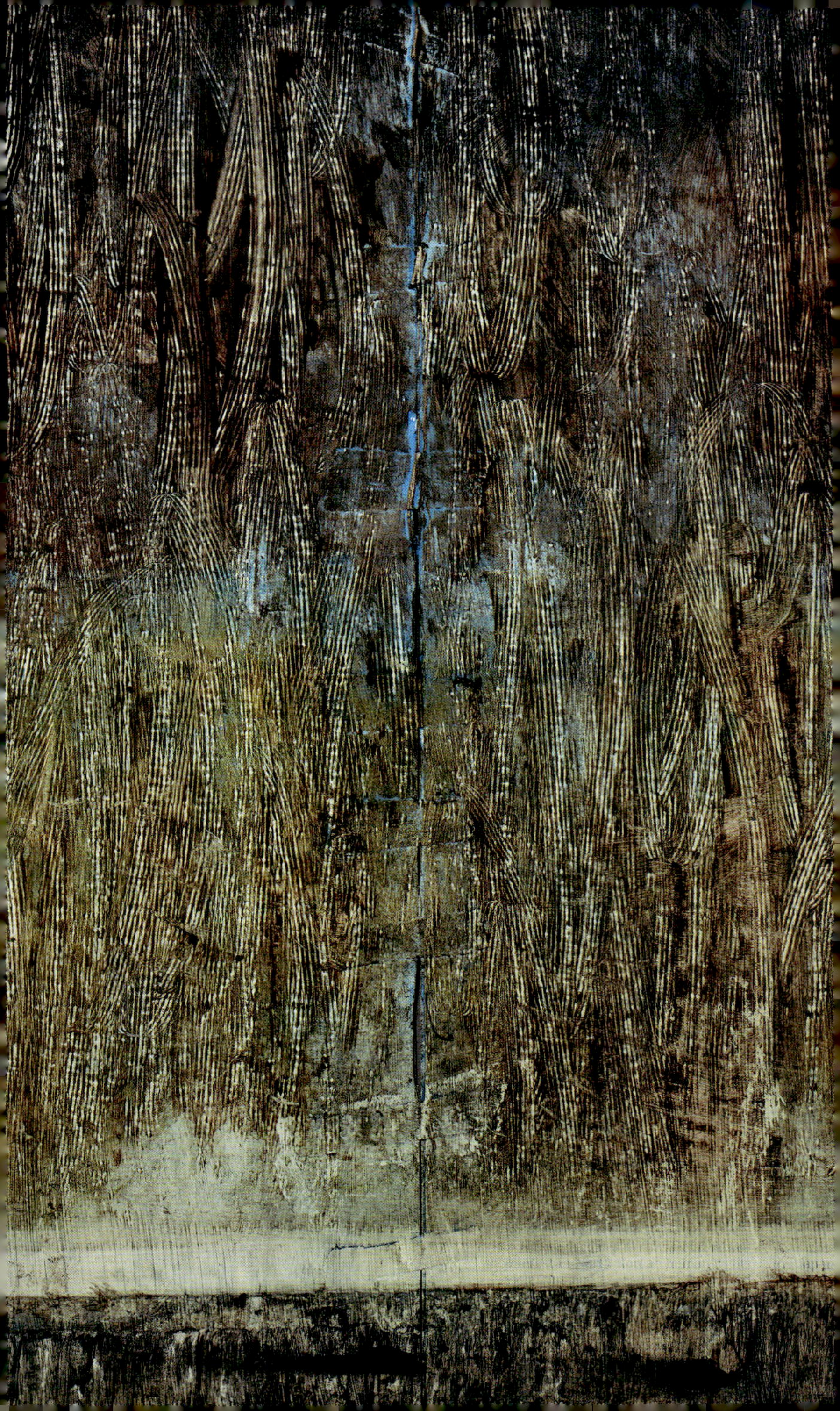

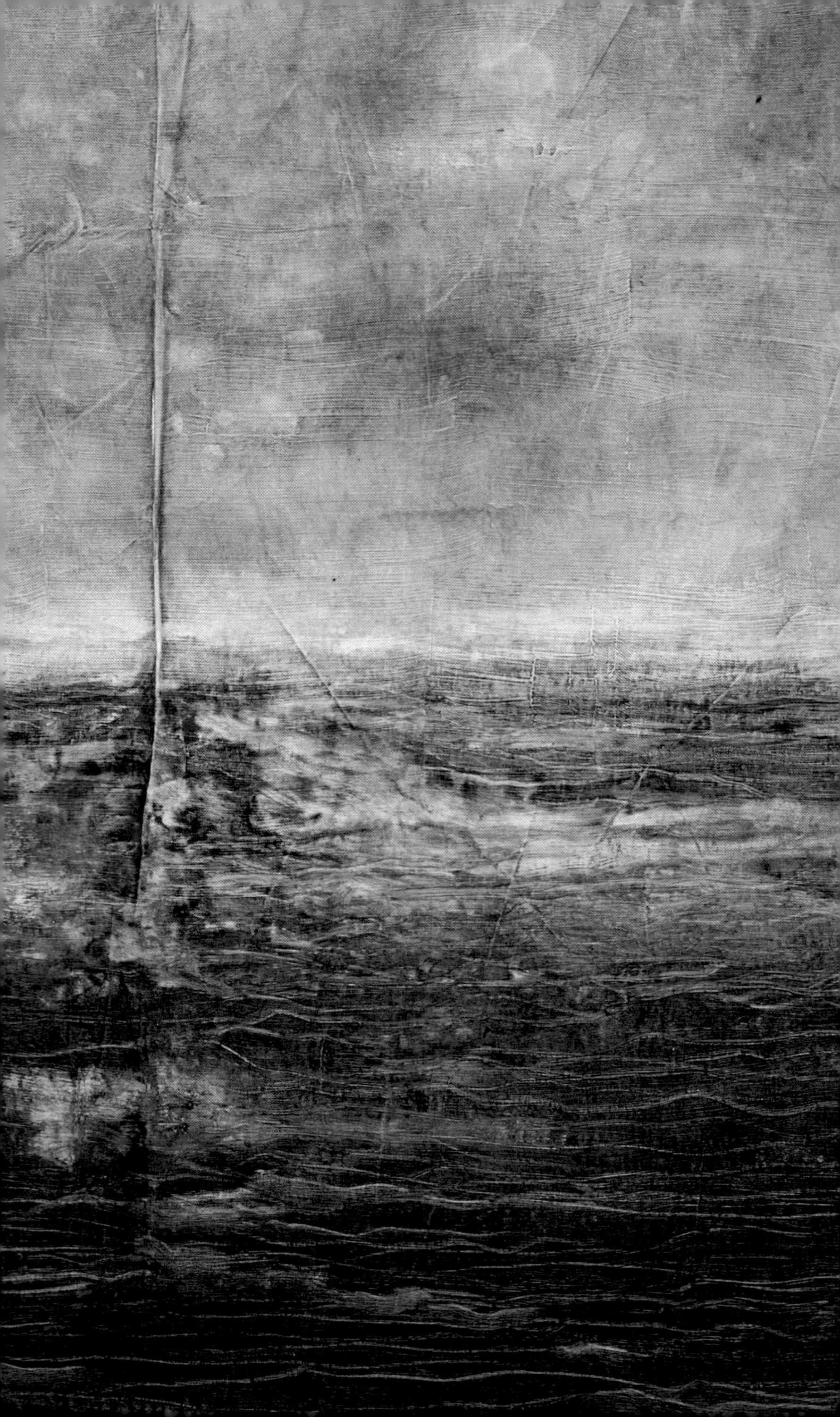

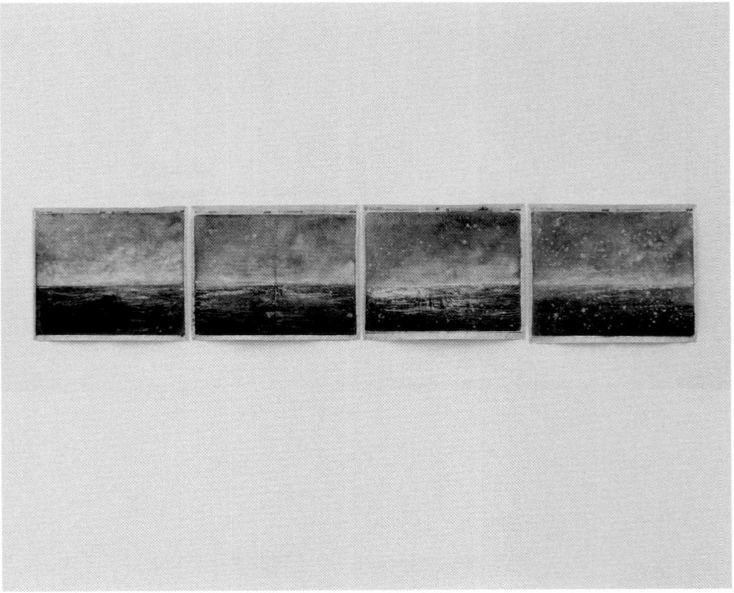

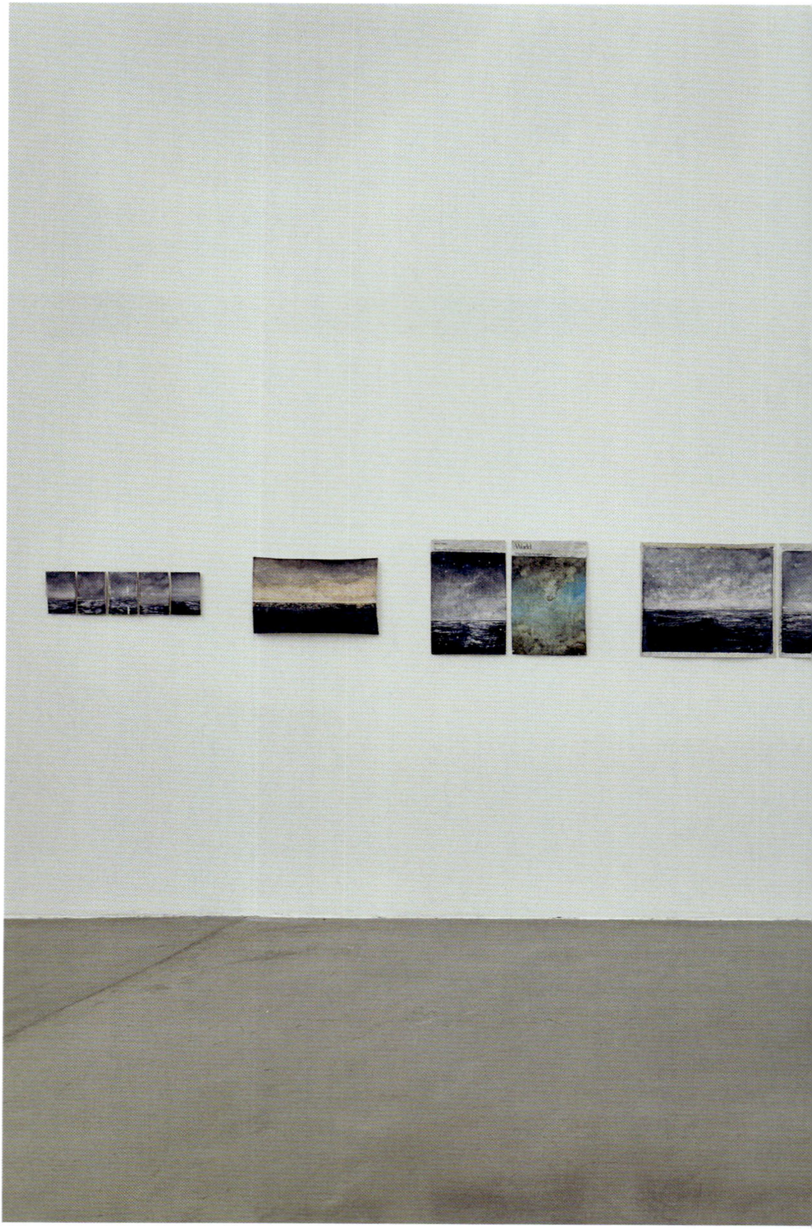

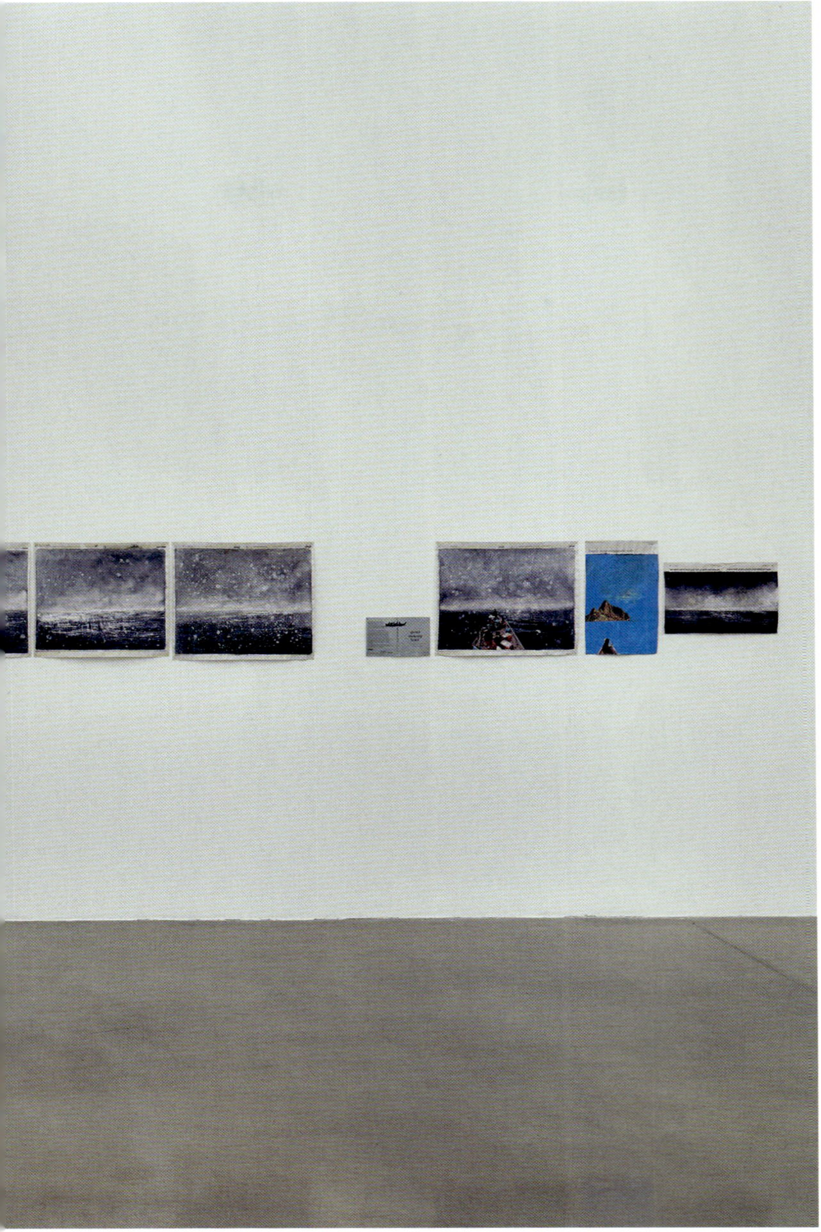

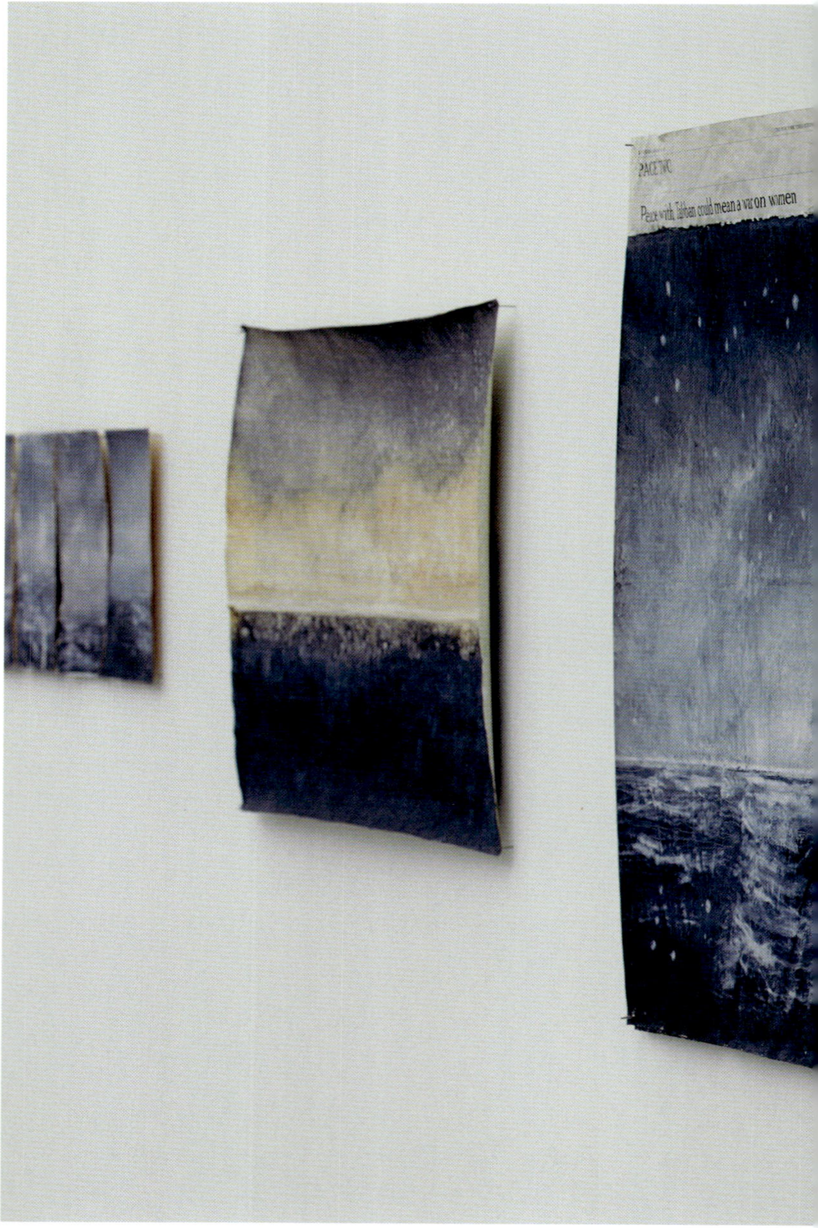
Peace with Taliban could mean a war on women

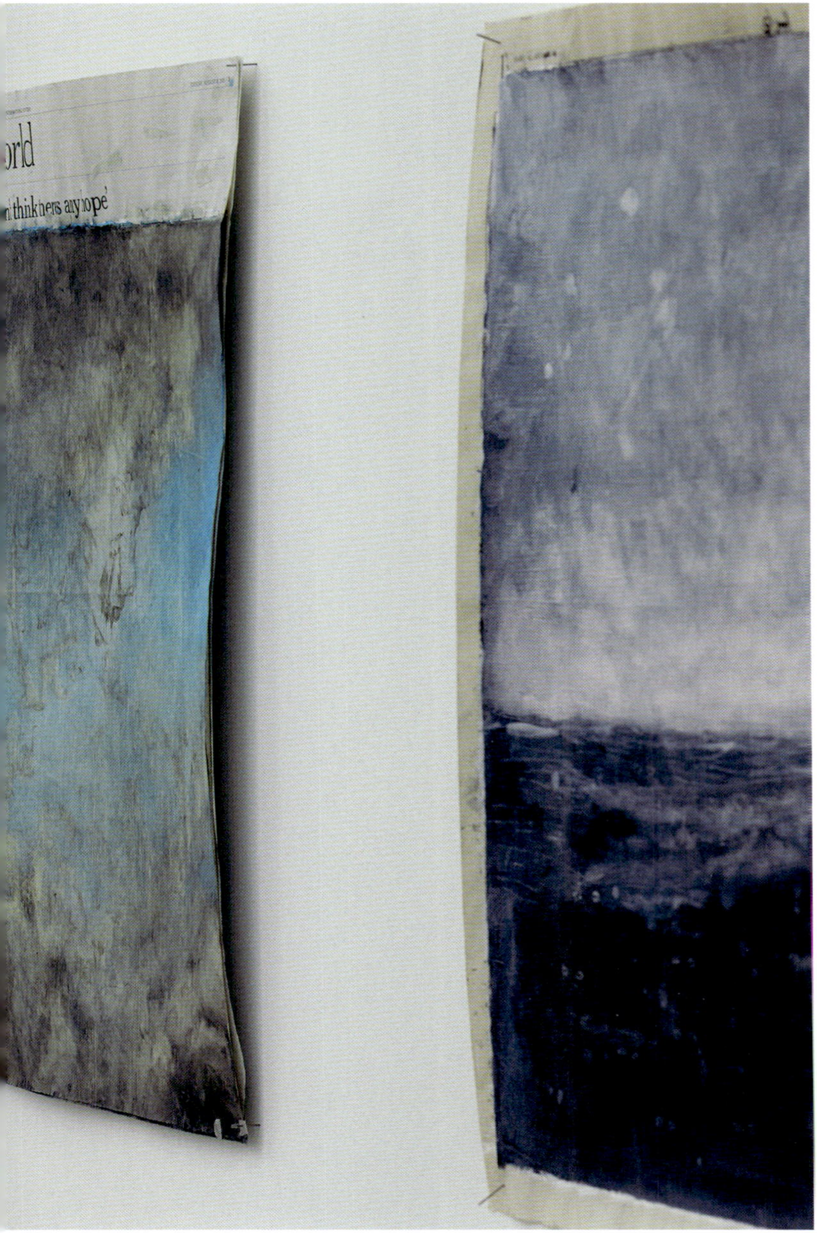

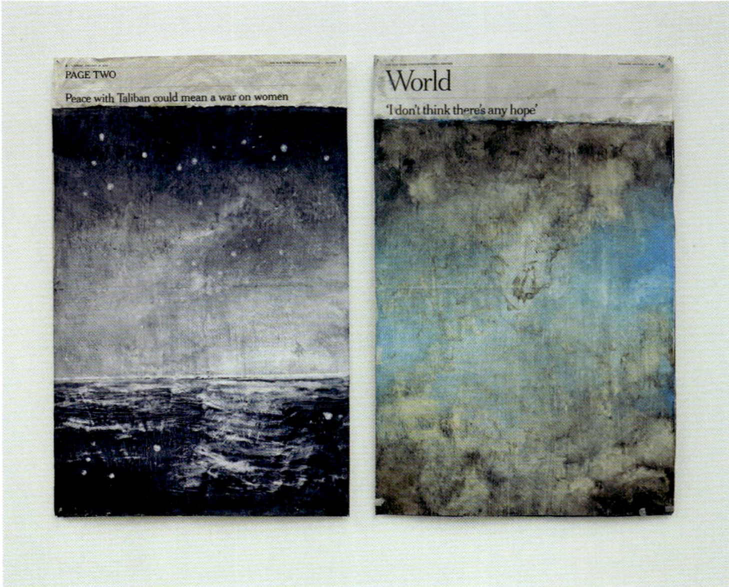


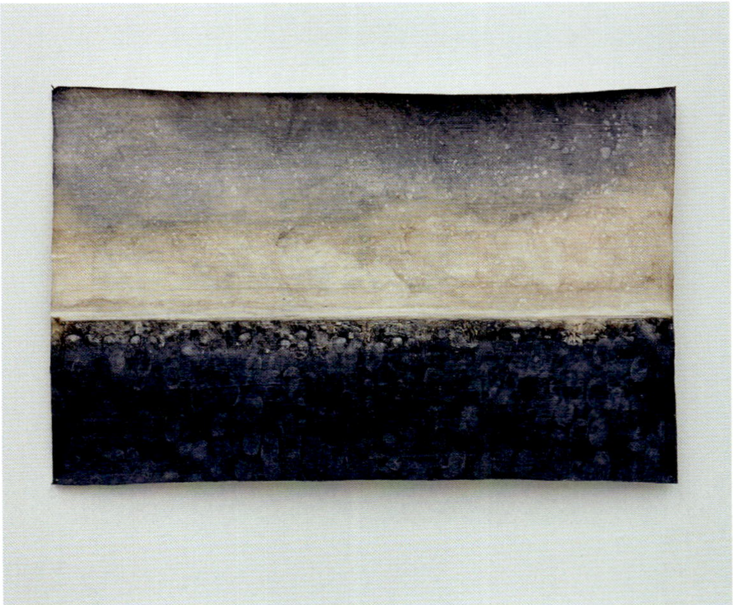

Exposition au Frac
Provence-Alpes-Côte d'Azur

**16/10/21 – 16/01/22**

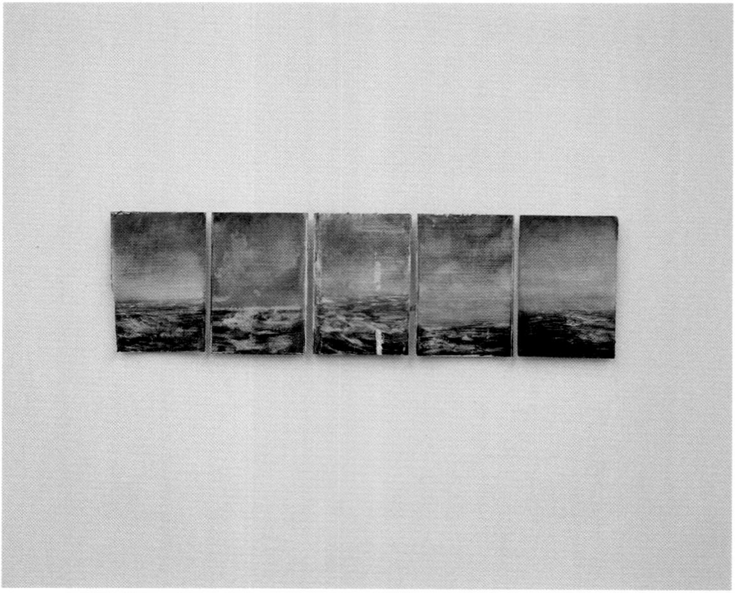

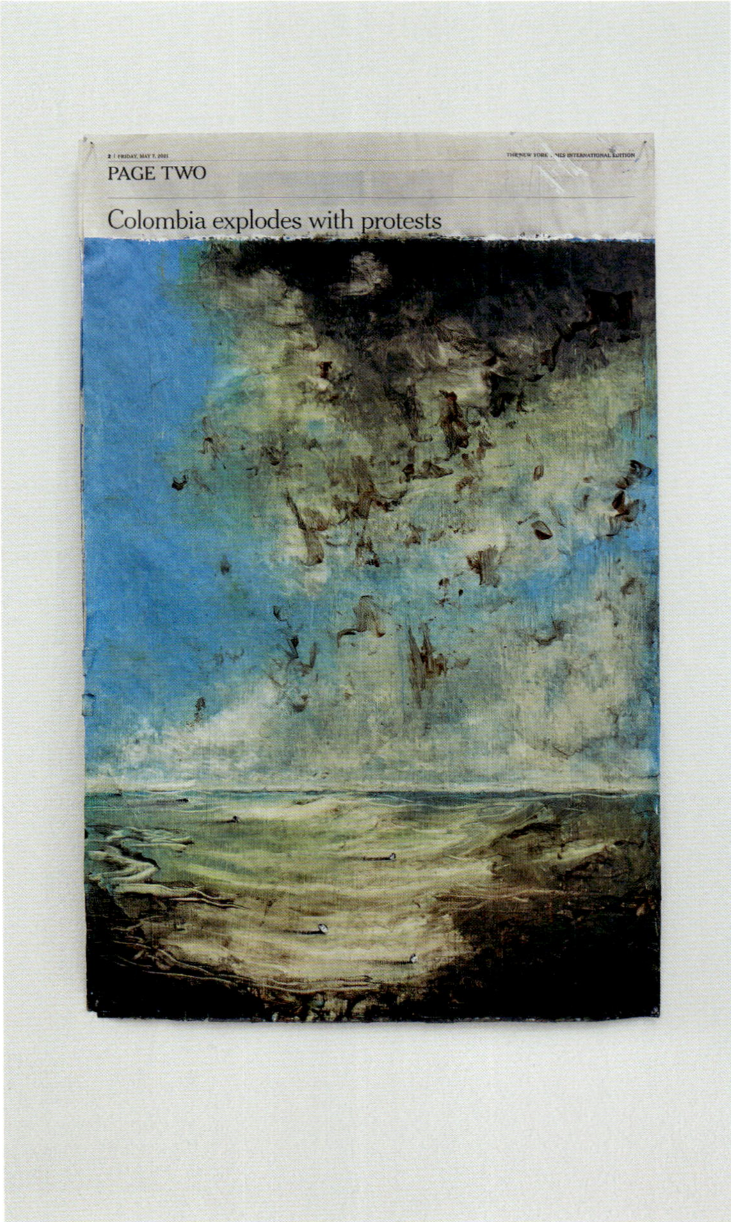
PAGE TWO
Colombia explodes with protests

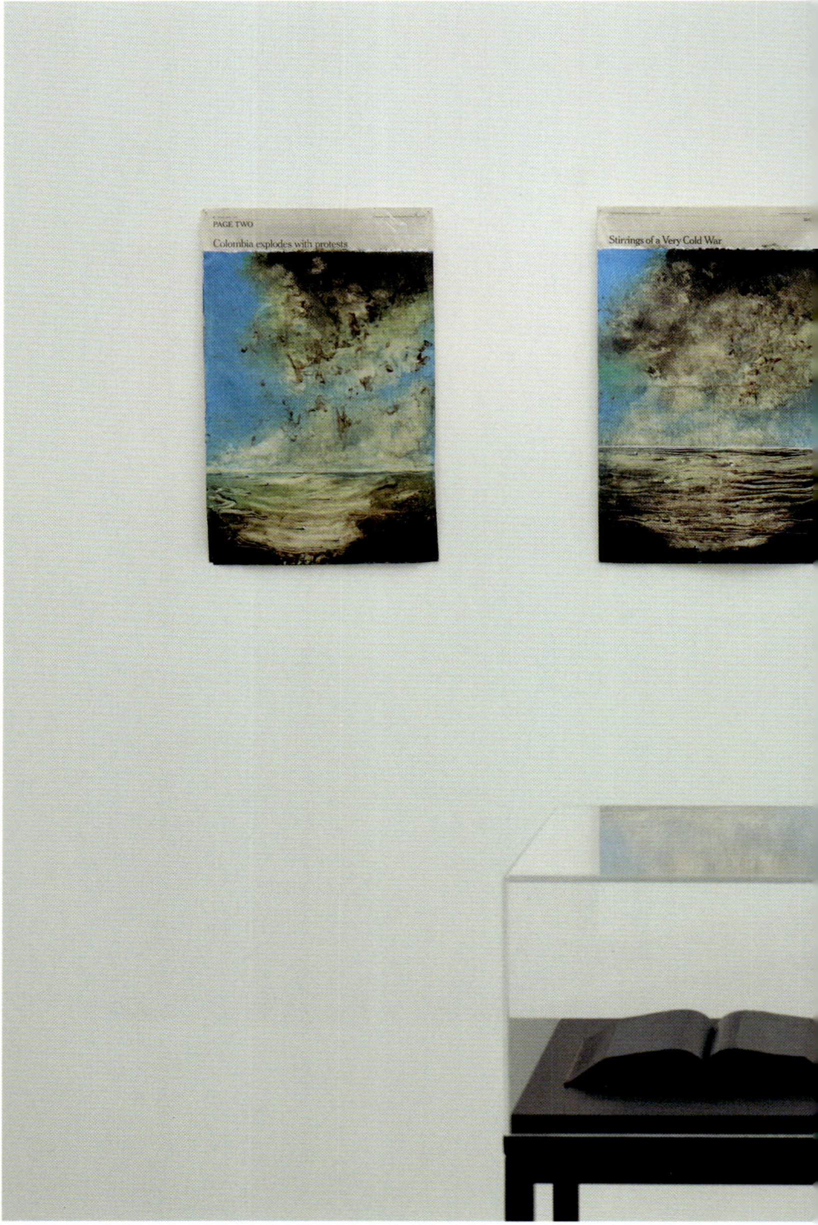
PAGE TWO
Colombia explodes with protests
Stirrings of a Very Cold War

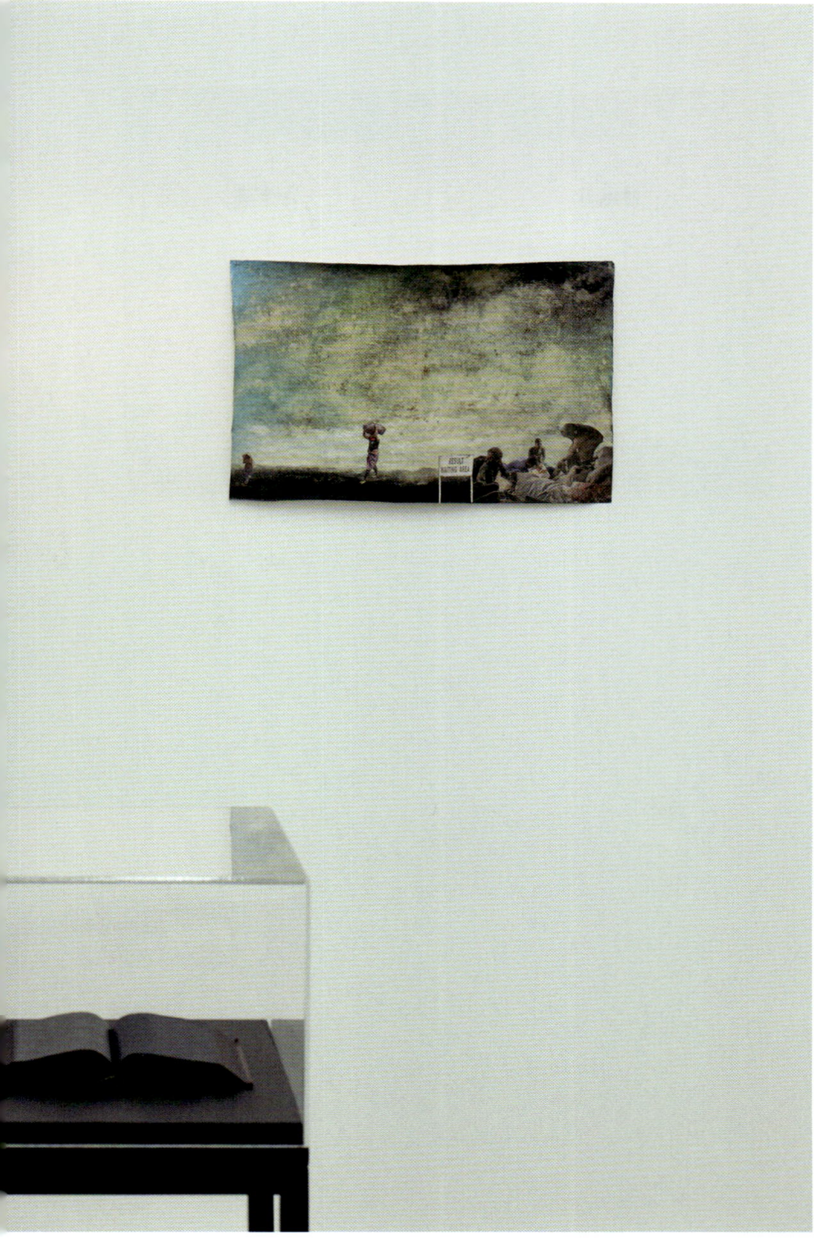

Exposition au Frac
Provence-Alpes-Côte d'Azur

**16/10/21 – 16/01/22**

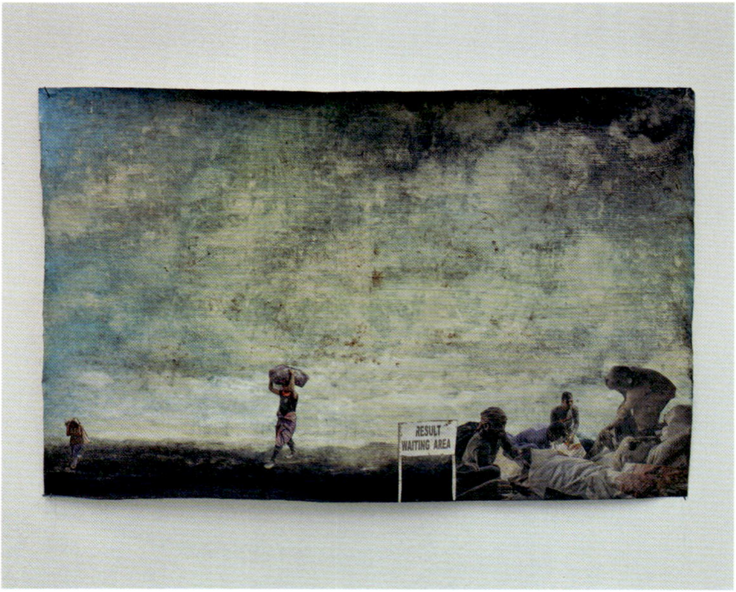
RESULT
WAITING AREA

*Je vais d'un livre à un autre, d'un fragment à un autre fragment. De la même façon, je traverse les villes de par le monde. Et d'une façon identique, je traverse la vie, en tentant de laisser quelques traces. Ce qui, somme toute, est déjà bien assez.*

JEAN-CHRISTOPHE NORMAN

Biographie

Né en 1964, Jean-Christophe Norman vit et travaille à Marseille. Depuis plus d'une dizaine d'années, il s'est engagé dans un travail protéiforme, fondé sur la répétition, l'écriture et la marche, tant mentale que physique.

Invité à résider au Frac Lorraine en 2006, il est également exposé au musée des Arts décoratifs de Paris dans le cadre de l'exposition «Le contemporain dessiné». En 2016, il réalise une performance intitulée «Un jour – Une nuit» au musée Picasso à Paris.

Il crée en 2017 au musée d'Art contemporain du Val-de-Marne une installation *in situ* autour de la réécriture, au cours de laquelle le public est invité à assister au recouvrement d'une des cimaises de l'institution. Entre octobre 2016 et février 2017, le Centre Dürrenmatt à Neuchâtel présente la première grande exposition personnelle de Jean-Christophe Norman en Suisse, «Matières». Intitulé comme l'exposition, le n° 14 des *Cahiers du CDN* est publié à l'occasion.

Avec «Terres à Tierra», Jean-Christophe Norman prend part au projet «Picasso Méditerranée» qui débute en 2017 et s'achève fin 2018 : il réécrit à la craie blanche et intégralement, de ville en ville (Marseille, Nice, Rome, Barcelone, Paris, Madrid et Malaga), le livre de Pierre Daix *La Vie de peintre de Pablo Picasso.* Son travail est exposé en 2018 au sein de l'exposition collective «L'empreinte de la mémoire» au Frac Franche-Comté, au Magasin des Horizons à Grenoble dans le cadre de l'exposition «Je marche donc nous sommes», au MAC/VAL dans «Persona grata». En collaboration avec le Magasin des Horizons, Jean-Christophe Norman présente fin novembre 2018 sa performance «Ulysses, a long way» au Centre national de la danse de Pantin.

Présenté à Drawing Now 2019 par la Galerie C, Jean-Christophe Norman réalise en partenariat avec la Fondation Ricard et suite à la proposition de Joana Neves une performance dans le cadre du salon. En 2019, le travail de l'artiste est exposé au sein de ZOO galerie à Nantes ainsi que dans le cadre de l'exposition « Picasso, obstinément méditerranéen » au musée Picasso de Paris, du 4 juin au 6 octobre. Du 6 juillet au 10 novembre 2019, il prend également part à l'Espace de l'Art Concret de Mouans-Sartoux à l'exposition collective « Bis repetita placent » qui s'inscrit dans le programme de la manifestation « Des marches, démarches » organisée en collaboration avec le Frac Provence-Alpes-Côte d'Azur. « Terre à terre », une installation *in situ* réalisée au MAC/VAL en 2017, est visible au sein de l'exposition « Persona grata » en mars 2019.

En 2020, Jean-Christophe Norman prend part à l'exposition collective « Le vent se lève » présentée au MAC/VAL ainsi qu'à l'exposition « Ways of Seeing. A curatorial essay from the collection of videos of Frac » au MUNTREF, à Buenos Aires en Argentine, dans le cadre du partenariat local de Platform (réseau des Frac). À l'automne 2021, une exposition monographique, « Brouhaha », lui sera consacrée au Frac Provence-Alpes-Côte d'Azur (15 octobre 2021 - 16 janvier 2022).

Une monographie est récemment parue chez 02 éditions et aux éditions de la Galerie C avec des textes de Thierry Davila, Camille Paulhan, Lionel Ruffel, Elena Vogman et Malte Fabian Rauch.

## Notices biographiques

### Marjorie Micucci

Vit et travaille à Paris. Poète et critique d'art.

Collabore aux revues *Artpress* (Paris) et *l'art même* (Bruxelles). Est l'autrice de textes critiques pour des catalogues d'exposition ou des monographies d'artistes : *Appel Circus* (LAAC, 2021) ; *Colette Brunschwig. Peindre l'ultime espace* (Manuella éditions, 2021) ; *Gyan Panchal. Au seuil de soi* (Snoeck, 2019) ; *Mâkhi Xenakis. Catharsis ou l'ambition archaïque* (2018) ; *Rosa Barba. Géologies de la distance* (Les Presses du réel, 2017) ; *Jean Dufy. Le Pays maritime* (Éditions Magellan & Co, 2016), « Roni Horn : London (((through))) Brussels, Hours of Devotion », in *Les Chroniques Purple*, ouvrage collectif sous la direction d'Elein Feiss (Les Éditions Purple & Vacant, Tokyo, 2014) ; *Jean-Christophe Norman. Les Circonstances du hasard*, (Éd. Frac du Grand Est/Les Presses du réel, 2012).

Travaille sur la notion de dette poétique dans l'œuvre contemporaine et sur les liens entre littérature et arts visuels, notamment chez l'artiste américaine Roni Horn.

A publié plusieurs livres de poésie en collaboration avec des artistes contemporains : *La Baleine noire* avec Mâkhi Xenakis (Éditions Tarabuste, 2019) ; *L'Expédition friable* avec Dom et Jean-Paul Ruiz (Éditions Ruiz, 2016) ; *lost journey, fragments* avec Istvan Peto (The Contemporary Erratum Press, 2005).

A participé à des expositions avec des « poèmes exposés » : « Marcelle Alix ouverte » (galerie Marcelle Alix, Paris, 2019) ; « Claire Kito & Marjorie Micucci. Histoires de poèmes et d'encres » (musée Paul Éluard, Saint-Denis, 2018) ; « Aux aguets » (La Petite Fabrique de l'art, Paris, 2016).

Poursuit la publication aux éditions The Contemporary Erratum Press du cycle « An arch(a)eological poetry journey » : *lost journey cantos (le voyage perdu, 1)* (2019-2020) ; à *Paul Verlaine, avant (poèmes semblables)* (2020) ; *lost journey cantos (le voyage perdu, 2)* (2020), *The black whale aka la baleine noire (Impératif du poème)* (2021)…

Ryoko Sekiguchi

Ryoko Sekiguchi est poète, écrivaine et traductrice. Elle a publié en japonais et en français une vingtaine d'œuvres. Son souci est d'insérer dans le texte «la voix des autres, d'une voix autre», à la croisée des cultures, des pratiques comme des langues. Elle a fait paraître aux éditions P.O.L des livres de poésie: *Calque*, *Héliotropes*, un récit: *Deux marchés, de nouveau*, des essais et des chroniques: *Ce n'est pas un hasard*, à propos des catastrophes de Fukushima, *La Voix sombre*, sur la rémanence de la voix enregistrée, *961 heures à Beyrouth (et 321 plats qui les accompagnent)* ou bien *Nagori*, *la nostalgie de la saison qui vient de nous quitter*. Ses livres sont traduits dans plusieurs langues.

Pascal Neveux

Après un doctorat en histoire de l'art sur Soutine, Pascal Neveux travaille successivement à Art Public Contemporain puis à la galerie Jean-Gabriel Mitterrand avant de rejoindre en 1992 Madeleine Van Doren au Crédac centre d'art contemporain d'Ivry-sur-Seine. De 1999 à 2006, il dirige le Frac Alsace à Sélestat et, de 2006 à 2020, le Frac Provence-Alpes-Côte d'Azur à Marseille dont il a piloté le projet architectural conçu par Kengo Kuma, inauguré en mars 2013 dans le cadre de Marseille-Provence, Capitale européenne de la culture. Il a présidé de 2013 à 2018 l'association Marseille Expos, réseau de plus de quarante lieux d'art contemporain, musées, centres d'art et galeries. Il est également l'auteur d'articles consacrés à de nombreux artistes français et étrangers et commissaire d'exposition en France et à l'étranger. Depuis 2018, il préside le CIPAC, fédération nationale des professionnels de l'art contemporain et représente la fédération au Conseil national des professions des arts visuels (CNPAV) depuis sa création. Depuis 2020 il dirige le Frac Picardie en région Hauts-de-France.

Julie Enckell Julliard

Julie Enckell Julliard est une curatrice et critique d'art suisse. Entre 2013 et 2018, elle a dirigé le musée Jenisch Vevey. Elle a conduit une cinquantaine de projets d'exposition et de publications avec des artistes tels que Pierrette Bloch, Alain Huck, Ulla von Brandenburg, Thomas Hirschhorn, Francis Alÿs, Denis Savary, etc. Docteure en histoire de l'art, elle a notamment édité *Vers le visible. Exposer le dessin contemporain*, 1964-1980 (Roven, 2015), ainsi que *le Petit manuel des techniques du dessin* (Scheidegger & Spiess, 2016) et, l'intégralité des *Carnets de Jean-Luc Manz* (Jrp Ringier, 2015).

Depuis 2018, elle est responsable du développement culturel de la Haute école d'Art et de Design de Genève (HEAD).

J. Emil Sennewald

Critique d'art et enseignant-chercheur, J. Emil Sennewald travaille sur les notions d'exposition, de traduction, de résistance. Docteur en philosophie, il intervient dans l'enseignement supérieur depuis vingt ans. Après avoir enseigné dans des universités et des écoles supérieures d'art en Allemagne, en Suisse et en France, il est aujourd'hui professeur de philosophie titulaire à l'École supérieure d'art de Clermont Métropole (ÉSACM). Poursuivant son travail de recherche-création, il prend des responsabilités à l'Ensad, Paris, et à l'ÉSACM. En tant que critique d'art, il a mis en œuvre nombre d'interventions artistiques, débats publics, colloques. Depuis 2019, il est membre du comité scientifique des Archives de la critique d'art, Rennes/INHA, Paris. En tant que commissaire, il a organisé plus de trente expositions dans son *project room* « café au lit ». C'est dans ce cadre qu'il a participé à la Biennale de Belleville et rencontré Jean-Christophe Norman. Plusieurs collaborations avec cet artiste ont suivi, dont les « Feuilles volantes pour Jean-Christophe

Norman», pour le catalogue *Terre à terre*, Vitry-sur-Seine, MAC/VAL, 2017. Lauréat du prix de l'AICA (publication: *Before the eye lid's laid*, avec Agnès Geoffray, Bruxelles, La Lettre volée, 2017), il est l'auteur de plus de 950 articles dans des revues d'art, journaux, catalogues, livres d'artistes en Allemagne, Suisse, Autriche et, depuis 2007, en France. Quelques parutions en langue française: «Correspondance – avec Richard Tuttle», *Roven*, n° 13, Paris, 2017; «Afterhéroïsme. Digérer la langue de Dieter Roth», dans Marion Daniel, *Dieter Roth. Processing the world*, Dijon, Les Presses du réel, 2014, p. 52-65; «Voir à travers les murs», dans Jean-Paul Felley (dir.), *The Beirut Experience*, Genève, Beirut Art Center/Villa Bernasconi, 2012, p. 92-132; «Nuages dans les yeux, liquides», dans Karine Tissot (dir.), *CACY (kaki)*. n.m. 2013-2017, Genève, art&-fiction, 2018, p. 146-147.

«Faufilés», exposition-rencontres conçue avec et dirigée par Dao Sada, intégrant une vingtaine d'artistes burkinabés et français, jardin public Lecoq et ÉSACM, Clermont-Ferrand, 13 et 14 octobre 2021.

## Légendes

Pour toutes les œuvres de
Jean-Christophe Norman,
sauf mention contraire:
Courtesy de l'artiste et
Galerie C, Neuchâtel-Paris
ADAGP Paris, 2021
Crédit photo : Frac Provence-Alpes-Côte d'Azur/
François Deladerrière

Page 1 à 28
Visuels de la performance
du film *Brouhaha*, 2021
Vidéo HD, couleur, son
stéréo, 15 min
Réalisation, image,
montage: Julien Devaux
Son direct : Ivan Boccara
Design sonore :
Cesar Gonzalez Cortes
Production : Frac Provence-Alpes-Côte d'Azur
Photo de Ivan Boccara

Page 41
Léonard de Vinci, *La Vierge, l'Enfant Jésus et sainte Anne*
(1503-1519)

Huile sur bois,
168,4 x 130 cm
Paris, musée du Louvre
Photo © RMN-Grand Palais (musée du Louvre) / René-Gabriel Ojeda

Pages 57 à 80
*Cover*, Edgar Poe, *Histoires extraordinaires*, 2021

Page 89
*Table*, Tokyo, 2013 (détail)

Page 90-91
*Table Cover*, 2010-2021 (détail)

Page 92-93
*Table Cover*, *Mundo Diffuso*, 2010-2016 (détail)

Page 94-95
*Table Les cartes postales du Mont Fuji*, Tokyo, 2013 (détail)

Page 96-97
*Table Les cartes postales du Mont Fuji*, Tokyo, 2013 (détail)

Page 98-99
*Table Les cartes postales du Mont Fuji*, Tokyo, 2013 (détail)

Page 100-101
*Table Grand Mekong Hotel*, Phnom Penh, 2015-2020 (détail)

Page 102-103
*Table Grand Mekong Hotel*, Phnom Penh, 2015 (détail)

Page 104-105
*Table Bookscape*, 2020-2021 (détail)

Page 106-107
*Table Bookscape*, 2020-2021 (détail)

Page 108-109
*Table Le Fleuve sans rives*, 2019-2021 (détail)

Page 110-111
*Table Le Fleuve sans rives*, 2019-2021 (détail)

Page 112-113
*Table Moby Dick*, 2021 (détail)

Page 114-115
*Table Moby Dick*, 2021 (détail)

Page 116-117
*Table Moby Dick*, 2021 (détail)

Page 118-119
*Table Moby Dick*, 2021
(détail)

Page 120
*Table Moby Dick*,
Marseille, 2021
(détail)

Page 125
*Word News*, Marseille,
2021 (détail)

Pages 126
*Bookscape*, 2021

Page 131
*Le Fleuve sans rives*, 2021
(détail)

Page 132
*Word News*, Marseille,
2021 (détail)

Page 135
*Word News*, Marseille,
2021 (détail)

Pages 137 à 160
*Ulysses*, études, 2021
Huile et encaustique
sur papier

*Page 163*
*Ulysses, a long way*, Tokyo,
2013

Page 164
*Grand Mekong Hotel*,
(MAC/VAL) Vitry-sur-
Seine, 2017

Page 165
*Grand Mekong Hotel*,(Plan)
Phnom Penh, 2015

Page 166
*10 jours*, Galerie d'art
contemporain, Besançon,
2008

Page 167
*Ulysses, a long way*, Paris,
2014

Page 168
*Grand Mekong Hotel*,
(MAC/VAL) Vitry-sur-
Seine, 2014

Page 169
*Ulysses, a long way*, Paris,
2014

Page 170-171
*Grand Mekong Hotel*,
(MAC/VAL) Vitry-sur-
Seine, 2017

Page 172
*Grand Mekong Hotel*,
(MAC/VAL) Vitry-sur-
Seine, 2017

Page 173
*Crossing*, New York, 2008

Page 176
*Grand Mekong Hotel*, (MAC/VAL) Vitry-sur-Seine, 2017

Pages 177 à 188
*Brouhaha*, 2021
Vidéo HD, couleur, son stéréo, 15 min
Réalisation, image, montage : Julien Devaux
Son direct : Ivan Boccara
Design sonore :
Cesar Gonzalez Cortes
Production : Frac Provence-Alpes-Côte d'Azur
© Jean-Christophe Norman

Page 189
Vue de l'exposition *Brouhaha* au Frac Provence-Alpes-Côte d'Azur, 16 oct. 2021-16 janv. 2022

*La Cara es una mezcla*
*Mundo Diffuso*
*Seascape (Moby Dick)*

Page 190
1. et 2.
*Mundo Diffuso* [Un monde flou], 2014
Diptyque. Gommage, scotch sur mappemonde
92 x 150 cm chaque
Collection Frac Provence-Alpes-Côte d'Azur

Page 191
*La cara es una mezcla*, 2018
Technique mixte sur papier, collage, encadrement bois
122 x 82 cm

Page 192-193
*La cara es una mezcla*, 2018 (détail)
Technique mixte sur papier, collage, encadrement bois
122 x 82 cm

Pages 194 à 197
*Seascape (Moby Dick)*, 2019-2021
Huile et encaustique sur papier
527 pages, 19,3 x 12,4 cm chaque ; dimensions de l'ensemble : 316,30 x 425,20 cm

Page 198
Vue de l'exposition *Brouhaha* au Frac Provence-Alpes-Côte d'Azur, 16 oct. 2021-16 janv. 2022

1.
De gauche à droite :

*Joseph Conrad – Œuvres complètes*, série *Cover*, 2020
Encre et graphite sur papier, structure métal, plexiglas
116,5 x 40 x 40 cm

*Seascape (Moby Dick)*
2019-2021
Huile et encaustique sur papier
527 pages, 19,3 x 12,4 cm chaque ; dimensions de l'ensemble : 316,30 x 425,20 cm

*Mundo Diffuso*
[Un monde flou], 2014
Diptyque. Gommage, scotch sur mappemonde
92 x 150 cm chaque
Collection Frac Provence-Alpes-Côte d'Azur

*La cara es una mezcla*, 2018
Technique mixte sur papier, collage, encadrement bois
122 x 82 cm

2.
De gauche à droite :
*Le Fleuve sans rives*, 2019-2021 (détail)
Huile et encaustique sur papier
1 408 pages, 19,5 x 12 cm chaque ; dimensions de l'ensemble : 419,50 x 799,50 cm

*Bookscape*, 2020-2021
15 éléments, formats divers
Technique mixte, huile et encaustique sur toile, réglette bois

*Seascape (Moby Dick)*, 2019-2021
Huile et encaustique sur papier
527 pages, 19,3 x 12,4 cm chaque ; dimensions de l'ensemble : 316,30 x 425,20 cm

Page 199
Au mur :
*Le Fleuve sans rives*, 2019-2021
Huile et encaustique sur papier
1 408 pages, 19,5 x 12 cm chaque ; dimensions de l'ensemble : 419,50 x 799,50 cm

Au premier plan :
*Arthur Rimbaud – Œuvres complètes*, série *Cover*, 2020

Encre et graphite sur papier,
structure métal, plexiglas
116,5 x 40 x 40 cm

Pages 200 à 204
*Le Fleuve sans rives*,
2019-2021
Huile et encaustique
sur papier
1408 pages, 19,5 x 12 cm
chaque ; dimensions de
l'ensemble : 419,50 x
799,50 cm

Page 205
1.
De gauche à droite:
*Le Fleuve sans rives*,
2019-2021
Huile et encaustique
sur papier
1 408 pages, 19,5 x 12 cm
chaque ; dimensions
de l'ensemble : 419,50 x
799,50 cm

*Bookscape*, 2020/2021
15 éléments, formats divers
Technique mixte, huile
et encaustique sur toile,
réglette bois

*Seascape (Moby Dick)*,
2019-2021
Huile et encaustique
sur papier
527 pages, 19,3 x 12,4
cm chaque ; dimensions
de l'ensemble : 316,30 x
425,20 cm

Au centre:
*William Shakespeare – Œuvres complètes*, série
*Cover*, 2020
Encre et graphite sur papier,
structure métal, plexiglas
116,5 x 40 x 40 cm

2.
Au mur:
*Bookscape*, 2020-2021
15 éléments, formats divers
Technique mixte, huile
et encaustique sur toile,
réglette bois

Au premier plan:
*William Shakespeare – Œuvres complètes*, série
*Cover*, 2020
Encre et graphite sur papier,
structure métal, plexiglas
116,5 x 40 x 40 cm

Page 206
Au mur:
*Bookscape*, 2020-2021
15 éléments, formats divers
Technique mixte, huile
et encaustique sur toile,
réglette bois

Au premier plan:
*William Shakespeare – Œuvres complètes*, série *Cover*, 2020
Encre et graphite sur papier, structure métal, plexiglas
116,5 x 40 x 40 cm

Page 207
1.
*William Shakespeare – Œuvres complètes*,
série *Cover*, 2020
Encre et graphite sur papier, structure métal, plexiglas
116,5 x 40 x 40 cm

2.
Au mur, de gauche à droite:
*Carnet de bord*, 2011-2021
*– Biographies, World News, Sky News*
Technique mixte, huile et encaustique sur papier
*– Tableautins*
Huile et encaustique sur lin, 22 x 16 cm chaque

Au premier plan:
*Arthur Rimbaud – Œuvres complètes*, série *Cover*, 2020
Encre et graphite sur papier, structure métal, plexiglas
116,5 x 40 x 40 cm

Page 208
1. & 2.
Vue de l'exposition *Brouhaha* au Frac Provence-Alpes-Côte d'Azur, 16 oct. 2021-16 janv. 2022

Mur de gauche:
*Seascape (Moby Dick)*, 2019-2021
Huile et encaustique sur papier
527 pages, 19,3 x 12,4 cm chaque ; dimensions de l'ensemble : 316,30 x 425,20 cm

Mur de droite:
*Carnet de bord*, 2011-2021
*– Biographies, World News, Sky News*
Technique mixte, huile et encaustique sur papier
*– Tableautins*
Huile et encaustique sur lin, 22 x 16 cm chaque

Page 209
*Carnet de bord*, 2011-2021 (détail)
*– Tableautins*
Huile et encaustique sur lin, 22 x 16 cm chaque

Pages 210 - 211
*Carnet de bord*, 2011-2021 (détail)

– *World News*
Technique mixte, huile et encaustique sur papier

Pages 212 - 213
*Carnet de bord*, 2011-2021
– *Sky News*
Technique mixte, huile et encaustique sur papier

Pages 214 à 221
*Carnet de bord*, 2011-2021
– *Biographies, World News, Sky News*
Technique mixte, huile et encaustique sur papier

Pages 222 - 223
1.
Au mur :
*Carnet de bord*, 2011-2021
– *World News*
Technique mixte, huile et encaustique sur papier

2.
Au premier plan :
*Jorge Luis Borges – Œuvres complètes*,
série *Cover*, 2020
Encre et graphite sur papier, structure métal, plexiglas
116,5 x 60 x 40 cm

Collection Frac Provence-Alpes-Côte d'Azur

Page 224
*Carnet de bord, World News*, 2021
Technique mixte, huile et encaustique sur papier

Cet ouvrage est publié à l'occasion de l'exposition «Brouhaha» présentée au Frac Provence-Alpes-Côte d'Azur du 16 octobre 2021 au 16 janvier 2022.
Le Frac Provence-Alpes-Côte d'Azur est financé par le ministère de la Culture, Direction régionale des affaires culturelles Provence-Alpes-Côte d'Azur et la Région Sud Provence-Alpes-Côte d'Azur.

Ce livre est édité par Manuella Éditions et coproduit par le Frac Provence-Alpes-Côte d'Azur, la Galerie C Neuchâtel – Paris, avec le soutien du Frac Picardie Hauts-de-France, de la société Milhe & Avons, de la Fondation Jan Michalski et de l'Association C.

Coordination éditoriale : Manuella Éditions
Graphisme : Mathias Schweizer
Photogravure : Ombre et Lumière
Relecture : Philippe Blaizot
Assistante d'édition : Morgane Le Saout

ISBN : 978-2-490505-34-0

Dépôt légal : quatrième trimestre 2021

Achevé d'imprimer sur les presses de l'imprimerie die Keure, novembre 2021